# 協働型社会と地域生涯学習支援

今西幸蔵
*Kozo Imanishi*

法律文化社

# はしがき

本書は、本格的な学習社会が到来したとされる今日、その成長、発展過程において重要であるとされる生涯教育や生涯学習の機能を活用した地域生涯学習を社会の動脈として捉え、地域社会の協働化の視点から新しい形の学習社会形成に至る諸問題を解明しようとしたものである。

コミュニティ論などで提唱される協働型社会を構築するには、市民（住民）や行政当局、さらには民間企業やNPOなどのさまざまなアクターがパートナーシップを形成する分権型構造の成立が前提となり、その上で協働概念に基づいた地域形成活動を進展させることが必要であると考える。

第一編は、協働型社会による地域形成の考え方やあり方について考察した。第1章では、参画型民主主義社会におけるローカル・ガバナンスの可能性について検討し、第2章では、行政改革に関わる構造変革を提起した。第3章では、公共共担論と各アクターの役割、パートナーシップの原理を示し、第4章では、横浜市の事例をふまえて、地域社会における協働とは何かを臨床的研究の成果から現状報告し、第5章では、その具体的展開となる協働型補助金制度を説明した。

第二編は、地域社会の形成について、生涯教育・生涯学習などの地域生涯学習の機能の面を考察し、それをどう生かすのかを説明した。第6章では、地域における生涯学習や社会教育の諸問題から、住民の力量を高める地域学習の方策についての課題を示し、第7章では、社会教育行政評価の問題を提起した。その上で、第8章の生涯学習行政振興のガイドラインの役割や第9章の地域生涯学習振興計画の策定で、地域生涯学習振興の具体策の必要性を論じ、その手順や方策を示した。さらに第10章では、市民協働を実現するために必要な市民力の育成の問題、生涯学習ボランティアの役割について、第11章では、具体的なボランティア活動と地域生涯学習との関係性を述べている。

第三編は、地域社会の教育・学習活動の動向を論じており、第12章では、地域形成と地域生涯学習の関係を考察している。第13章では、地域生涯学習の具体的進展について説明し、第14章では生涯学習宣言都市の取り組みを報告している。次に第15章では、全国の生涯学習宣言都市のなかから三市を選び、さらに生涯健康学習推進という視点からの事例として五自治体を取り上げ、その実践を紹介した。第16章では、教育・文化都市を標榜する自治体が、地域生涯学習にどのように取り組んでいるのかを事例研究した。

第四編は、地域生涯学習成立の不安定要因である教育経費に関わる問題を論じている。第17章では、高齢者の学習に関する実態調査の結果を示し、教育や学習に係る経費が重要な課題であると問題提起した。第18章では、教育・学習に対する財政支援システムのあり方について検討し、協働型学習社会を前提にしたファンドモデルを提示し、ＯＥＣＤモデルをもとにした日本の事例を取り上げた。第19章では、ファンドレイジングの構想を示し、日本型モデルを明らかにした。第20章では、協働型の学習施設経営についての新しい動向を紹介した。ＮＰＭに基づくＰＰＰ・ＰＦＩの展開を提示するとともに、今後コンセッション方式が広がることを予測して問題提起とした。

最後の終章において、学習経費や教育施設の問題以外にも、教育事業の経営に関わる包括的な地域学習プラットフォームの設置について言及している。

こうした記述から、地域生涯学習の意義と役割についての理解が深まり、協働型市民社会の形成が進展し、二一世紀中盤に向かう日本の社会がめざす方向がみえてくることができればというのが本書刊行の意図である。

なお、協働の問題を取り上げながら、「コミュニティスクール」や「地域学校協働本部」などの地域社会と学校との協働の問題をほとんど取り上げていない。筆者自身が中等教育学校教員出身であることから、直近の問題であるにもかかわらずそうしなかった意図は、制度自身が未だ進行形であり流動的な面があること、筆者の研究が十分に成果を得ていないことなどが理由である。早急にまとまった刊行物を出したいと考えていることを申し上げておきたい。

# 目次

目　次

## 年表　我が国の生涯学習関連等の本書に関わる主要事項

| | 事　項 |
|---|---|
| 1971（昭和46）年 | 社会教育審議会答申「急激な社会構造の変化に対処する社会教育のあり方について」<br>自治省（当時）による「モデル・コミュニティ」構想 |
| 1979（昭和54）年 | 日本で初めての生涯学習宣言都市の誕生（静岡県掛川市） |
| 1981（昭和56）年 | 中央教育審議会答申「生涯教育について」<br>第二次臨時行政調査会（土光臨調）の設置（～1983年） |
| 1984（昭和59）年 | 臨時教育審議会の設置、４次にわたる答申（～1987年） |
| 1987（昭和62）年 | 臨時教育審議会第三次答申で「生涯学習を進めるまちづくり」の提唱 |
| 1988（昭和63）年 | 生涯学習モデル市町村事業の実施（～1994年） |
| 1989（平成元）年 | 全国生涯学習フェスティバルの開催（第１回は千葉県） |
| 1990（平成２）年 | 中央教育審議会答申「生涯学習の基盤整備について」<br>生涯学習振興法の制定 |
| 1992（平成４）年 | 生涯学習審議会答申「今後の社会の動向に対応した生涯学習の振興方策について」 |
| 1995（平成７）年 | 地方分権推進法の成立 |
| 1996（平成８）年 | 生涯学習審議会答申「地域における生涯学習機会の充実方策について」<br>OECD『万人のための生涯学習』発表 |
| 1997（平成９）年 | 橋本内閣による「行政改革」等の６大改革の提案 |
| 1998（平成10）年 | 生涯学習審議会答申「社会の変化に対応した今後の社会教育行政の在り方について」<br>特定非営利活動促進法の成立 |
| 1999（平成11）年 | 生涯学習審議会答申「学習の成果を幅広く生かす」<br>文部省（当時）内に全国生涯学習市町村協議会を開設<br>「民間資金等の活用による公共施設等の整備等の促進に関する法律」成立<br>「横浜市における市民活動との協働に関する基本方針(横浜コード)」発表 |
| 2000（平成12）年 | 生涯学習審議会答申「新しい情報通信技術を活用した生涯学習の推進方策について―情報化で広がる生涯学習の展望」 |
| 2001（平成13）年 | 文化芸術振興基本法（現文化芸術基本法）の成立 |
| 2002（平成14）年 | 中央教育審議会答申「青少年の奉仕活動・体験活動の推進方策等について」 |
| 2003（平成15）年 | 地方自治法第244条の改正（指定管理者制度の導入） |
| 2006（平成18）年 | 教育基本法の改訂 |
| 2011（平成23）年 | スポーツ基本法の成立 |
| 2016（平成28）年 | 中央教育審議会答申「新しい時代の教育や地方創生の実現に向けた学校と地域の連携・協働の在り方と今後の推進方策について」（地域学校協働答申） |

# 序章　協働と地域生涯学習

本書は、地域形成という課題をメインテーマとして設定した。この課題は、今日の行財政改革とともに、明治期以降の我が国の地方政治、産業経済や文化、とりわけ第二次大戦後の地方行政の基本的課題であり、一方では行政基盤といえるものである。

二一世紀に入いって、少子高齢化、情報化や国際化などのいろいろな問題が生じるなかで、地域形成という問題は行政には不可避の直接的課題であり、何をどう論じるにせよ、どう具体化しようとするにせよ、たとえ根底に行財政改革という喫緊の課題があったとしても、新しい時代を切り拓く活力のある地域社会の建設が我が国の最重要課題であることは間違いない。

この問題へのアプローチにはさまざまな方策があるだろうが、本書ではキーワードとして「協働」という理念を取り上げている。具体的には、市民協働という施策で示している行政政策の一つになるが、「協働」概念を行財政改革につながる施策というレベルで捉えるのではなく、広義には人間社会の関係性の基本的構造とし、狭義には「自治」に関わる地域形成の重要なキー概念であるとし、地域社会に「協働」を成り立たせるための方策を教育機能と学習機能の両面から検討し、具体的方策を明らかにしようとしたのが本書である。

一九九九年の「横浜コード」（横浜市における市民活動との協働に関する基本方針）に始まる市民協働の理念と方策は、全国の多数の自治体によって受け入れられ、今や時代の主流とすらなっている。市民協働が政策として機能するようになった背景に、二一世紀型民主主義社会の到来をみる。つまり、社会形成の主舞台に市民が登場したことであり、市民が従前のような協力・参加型の社会形成の一員ではなく、主体的で参画型の組織者としての力量を発揮し始めたということである。「協働」を構成するには、いくつかの「行為者（アクター）」が必要であり、市民（本書では、市民社会における「市民」という意味で捉えているが、単に地域で暮らす人という意味で「住民」としている場合がある）と呼ばれる人々はもとより、官僚等の公務員と呼ばれる行政系の人々、NPOのような非営利活動団体や民間企業等に所属する人々などが当該の「行為者」だと考えている。参画型行動レベルの人々を市民アクターとするならば、従前から公共サービスのあらゆる分野・領域でのサービス提供者であった行政アクター、あるいは営利・非営利を問わないで、民間企業等からのサービス提供、すなわち民間アクターといったサービス提供者も存在する。協働が求めているのは、こうした種々のアクターたちが具体的、実際的に社会を担うことであり、そのための協働関係、ネットワークの構築がある。この意味での協働性やネットワークされた関係性によって形成された社会を、本書では「協働型社会」と呼ぶ。

協働型社会には多種多様なアクターという主体が存在する。それぞれのアクターが行為者として行動し、公共サービスを担っていく協働においては、まずコミュニケートが必要であり、そのための教養やスキルを身につけることが望まれる。何はともあれ、市民にとっては現実の問題をとおして「自治」を学ぶことが第一歩であり、成人においては生活課題や地域課題に取り組むことであり、民主的な協議を経た上で具体的展望を示し、その実現のために地域社会をどう組織するのかということを検討しなければならない。こうした課題に対処するために、教育・学習領域からのアプローチとして、生涯教育・生涯学習のあり方や進め方を再検討し、それを協働型社会実現の重要な要素として位置づけようと考えた。

筆者がこうした問題意識を持つに至ったのは、後述するデビッド・オズボーン（D.Osborne）の著書『行政革命』や、ピーター・ドラッカー（P.Drucker）の名著『非営利組織の経営』を読んだことにあり、アメリカ社会の先進性とともに、その成熟した民主主義を垣間みたことに始まる。自分の力を信じて、社会を変えていこうとする自立した市民像が描かれていたことに感動し、NPO等の非営利公益活動の組織化過程を知り、日本の現状と比較して愕然とした。オズボーンらが提唱した自立した市民を、教員としてどのように育てればよいのか、という命題のようなものを自分自身が意識するようになった。自分が生涯教育や生涯学習の研究者でもあることから、成人教育のあり方について少しは学んでいるので、「協働」のパートナーとしての力量、あるいは一つの主体として社会に参画する力をどのように育成するのかを考えた。その結論は、成人である市民が主体者としての人間力を身につけ、生活者としての自分に必要とされる問題解決学習に取り組むことであり、何よりも現実社会を生き抜くことだと思うに至った。

本書のもう一つのテーマについてであるが、「生涯学習」というキーワードがある。我が国で「生涯学習」という用語がマスコミをとおして国民に理解され始めたのは一九八〇年代後半であり、臨時教育審議会が大きな役割を果たしている。今日に至るまで三〇年が経つが、この間の社会構造の変化は激しく、「生涯学習」の捉え方も大きく変化してきている。「生涯学習」は、元来、ユネスコなどが提唱した「生涯教育論」に端を発する教育哲学の用語であると解するべきであり、ハッチンズ（R.Hutchins）らの「学習社会論」などによって概念が豊かな広がりを持ったものとして国際社会に迎え入れられた。

日本における「生涯学習」は、教育基本法第三条で我が国の教育の基本的理念として位置づけられ、文部科学省はこの理念の下に教育改革を推進させてきており、こうした取り組みは一定以上の成果を収めているところから、臨時教育審議会はその役割を十分に果たしたと考える。

ところで、「生涯学習」については、ノンフォーマルな教育や学習活動を示すものという具体的な理解があるが、我が国の現状をみると、それ以上にさまざまな領域での思考や文脈のなかで「生涯学習」は発展し、進化してきたのではないかと考える。施策や考え方のなかで汎用的に用語として使用されたり、「生涯にわたって学ぶ」という意味が文脈に秘めさせられていることからも、「生涯学習」は確実に定着し、内在化したといえよう。

筆者が「生涯学習」という用語に初めて接したのは臨時教育審議会第二次答申（今も当時の文部省発行の文書を研究室に大事に保管している）であり、マスコミをとおして概要は知っていたが、本文から衝撃的な内容を伝えられた。その後、筆者の「生涯学習」研究が始まるのであるが、ずっとこだわってきたことに、ラングラン委員会の提唱した「生涯教育」の用語に「インテグレイテッド（integrated）」という過去分詞が使用されていることがある。「統合」「部分を集めて完全体にする」という訳をするのであろうが、非常に幅が広く深い意味を持つと思われる。

一九五六年の中央教育審議会は、生涯教育とは、「生涯にわたって行う学習を助けるために、教育制度全体がその上に打ち立てられるべき基本的な理念である」として教育の役割を明示している。いま、この教育制度全体が「統合」される段階を迎えており、制度はもちろんのこと、教育領域、内容や方法などの「総合化」「統合化」が進展しているのである。

こうした時代認識のなかで本書を刊行したのであるが、筆者は、教育や学習という人間発達に寄与する機能は、本質的には個の育成に関わるものではあるけれども、個人の背景には生活する空間と所有する時間があり、それらとの結びつきのなかで初めて有効性を持つ営為であると考えている。この有効性を発揮するには、教育や学習につながる活動に焦点をあて、活動の場であり当人にとっては生活の場である地域社会との関係性を重視し、そこでどう生きるのかといった命題を明らかにすることが必要であると思う。現代日本社会における教育や学習の重要な役割の一つである社会参画や社会貢献を果たそうとする人間の育成という課題については、複雑な社会の動向のなかで、どのように支援すべきなのかを明確にすることは決して容易ではない。しかし、それを明らかにしなければならないことから、臨床的研究の対象として生涯学習による地域形成という課題を取り上げた。

また、地域で展開されている生涯教育や生涯学習の総体を、本書では「地域生涯学習」と呼んでいるが、この地域生涯学習は、主体として存在する住民を社会的存在として育成し、その生活を保障し、社会活動を支援する役割を持つものと考えている。本書は、地域生涯学習をとおして育成された市民が、どのように社会とつながり、社会奉仕や社会貢献するのかといった問題を考えようとしたものである。このことは、一九九〇年に立法化された生涯学習の振興のための施策の推進体制等の整備に関する法律（生涯学習振興法）の考え方の具現化といってもよいだろう。

地域生涯学習として表象した概念は、国際社会において提唱された「生涯教育」や「生涯学習」というような広義概念と区分したということである。筆者自身が、これまで地域社会における生涯教育や生涯学習というステージでの臨床的研究を続けてきた者であるがゆえに、その研究成果を本書で記述したつもりである。地域社会における人々の多種多様な活動全体を包み込んだ説明とはなり得ていない部分があるが、その点については力量不足ということでご容赦いただきたい。

次に、生涯教育と生涯学習の用語の区分についても触れておきたい。これについては、「教育」と「学習」という機能の違い、すなわち他律的な学びと自律的な学びという区分、行為の主体が誰かという観点から使い分けている。「生涯教育」については、基本的には公的な社会教育や学校教育を対象としており、本書の記述の多くが公的社会教育の事例であることも断っておきたい。

地域生涯学習と呼ぶ生涯教育や生涯学習の実践の説明に、臨床的研究成果を与える意味で、本書では具体的な地域形成活動（多くの事例で、生涯学習まちづくりとしている）を紹介している。地域形成という取り組みは、行政にとっては総合的な政策実現の機会であり、地方自治の根幹を支える営為であり、教育や学習という機能も重要な位置を与えられてきた。明治期の文部省と内務省の双方が連携して日本を支えてきた歴史を振り返るまでもないだろう。ただ、筆者の都合によって本書の刊行が遅れたために、事例内容が過去のことになり、時代と対応できていない部分があることもご容赦いただきたい。

さらに、「地域生涯学習」を推進させることの意義と実際の活動について考えると、こうした教育・学習活動を成り立たせるためには、行政をはじめとする諸支援が必要であることは論じるまでもない。なかでも一番の課題は財政問題であり、高齢者の学習活動調査でも示されている事実で、個人レベルの活動はもちろんのこと、団体・組織においても同様の課題があると考える。地域生涯学習を支え、発展させるには、行政だけでなく、社会全体で財源を確保することが望まれる。

そのための手立てと具体策について、協働型補助金制度や、学習ファンドのシステム化、ファンドレイジングの取り組み、ＮＰＭにおけるＰＰＰ・ＰＦＩの導入などさまざまな施策が、今後社会全体のなかで検討されることを願うものである。とりわけＰＰＰ・ＰＦＩについては、すでに指定管理者制度の導入などの具体的施策が展開しており、予期以上の成果をあげているというレポートもあり、今後も継続が予想される。さらに今般、内閣府によって新たな提案がなされたコンセッション方式もあり、行政と民間との協働の形態も変革されつつある。協働化の流れは、行政と市民、行政と民間、さらに市民と民間という形で今後ますます速度を速めると思われる。本書は、こうした動向を説明することにより、地域社会の発展につながる方策を模索する機会を提供できることを願っている。

終わりになるが、生涯学習による地域形成というテーマに関わる筆者の研究は一九九〇年代後半から始めたのであって、未だ四半世紀に達しないが、筆者の研究の中心に据えた課題である。研究開始当初は、元東洋大学教授の故岡本包治先生からのご教示をいただきながら手探りで始めたが、明確な研究方法すら掴めぬままに今日に至っている。したがって、本書についても研究途上の報告であり、今後さらに深く分析する必要があることを感じているが、とりあえずは、現段階でまとまったものを示した。

# 第一編　協働型社会による地域形成

# 第1章　地域社会の変節と統治

## 1　地域共同体の構造的変質

地域とは、『広辞苑』では「土地の区域あるいは区画された土地」を示す地理的空間を意味する用語となっている。[1]

この地域という一定の境界を持つ区域内に、人間は生活空間を確保し、他者との共同性を持ち、生活条件の整備を図ろうとする。その結果、生活圏としての地域固有の独自性や社会的特徴が生じ、居住する人間に共通する環境や生活文化を提供する地域社会と呼ばれるものが生まれる。

地域社会を「community」とか「locality」と英語表現するが、アメリカの社会学者マッキーヴァー（R.Maciver）は、地域社会の形成を「コミュニティ」という概念で説明し、その概念規定について、著書『コミュニティ』で以下のように述べている。「私は、コミュニティという語を、村とか町、あるいは地方や国とかもっと広い範囲の共同生活のいずれかの領域を指すのに用いようと思う。ある領域がコミュニティの名を値するには、それより広い領域からそれが何程か区分されなければならず、共同生活はその領域の境界が何らかの意味を持ついくつかの独自の特徴をもっている。物理的、生物学的、心理学的な宇宙諸法則のすべては、共に生活する諸存在を互いに類似させる上に力を貸している。人間が共に生活するところには常に、ある種のまたある程度の独自な共通の諸特徴――風習、伝統、言葉使いそのほか――が発達する。これらは、有効な共同生活の標識であり、また結果である。あるコミュニティがより広いコミュニティの一部となったり、すべてのコミュニティが程度の問題であるということもある(2)」。

今日、コミュニティ概念については、マッキーヴァーをはじめ多くの研究者によって検討されてきており、山崎丈夫氏は、「コミュニティ共通の構成要素として、①地域性（範域性）、②共同性（相互作用）、③社会的資源、生活環境施設の体系、④共通の行動を生み出す意識体系（態度）、というような点が、共通の一致点として確かめられてきたといってよいだろう。総じていえば、コミュニティは、一定の地域の共同生活でくりひろげられる生活世界における共同性や相互作用によって生み出される社会生活関係の体系と共同性にむかう価値意識としてみることができよう(3)。」と述べている。

地域社会においては、生活の社会化が進展して共同性が高まるとともに、居住する住民間で利益の交換に関わる調整が発生し、地域共同体という自治組織が形成されていく。この地域共同体の基盤となっているのが「家」であり、「家」の連合体として存立した地域社会における社会関係が決定される。

地域共同体の維持・発展における重要課題は、共同体内の「家」の判断を受けることであり、管理遂行能力である。この課題を満たしているのが血縁的・地縁的な人間関係であり、家父長制度に基づく縦系列の秩序維持機能が働いている。

「家」の連合は、勤労・生産活動、消費活動、交通・運搬活動、時には娯楽活動までの地域社会における生活活動のすべてを管理し、血縁に至る婚姻関係も含めた人間関係もまた然りであった。室町期の「惣」と呼ばれた地域共同体的結合組織における荘園農民は、田植えなどの集団的な農耕労働において「結」を機能させ、地域共同体を活性化させるための少人数集団組織である「連」によるイベントなどの娯楽という重要な役割を担い、日本的「農村型社会」を形成している。

近現代社会を迎えると、地域共同体のあり方が根本的に変化する。産業革命を端緒とする工業化の進展が社会を変質させる。工場の所在地では、「都市」の誕生につながる急激な人口増加と消費生活の拡大が起き、社会機能が第二次産業・第三次産業に対応したものに変化する。従前の「農村型社会」に相対する「都市型社会」が生まれるのであり、「契約社会」という関係性で社会が動き、市場原理が重視され、人間関係で生じる問題を契約関係で解決しようとする社会的機運が出現した。

ドイツの社会学者テンニエス（F.Tonnies）は、社会の基盤となる人間関係において、ゲマインシャフトからゲゼルシャフトへの移行があると指摘し、それを人間の「意志」をもとにした社会的結合への変容と捉えた。この「意志」の変化の根底に産業構造の変質といった問題があるとし、契約関係に基づく社会発展が規範となって社会が形成されると説いた。

我が国では、戦後間もない頃には農村型社会と都市型社会は各々が特質を生かして併存しているが、この両者の均衡を壊したのが第二次産業の急速な回復であり、第三次産業の拡大である。農村から都会へという人口の流動化があり、大規模な社会構造の変化が起きる。特に一九六〇年には、新産業都市政策が示されて高度経済成長期を迎えるが、農村型社会の産業化、工業化や都市化が進展し、地域社会の人々の生活様式や生き方、考え方に対する価値観も変容していく。

コミュニティという用語が政策に登場するのもこの頃であり、一九六九年には、国民生活審議会コミュニティ問題調査部会小委員会報告書『コミュニティ―生活の場における人間性の回復』の提案を受け、一九七一年には当時の自治省により「モデル・コミュニティ構想」が示される。同じ頃、広範な特定地域を対象にした巨大開発をめざす新全国総合開発計画が示される。文教政策として、コミュニティ形成（地域形成）と住民の人間性の伸長に、公民館がその役割を負うことなどを取り上げたのは社会教育審議会答申（一九七一年）である。

社会的な人口流動化現象は、過密・過疎という形での人口の偏在化を促し、核家族化の進行とともに、子どもの出生率の低下が問題となり始める。こうした旧来の地域社会や人間関係の変化は、農村型社会の本来の機能を失わせ、地域によっては生活基盤すら揺らぎ始めた。

一九九〇年代に入ると、ハイテク型テクノポリス政策が提唱され、都市型社会の仕組みが地方の農村型社会に入り込み、結果として我が国全体が都市化されるという状況を生み出した。このことから、農村型社会における住民の人間関係はより一層希薄化し、集団活動は著しく後退し、住民相互の連帯感や団結力が失われていき、組織として何かを行うというような活動が困難になる。それは地域社会の形成に必要な地域の教育機能の弱体化を意味し、教育力の喪失という状況をつくりだし、今日生起するさまざまな教育課題の根本的な要因となった。

こうした社会の変容は、農村型社会だけでなく、都市型社会にも押し寄せる。そこで生じた都市型社会の変化は、まず産業構造面での変質だった。高度経済成長期に隆盛した工業都市の経済力が低下し、人口も減少、地域としての成長が急速に衰退する都市が多数発生した。特に企業城下町と呼称された都市にその傾向が強くみられ、住民意識の変化が激しく、従前の地域共同体が成り立たなくなる。とりわけ一九七〇年代以降の国際的な脱工業化の流れは、第二次産業の衰退によって工業化社会を終焉させ、二一世紀を迎えて、第三次産業や高度先端科学技術産業・ＩＴ産業中心の第四次産業を中心にした新しい産業基盤を構築し、「知識基盤社会」と称せられる社会を到来させ、社会関係や人間関係を従来では捉えきれない質のものに構造転換させたのである。

急激な産業化、都市化、情報化といった地域共同体を衰退させるような社会構造の変化に対して、政策的対応が求められた。

## 2　コミュニティ形成の問題

地域共同体の構造的変質の問題は、本質的にはコミュニティ政策の問題であり、二一世紀社会に見合った新しい地域社会づくりが必要であることを問いかける。地域共同体をどう捉えるのかという地域形成の課題は、コミュニティ論の視点から検討していくことが必要であろう。

ところで、筆者は地域共同体とコミュニティとをほぼ同義語として捉えており、「地域形成」や「まちづくり」に該当するものとして「コミュニティ形成」という用語を使用している。この用語の概念定義については、山崎丈夫氏の著述を引用することで説明としたい。同氏は著書『地域コミュニティ論』のなかで、「一九七〇年代初頭のコミュニティ形成の提起は、旧体質的で伝統的な地域社会秩序への回帰を意味したのではなく、住民個人の自立と共生のうえに成立する住民相互の信頼を基層とする新しい地域づくりを積極的に追求するというものであった。以後、今日に至るまで、新しい生活の価値形成を目標に、住民相互の親睦、交流、互助および生活施設の整備、生活諸問題の解決などの取り組みが展開されてきた。[4]」と述べ、コミュニティの復権は旧来のコミュニティを蘇らせるのではなく、新しい地域づくりを追求するものとし、新しい生活の価値形成を目標にしたものであると考えている。

その上で、「しかし、現実の地域社会における住民の価値意識は多様に分岐しており、一元的な価値に収れんできるものではなかった。この点に関して、コミュニティ形成には、松原治郎氏が整理したように、『そうした多元的な価値を前提にした上で、ある限定された価値について共鳴しうる人々の作りあげる共感の体系であり、組織体がコミュニティである』というような、共感原理を構成する共通の基礎基盤が必要になると思われた。」と述べ、コミュニティに対する捉え方は、従前のコミュニティ復権論とは異質のものであることがわかる。さらに同氏は、「そこで、地域に共住するという共通の条件のもとで、相互の関係性に意味をもたせあい、生活条件の地域社会的整備（暮らしの質の向上）を共通の目標としていくような生活態度が、そのような共感原理を育ませると思われる。」と述べた上で、「暮らしの質の向上をさせていくためには、多様な地域問題（課題）を解決していく取り組みが必要である。」として、環境問題、子育て問題、高齢者の生きがいと安心の問題などの課題を示している。

山崎氏が指摘した共感原理を構成する共通の基礎基盤に必要な相互の関係性や、生活条件の地域社会的整備を図る社会的機能として視野に入るのが生涯学習であり、社会教育だと考えられよう。新しい価値を形成・創造していく機能を持つ生涯学習や、実際生活に即する文化的教養を高めたり、生活問題に立脚して問題を提起し続けてきた社会教育に、コミュニティ形成の要諦があると思われるからである。

コミュニティ形成の基本原理について、山崎氏は次の五点で整理している。「①総合制＝生活全体の視点から、どのようなまちづくりをめざしていくかというイメージを確立していくこと。②われわれのまちという意識＝地域（生活の場）は、住民共同の空間であり、環境であるという意識（われわれ感情）を確立していくこと。例えば、歴史ある地域資源や人々のつながりの強さなどの地域の個性を大切にして、地域（ふるさと）への愛情を深めていくことである。③共生・共存性＝異質なものを認め合い、個性と特長として違いを受け入れていく意識を高めること。④共同作業＝誰かにまかせるということではなく、住民主体のまちづくりへの共同作業にとりくむこと。⑤自発的発想＝地域の技術、文化などの資源を住民が主体的・自立的に活用していく自発的で内発的なまちづくりをすすめていくこと。」[5] とし、この基本原理を活かすために「共生」「共感」「共鳴」「行動」をキーワードとしている。

こうした山崎氏のコミュニティ形成に対する考え方をみると、地域形成やまちづくりということに意味があること、地域への愛情があること、住民相互に共同的な関係性が存在すること、住民による自発的・内発的な活動であることとなる。つまるところ、地域社会における住民による自治活動であり、住民の互恵性や開発性が尊重されるものと考えてよいだろう。住民自治として理解される活動においては、自治意識を持った住民自身が、地域社会の将来設計をしながら、現実の諸問題、特に生活問題等に向き合い、主体的にその解決に取り組む共同活動を行うのであり、地域社会における「公共」の構築をめざすという点で社会変革につながる要素も伴ったものであるといえよう。これは「コミュニティ自治」[6] という用語でも論じられており、前山総一郎氏はコミュニティ自治について、「住民自身が自分の地区の将来を構想しながら担っていく」と説明している。同氏は、コミュニティ自治には二つの柱として「市民の地域公共圏の形成」「地域公共利益の表出・体現」があり、パートナーシップをふみこんだ形態としての「協働」をとおして実現されるものと説明され、ドイツのハーバーマスによる「地域公共圏」のイメージがロンドンの「コーヒーハウス」にあると紹介されている。

ところで、コミュニティ自治のような住民自治に基軸をおく住民活動には、その特質として参画型民主主義という考え方が存在する。つまり住民自治が進展することにより、社会のありようを変革しようというのである。このことは、住民自治を担える自立した市民、自ら学び、自ら考え、自ら行動する市民が求められるが、そこには参加型民主主義が地域社会に宿っていることが必要だということになる。

この問題について考える手がかりとして、『ワシントン・ポスト』などで活躍しているデビッド・オズボーン（D. Osborne）らが著した『行政革命』[7] の一文を紹介しよう。極めて挑発的なタイトルのこの書に、ミネソタ大学ハンフリー研究所のトム・デュワー（T. Dewar）が示した興味あるレポートを紹介している。

「依存症とは援助者や指導者に身を任せ、支配される人間のことだ。依存者は自分に足りないものは何か理解しているが、この不足を解決するために、他人が行動するのを待っている人のことである。一方、市民とは自分自身の問題が自分にとってどんな意味をもっているかを理解している人間のことである。市民は互いの結びつきを認識し、自ら行動を起こすことができると信じている。よき依存者は悪しき市民になる。強い地域社会をつくるのはよき市民の方だ。(8)」

このレポートは、「真の市民」とは何かという問いかけに、極めて明快な示唆を与えてくれる。『行政革命』の著者は、今後の地域社会が所有すべき行政を、参画型民主主義に転換していく市民への権限委譲という考え方で示している。地域社会は人々の能力に焦点を当て、その人に時間、才能、財産の貢献を求め、仕事でどのような貢献ができるのかについて関心を持つが、政府のサービス・システムは人を育てようとする視点を持つことがないと論じる。

「アメリカ人が心底望んでいるのは、治安、子供の学校、地域を変えようとする開発者など直接自分の人生に直結するできごとへの参加なのである。実際、多くの国民は自らの貴重な時間を、学校、自警団、地域社会の組織のためにかなり割いている。参画型民主主義がアメリカの政治で実現されるのはまさにこの領域なのである。(9)」

さらに権限委譲については、「相変わらず受け身のところもあるが、自分たちの住む地域の問題に積極的に取り組んでいるところもある。評議会の多くは自警団の発起人となり、地域社会にある市の公園を管理している評議会や、高齢者の身の回りの世話をする子供にお金を払うなど雑用サービスを組織したところもかなりある。また、『街区看護プログラム』を組織し、近隣住民と看護婦が看護業務や触れ合いを提供し、老人ホームから出所できるよう高齢者のための家事雑用を手助けしたところもある。教会のグループはボランティアの訓練をし、教会の青年グループは芝生の手入れの手助けをし、ボーイスカウトは家のペンキを塗り、地元の商店は商品を提供した。（中略）わたしたちのプロセスの長所は受け身ではなく、自分たちで問題を解決していくことです。これは政治家（市会議員）に頼んでも無理なことです。[10]」としている。

このレポートを読むとき、参画型民主主義に向かう市民の姿には、アメリカ社会のエンパワーメントを感じる。こうした考え方を、我が国にそのまま取り入れることは適切ではないが、ここに示された精神は、今後の我が国の社会のあり方を考えていく上で十分な示唆を与えてくれている。前述したように、行政改革を伴う国家形成の根本理念に、「成熟した活力ある社会」での市民による政治主導という視点がある。ここで求めている市民像は、参画型民主主義に向かう市民の姿とオーバーラップする。市民が、どのような目的に向かって、どのような活動をするのかという点が課題となろう。

## 3　ローカル・ガバナンス論の登場

今日の自治体の公共論をみると、ローカル・ガバナンスのあり方が取り上げられていることに気づく。まずガバナンスという用語であるが、「操縦する、操舵する」という意味であり、通常「統治」と翻訳されているが、コミュニティ論研究者間でも明確な定義がされていない。坂本信雄氏は、公共部門ではコンプライアンス（法令遵守）、アカウンタビリティ（説明責任）や効率性などがガバナンスの重要な要素であるとしている(11)。同氏は、ガバナンスは公共サービスを提供しようとするさまざまなアクターの相互関係・調整関係の連携・協力として捉える考え方であるとし、またガバナンスの要素が、ソーシャル・キャピタルの醸成に関わると指摘している。このことはＯＥＣＤなどにおける教育政策と深い関係を持っているため、今後の検討が必要であろう。

ガバナンス論からの要求として、国体における統治概念の変革の要求、つまり縦系列の関係主体による統治関係に対して、水平的ネットワーク型統治システムの導入（ガバナンス）、つまり多様な関係主体の協働関係の構築があり、ガバナンスの意味については「人間の社会的集団の統治に関わるシステムを構成する諸社会的行為者の相互関係の構造と行為者間の相互作用のプロセスが発現する形態」であるとする考え方が示されている(12)。

ローカル・ガバナンスは当初は自治体の経営改善という課題から広がった。ローカル・ガバナンスの考え方は、ＮＰＭ（New Public Management）論の提起が端緒であり、民間企業がマネジメント能力を高め、経営の改善を図ろうとしている手法から学んだものである。自治体における業績主義や市場原理の導入があり、それによって行政評価が進行した。ＮＰＭ論は主に公共サービスのコストダウンを図ろうとする観点から導入され、その後さまざまな民営化の手法が追求されている。

ＮＰＭ論の導入によって国や自治体といった行政自身に本質的な変化が起きた。管理的思考から経営的思考に観点が変質し、さまざまな事業において市場原理が求められるようになったのである。さらに、ＮＰＭ論が行政セクターだけでなく市民や民間というアクターにおいても理解されるようになり、市民主導型の公共サービスが考えられるようになった。ガバナンスが、さまざまなアクターの相互関係や調整関係に基づくものであることは、当然、市民・民間アクターにも行政セクター同様の原理を求める結果を生む。具体的には、市民が行政と共通のテーブルについて資料を持ち寄り、討議し、立案し、評価に至る経営プロセスに参加・参画するようになるということである。つまり市民が公共サービスを分担するという流れができたのであり、後述する市民協働にみられるような今日的状況が生まれるに至ったということであろう。

（１）新村出編『広辞苑〔第三版〕』岩波書店、一九八四年。
（２）R.M.Maciver, *Community, A Sociological Study*, 1917. 中久郎・松本通晴監訳『コミュニティ―社会学的研究　社会生活の性質と基本法則に関する一試論』ミネルヴァ書房、一九七五年、四六頁。
（３）山崎丈夫『地域コミュニティ論―地域住民自治組織とＮＰＯ、行政の協働』自治体研究社、二〇〇三年、四二頁。
（４）同前・二四頁。
（５）同前・二九頁。
（６）前山総一郎『コミュニティ自治の理論と実践』東京法令出版、二〇〇九年。
（７）デビッド・オズボーン、テッド・ゲーブラー／高地高司訳『行政革命』日本能率協会マネジメントセンター、一九九五年。
（８）同前・六〇頁。
（９）同前・七八頁。
（10）同前・七九頁。
（11）坂本信雄『ローカル・ガバナンスの実証分析』八千代出版、二〇〇九年、七-八頁。
（12）宮川公男・山本清編著『パブリックガバナンス―改革と戦略』日本経済評論社、二〇〇二年。

# 第2章　行政改革と地方の時代

## 1　臨時行政調査会の役割

一九九七年一月、橋本内閣は政府の改革プログラムとして、「行政改革」「金融システム改革」「経済構造改革」「社会保障構造改革」「財政構造改革」「教育改革」の六大改革を政策提案し、それを同時進行しようとした。この内閣の改革路線で最も重要なコンセプトが「地方分権」であり、それは「行政改革」全体の最重要課題であったといえよう。ここでは地方分権がめざすところについて、若干の考察をしておきたい。

「地方分権」という用語は、中央集権と対置する用語として使われて久しいが、これまでその内容について深く論議されたことはなかった。用語としても漠然としており、明確な概念も定かではなかった地方分権が、今なぜ取り上げられているのだろうか。その理由については、第一義的には、行政改革の理念と一致する考え方であるという理解をする必要があろう。行政改革の目標は、「規制緩和」「官民役割分担」「地方分権」「中央省庁再編」となっており、根底には戦後社会の総括としての「官僚制の打破」という考え方が存在する。(1)

行政改革は、中央官僚による強大な権力構造により管理・運営されてきた我が国の行政を、「成熟した活力のある社会」をめざす市民による政治主導のもとで、政治全体のシステム改革につないでいこうとする考え方であり、中央省庁の官僚が握っている権限・権力を、「政治」「地方」「市場」の三つの分野に分権しようとしたものである。「政治への分権」というのは、立法府の機能回復や政党改革などの政治本来の課題と、官邸機能強化などの行政機構の改革であり、「地方への分権」とは地方分権の実現であり、「市場への分権」とは規制緩和や民営化を指している。三つの分権によって、主権者としての国民が保有すべき「コントロール権」を回復させようとするねらいがあるという。(2)

橋本内閣に至るまでの、「地方分権」改革についての国の動向はどうであっただろうか。後に「行革のバイブル」といわれた一九六四年の第一次臨時行政調査会答申では、行政組織の効率化が中心議題となったが、具体的な政策の見直しが提起されなかったため、行政改革は実効性を持つに至らなかった。

今日の日本の国体ともいうべき社会の骨格部の形成に強い影響を与えたのが一九八一年に始まる第二次臨時行政調査会（会長、土光敏夫氏）であり、五本の答申を提出、最終答申である「行政改革に関する第五次答申」が一九八三年三月に示された。

同答申は、「臨時行政調査会は、社会・経済情報の変化に対応した適正かつ合理的な行政の実現に資することを目的として、行政の実態に全般的な検討を加え、行政制度及び行政運営の改善に関する基本的事項を調査審議するという任務を与えられて、昭和五六年三月一六日に発足した。(3)」とある。

国と地方との関係に明確な考え方を示した第二次臨時行政調査会（以下、土光臨調）は、財政危機に直面しているという深刻な状況のもとで開かれた。肥大化し増大する財政支出をどう抑えるのかという問題と、硬直化する行政にどのような活力を与えて再生するのかという二つの問題の解決を迫られた。

土光臨調への諮問では、行政改革の推進と財政破綻に伴うリスクの克服という、二律背反にもみえるような課題が与えられたが、これに対する答申は、行政の守備範囲や責任領域を示すこと、つまり行財政の簡素化、効率化を図るという「行政の役割分担」でもって解決策とした。つまり、行政は、どこまでの分野に責任を持ってサービスを提供するのかという、行政の責任領域のガイドラインを述べたのである。

当然のことながら「行政の役割分担」が簡素化され、一定の枠組みで線引きされるとなると、国民や住民に対する行政サービスに空白が生じる。これをどうするかということが次の問題となり、そこに行政と民間・住民との関係性が問われた。この解決策として同答申は、「一九七〇年代以来肥大化の傾向を強めてきた行財政の体質を思い切って改め、規制・保護を主眼とする行政姿勢を、国民の自主的な活動の調整・補完を主眼とするものに転換させる必要がある。(4)」と述べており、官民役割分担論を提示したのであり、行政の役割に「国民の自主的な活動」への支援があることを示したといえよう。筆者は、この土光臨調においてこそ、今次の行財政改革の基本的な考え方が形成されたと考えている。土光臨調にとっての喫緊の課題は財政再建だけでなく国鉄改革にあり、その民営化の具体化を果たしたのであるが、根幹は官民役割分担論の提唱ということであったといえよう。

なお、土光臨調は、文教政策の視点として、第三次答申で次のような提言をしている。「今後の文教政策の検討に当たっては、所得水準の上昇、高い大学進学率、生涯教育機会の拡大等、近年の我が国の教育環境の大きな変化を踏まえ、学校、家庭、社会が連携を保ちつつ、個人の生涯の各段階において、それぞれの能力と自主的努力に応じて適切な教育が受けられるようにすることが必要である。(5)」と述べている。

これを受けて第五次答申では、「文教については、生涯教育機会の拡大等教育環境の大きな変化を踏まえ、個人の生涯の各段階においてそれぞれの能力と自主的努力に応じた適切な教育を受けられるようにするため、学校教育の多様化・弾力化を推進するとともに、特に高等教育については、量的拡大よりも質的充実を進め、その費用負担は個人の役割も重視する方向で適正化を図る」(6)と述べている。教育経費の負担については問題を感じるが、土光臨調において、臨時教育審議会（以下、臨教審）答申につながる「生涯教育」「生涯学習」の考え方が示されていることは見逃すことはできない。

その一つが、後に臨教審答申において登場するが、「人間化」というキーワードを拠り所とした「生涯学習まちづくり」政策であると考える。「人間化」という考え方は、一九七〇年代にシカゴ大学元総長のハッチンズ（R.Hutchins）や元フランス首相のフォール（E.Faure）らによって、ユネスコでは「学習社会」として提唱された概念であり、この考え方が生涯教育論に付加されて「生涯学習」という新しい「概念」を導き出した。我が国では、一九八七年の臨教審第三次答申において「生涯学習を進めるまちづくり」という文脈で示され、文部省が主管省庁となって全国の自治体で取り組まれた政策であり、「生涯学習」という概念とコミュニティ形成につながる「まちづくり」という概念とが融合、関連し合ったものと捉えられる。この関連については後述するが、地域共同体の復活、再生を目的とした政策が「生涯学習まちづくり」として誕生したのである。

土光臨調のあとに登場したのが臨時行政改革推進審議会（以下、行革審）である。行革審では、財政再建、国鉄改革、規制緩和、地方分権や行政手続法などが審議され、地方分権については、第三次鈴木行革審に注目する必要がある。鈴木行革審は、一九九三年一〇月二七日に最終答申を出し、「民主主義の回復」を原則とした政治主導での行政改革を求めた。市民が政府づくりについての選択権、決定権を手に入れ、その責任を負っていく社会システムの構築を求めたのである。規制緩和、民営化などの行政改革の流れは、ＮＰＭとして地方に広がることになった。

## 2　地方分権法と行政改革

臨時行政調査会や行革審の答申などを経て、国から地方への権限委譲、機関委任事務の廃止、国の関与・必置規制の整理・合理化等の改革提言が出され、ここに地方分権の性格が次第に明確になってきたといえよう。

一九九三年六月、国会において、地方分権を積極的に推進するための法制定と、抜本的な施策を総力をあげて断行していくという決議が全会一致で採択された。翌一九九四年一二月には「地方分権の推進に関する大綱方針」が閣議決定され、一九九五年五月には「地方分権推進法案」が可決・成立した。この地方分権推進法によって、地方分権のあり方が具体化された。

同法では、「地方分権推進の基本理念は、国と地方の役割を明確にし、地方公共団体の自主性・自立性を高め、個性豊かで活力に満ちた地域社会の実現を図ることであるとし、また地方分権の推進に当たっては、もとより、地方公共団体への権限委譲等国の側における努力が必要であるが、同時に地方公共団体においても行財政改革を推進する等、新たな地方公共団体の役割を担うにふさわしい地方行政体制の整備確立を図る必要がある。このため、国は、地方分権に関する施策を総合的に策定し実施する責務を有すること、地方公共団体は、行政運営の改善及び充実に係る施策を推進する責務を有する」と述べられている(7)。

地方分権推進法をふまえ、一九九九年七月八日、国会において「地方分権一括法案」が可決・成立した。二〇〇〇年四月からの国と地方の対等な関係をめざすこの地方分権法は、地方自治法、都市計画法などを改正する四七五本の関連法で構成されている。地方分権一括法の内容をみると、これまで自治体を国の下部機関として位置づけてきた機関委任事務制度を廃止し、自治体の自主的な裁量に任せる「自治事務」と国の役割を法に基づいて自治体が引き受ける「法定受託事務」とに振り分けて地方行政を行うこととなる。地方行政のフロントは市町村であるから、市町村は「団体自治」の考え方に立って自治事務を行うことにより、国や県から委譲された行政を司ることになる。ただし、事務委託の例外として「法定受託事務」が認められた点など、国の影響力は残されている。

法改正で注目すべき点は、従前の国の機関委任事務が自治事務とされた点である。自治事務により多くの権限が自治体に移されることは、市民にとっては直接的な要求を実現させる可能性が拡大したということになる。また、市民は投票や直接参加により政治参加しやすい環境にあるから、そこでは市民の政治への参画権を得たことになる。

一方、政府が進めている行財政改革において、スリム化の問題は自治体にとっては最重要課題であり、国から地方への権限委譲の結果、行政が肥大化したのでは問題解決の方向は逆転する。自治体には行政のあり方への根本的な見直しが求められ、地方政治は「団体自治」と「住民自治」に委ねるということである。

元来、この国の公権力は強大で、国から地方へと至るヒエラルキーを組織することにより行政が行われてきた。そのため、戦後民主主義社会においても基本的な権力構造の変化は起きず、地方自治の精神は十分に生かされてこなかったが、近年、確実に構造変化が起きていることがわかる。土光臨調にその端緒を求めたが、明らかに変動が続いているといえよう。この地方政治の構造的な変化のなかで、地方分権が提唱される理由はどこにあるのだろうか。背景に国をあげての構造改革、いうならば行財政改革を進行させるという政策上の見地があることは事実である。

しかし、それだけではなく、根底に人間の価値観の多様性と要求への複雑性があり、それが公共サービスへの要求をとおして中央集権から地方分権への転換を必要としているのではないか。人々の多様で、高度で、広がりのある要求に対して積極的に対応するには、行財政等の課題を抱える日本社会において、権力の分散化や要求への柔軟な対応ができる権力構造の構築が不可避であるからではないだろうか。中央集権型構造では、連絡・調整等の作用による体制維持のコスト負担が大きく、自治体に過重の負担を生んできた。問題への対応から、地方分権型構造に期待が集まり、「行政改革」といった政策理念が提唱されるようになったと考えられる。

地方分権型構造への行政改革を自治体主体で実施することを、国は「地方の時代」という言葉でもって表し、地方分権の実現を図ろうとした。国が地方への権限委譲を行う地方分権については、一九九九年七月八日、地方分権一括法案が国会の議決を経て成立した。従来、我が国の政治体系の構造的欠陥として、「地方自治」が極めて脆弱だという指摘であった「三割自治」という言葉に代表される「地方自治」は、その改善が求められたのである。

こうした立法は地方行政の根幹の部分を変革させるものであり、今後は「団体自治」と「住民自治」という二つの地方自治の本旨に基づいて、地方分権が積極的に追求されることになる。

（1）並河信乃『図解　行政改革のしくみ』東洋経済新報社、一九九七年、一六頁。
（2）同前・一八頁。
（3）「行政改革に関する第五次答申」臨時行政調査会、一九八三年。
（4）同前。
（5）「行政改革に関する第三次答申」臨時行政調査会、一九八二年。
（6）注3参照。
（7）読売新聞社編『政治・行政の緊急改革提言』読売新聞社、一九九八年、一七四頁。

# 第3章　市民協働の形成過程

## 1　公共共担論の提唱

新たな地域社会の構築という課題から、公的サービスの提供を地方分権型構造に転換させるという社会的要求があり、そのための「行政改革」が実施され、まずは地方において取り組まれることになった経緯については第2章で述べてきた。二一世紀を迎えると、団体自治と住民自治の二つの地方自治の本旨でもって、改革理念を具体化する本格的な動きが広がった。地方分権推進法は、先駆けとして成否を問われる内容で成立したのであり、我が国において欧米型のローカル・ガバナンスの考え方が提起されたということであろう。

こうした動向が政策概念に明瞭に反映されたものに、「新たな公共」の提唱がある。「新たな公共」と呼ばれる公共共担論(1)が、鳩山内閣や安倍内閣において政策理念として登場したのである。

昨今、「公共」という概念がクローズアップされつつある。教育界をみても、二〇一八（平成三〇）年三月に改訂された高等学校学習指導要領では、新しい科目として「公共」が開設された。行政はもちろんのこと、各界において「公共」をめぐる議論が生まれている。「公共」とはpublicを意味するのであり、従前からは、行政機関が提供するサービスは「公共」の領域だと考えられてきた。これに対して「私」あるいは「民」が対置概念として存在し、民間機関が提供するサービスは「私的」（private）領域だとされてきた。つまりサービスの提供者の公私二分論である。

近年の地方公共団体の重要課題の一つが自治に関わる問題であり、地方分権のありようが問われてきた。しかし、公私二分論でいうところの公共領域は行政機関が行う団体自治、私的領域は民間機関（住民）が行う住民自治という概念では捉えきれないという問題がある。また、行政と民間の関係のあり方が大幅に見直され、制度改革や運用方法の見直し等によって「公共」とされる領域の拡大が指摘されているのが現状である。

このような「公共」を捉え直そうとする動きから、二〇世紀末にさまざまな提言がみられたが、そのうちの一つに中央教育審議会が「青少年の奉仕活動・体験活動の推進方策等について（答申）」（二〇〇二年）で提言した「新たな『公共』」がある。永井順國氏らの提唱にあると考えられ、同審議会は「個人や団体が地域社会で行うボランティア活動やＮＰＯ活動など、互いに支え合う互恵の精神に基づき、利潤追求を目的とせず、社会的課題の解決に貢献する活動が、従来の『官』と『民』という二分法では捉えきれない、新たな「公共」のための活動とも言うべきものとして評価されるようになってきている」と述べた。

新たな「公共」という用語は、その後の国政において「新しい公共」という用語でもってしばしば登場する。二〇〇九年一〇月に当時の鳩山由起夫首相が第一七三回臨時国会・総理所信表明演説で用いたほか、次の首相となった管直人が新成長戦略において「新しい公共」を「二一の国家戦略プロジェクト」の一つとして位置づけ、さらに次の野田佳彦首相もまた「新しい公共」推進会議を開催している。

こうしてみると民主党政権の政策のように考えられないこともないが、時代の潮流から同党の政策に活用されたということであって、同党のオリジナルな考え方ではない。そのことは永井氏らの提唱が二〇世紀末からのものであること、その同時期にドラッカー（P.Drucker）の経営書がＮＰＯ活動等の紹介から「新たな公共」に通じる概念を提示していることからも明らかである。「新たな公共」に関わっての永井氏やドラッカー氏らの指摘については別の項で述べることとして、ここで明確にされていることは公私二分論ではなくて公共共担論ということであり、その認識に立って「公共」とは何かについて考えることが求められている。

そこで公私二分論では問題が多いというのであるならば、公私二分論における自治とはどうであったのかということの検証が必要であろう。戦後直ぐのＧＨＱ指令のもとに我が国は地方自治を求められ、中央集権組織であった旧の地方政府は改革され、民主主義思想に基づいた民意を尊重する地方自治が実現した。一九四七（昭和二二）年四月一七日に、「地方公共団体における民主的にして能率的な行政の確保を図るとともに、地方公共団体の健全な発達を保障することを目的とする」（第一条）地方自治法が成立し、その精神が示されたのである。この法律は、地方公共団体が住民の福祉の増進を図ることを基本とし、地域における行政を自主的かつ総合的に実施する役割を広く担うものとした上で、国の役割を示しつつ、一方で地方公共団体に対しては、住民に身近な行政はできる限り地方公共団体に委ねることを基本として国との役割分担を行い、地方公共団体に関する制度の策定及び施策の実施に当たって、地方公共団体の自主性及び自立性が十分に発揮されることを望んでいる。

この考え方は、明らかに国と地方公共団体の間で役割分担があることを示しており、現実には予算権や許認可権をはじめとする国の権限が巨大であり、国の意図のもとに府県が仲介して市町が住民にサービスの提供を行うという構図が形成されている。本質的に国家支配の構図であり、地方自治が生かされる部分は限定され、しかも「公共」領域に関わるサービスは行政機関が提供するわけであるから、公私二分論における自治というのは、中央集権的支配のもとに地方公共団体が団体自治を進めるという性格のものであることになる。

## 2　市民・民間アクターの役割

政府がいう「新たな公共」で取り上げられているのは行政と市民であるが、ローカル・ガバナンスの考え方に立つと、公共サービスを提供するさまざまな行為者（アクター）が存在し、相互関係・調整関係を結びながら連携・協力する仕組みが必要となり、権力の分散化を図りながらコストダウンを図ろうとする趣旨から、さまざまなアクターの参画やネットワークが必要となることが自明となる。

次に、市民協働[(2)]の視点に立った市民活動と行政の関係について検討しよう。市民協働という概念では、社会的役割分担の見直しという観点があり、公共サービスとは何かということを問う。協働の担い手として市民アクターやＮＰＯのような民間アクター（公益的な市民活動の担い手）、行政アクター（自治体などの行政関係者）、他に企業活動や大学などの各種のアクターがあり、地域に関わる組織が参画することが望ましいとされる。要するに公共サービスの提供を「分担する」ということであり、アクターが参画者としての主体性を発揮することが期待される。「分担する」という発想は、土光臨調で示された思想であり、行財政改革の根幹の考え方につながる。

大阪府大阪狭山市の非営利公益市民活動推進懇話会[(3)]は、「市民の多種多様なニーズから、公共サービスが増大しつつあるのに対して、行政が担うべき分野、行政と市民が協働するサービス分野、市民の自己責任のもとで行われるべきサービス分野にシェアリング（役割分担）を行うことが求められています。それぞれが本来的な役割を果たし、協働関係も構築しようとする考え方です。地方分権社会では、公共サービスのすべてを行政が担う社会から、市民の自己責任を基調とする社会への移行が必要とされています。公共サービスにおいて市民公益活動が担う領域は、市民行政との協働的な相互関係においてとらえられねばなりません。」[4]としている。

公共サービスに関わる多種多様な市民ニーズに対して、行政アクターだけが応えるのではなく、市民・民間アクターも行政アクターとの「協働」関係の構築のなかで、社会サービスの供給者として事業を行うことが望まれている。また、「協働」関係を構築することは、市民アクターに対して、政策意思形成過程への参画や、そのことに関連するサービスの提供への道を開くことになり、市民アクターの役割は受動的なものから能動的なものに転換し、行政アクターと共通する公共課題に向けての共同責任を有することになる。

市民による公共サービスの提供という公益的市民活動の推進について、次のようなキーワードが指摘されている。「自由」「多元的な価値」「連帯」であり、こうしたキーワードを理解するために、アメリカのドラッカーの言葉を引用しよう。

「非営利機関は、人間を変革する機関である。したがって、その成果は、つねに人間の変化の中にある。すなわち成果は、人間の行動、環境、ビジョン、健康、希望、そしてなかんずく人間の能力と資質に現れる。非営利機関たるものは、それが健康を扱う機関であれ、教育機関であれ、コミュニティサービスであれ、あるいは労働組合であれ、最終的には、ビジョン、基準、価値、責任、そして人間の能力をどれだけ創出したかによって、自らを判定しなければならない。したがって、非営利機関は、人々に対するサービスという観点に立った、具体的な目標を設定しなければならない。[5]」

次に、市民アクターについては後述するとし、市民協働の主たる担い手の一員である民間アクターについてみてみよう。民間アクターを代表するＮＰＯについてはどうなのだろうか。

今日では、国や都道府県が認証したＮＰＯ法人は一万以上の団体を数え、ボランティア人口も七〇〇万人を超えた。ＮＰＯやボランティアをはじめ、市民・民間アクターが行う自由な社会貢献をめざす非営利活動が我が国でも社会的責任主体となりつつある。

市民公益活動と呼ぶべきこうした市民・民間アクターの活動は、行政アクターとの「協働」関係を構築するなかで公共サービスを担うというミッションの共有化を模索しており、市民・民間アクターが行政アクターとの共同性の追求により「協働」関係を構築するには、さまざまな課題の解決を図ることが必要となる。

本節では、行政と市民アクターやＮＰＯのような民間アクターとの「協働」のあり方を明確にすることを意図している。そこで、民間アクターに対する行政支援策に関わっての「協働」の可能性について検討する立場から、次にＮＰＯのような市民公益活動と呼ばれる組織や団体について考えてみよう。

本書で随所に事例にあげている大阪狭山市の場合は、二〇〇二年には「大阪狭山市市民公益活動促進条例」を制定し、市民公益活動について定義した。条例の第二条で、「市民が自発的かつ自立的に行う営利を目的としない活動であって、不特定かつ多数のものの利益の増進に寄与することを目的とするものをいう。」としている。行政が公共の分野で社会的責任のすべてを担う社会から、市民の自発性と自己責任を基調に、相互に支え合う社会へのパラダイム転換を基調とした公共サービス、またはコミュニティ活動として市民公益活動を理解しようとする考え方を示したのである。

市民公益活動とは、自発性、公益性、非営利性という市民活動の特性に基づき、市民が主体となって自律的な機能を生かしながら、自主的、継続的に公共サービスを行う活動だということである。

また、行政が提供する公共サービスの補完的役割を担い、地域住民の新しいニーズに柔軟に対応し、生活に関わ

図３－１　大阪狭山市が示した市民公益活動団体

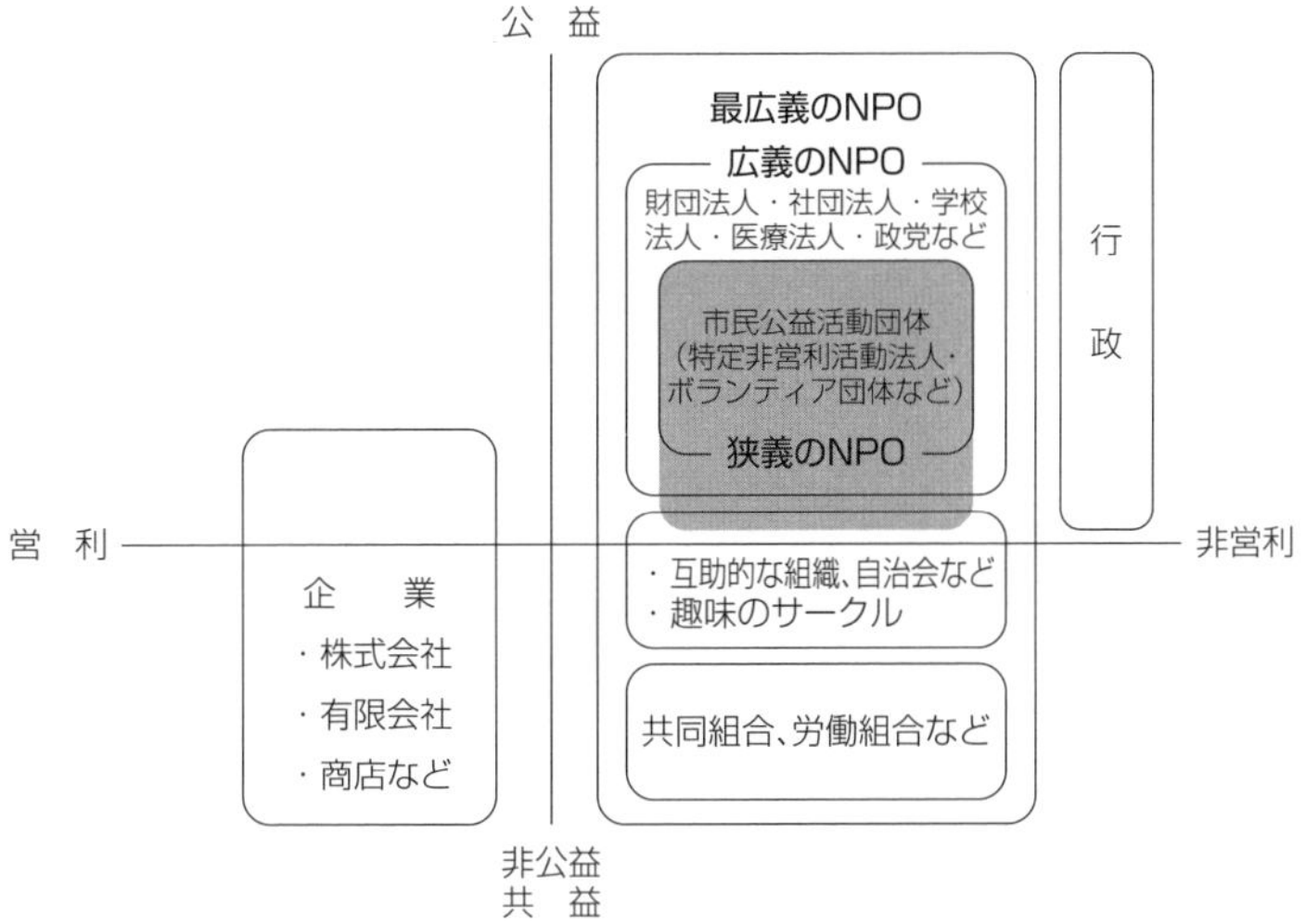


注：　部分は市民公益活動の領域を示す。
出典：大阪狭山市非営利公益市民活動推進懇話会提言書

る現実的課題の解決を企図する活動も含まれると解釈されている。

一九九八年三月の国会で、「特定非営利活動促進法」が制定され、同法は同年一二月から施行された。NPOやボランティア等の市民が行う自由な社会貢献活動としての非営利活動を社会的に認知し、促進させる必要から、一定の条件を満たした福祉、まちづくり、環境保全、災害救援、国際協力等の活動分野の団体や組織に法人格を与えようとしたのである。

「特定非営利活動促進法」制定後、全国の自治体は、特定非営利活動の促進を目的とした条例制定の検討に入り、大阪府箕面市は一九九九年に「箕面市非営利公益市民活動促進条例」を設け、第三条で「市、市民、事業者及び非営利公益市民活動団体は、非営利公益市民活動が豊かな地域社会の形成に向けて果たす役割を認識し、それぞれの責務と役割のもとに協働し、その発展に努めなければならない。２　非営利公益市民活動の促進に当たっては、非営利公益市民活動団体の自主性と自律性が尊重されなければならない。」と基本理念を示し、第四条では、非営利公益市民活動の促進に関する施策の実施を市に求め、第五条では自発的で自主的な協力を市民の役割としている。

同様の趣旨の条例としては、東京都板橋区の「板橋区ボランティア活動推進条例」（一九九七年四月）、神奈川県鎌倉市の「鎌倉市市民活動センターの設置及び管理に関する条例」（一九九八年五月）、宮城県仙台市の「仙台市市民公益活動の促進に関する条例」（一九九九年三月）等があり、条例制定だけでなく、市民公益活動促進に関する指針等を設置した自治体もあり、その後は条例をふまえた後の具体的な施策の実施に向けた取り組みが進んでいる。

こうした動向をふまえて、一九九九年に神奈川県横浜市の民間人でもって構成されている民間有識者会議がまとめた横浜市市民活動推進検討委員会報告「横浜市における市民活動との協働に関する基本方針」（以下、横浜コード）が示されたのである。これが条例化されたことが契機となって同様の趣旨の条例制定が全国に広がった。

民間有識者会議から「横浜コード」の提案を受けた横浜市は、二〇〇〇年に「横浜市市民活動推進条例」を制定した。これは、市民団体への補助金支出や公共施設の優先利用などが条例化されたものであり、市民協働の一部を具現化したものに過ぎないが、我が国に新しい公共概念が導入された事実上の第一歩であったといえよう。

横浜コードが示された後、全国の多くの自治体は「市民公益活動促進条例」（名称は自治体によってさまざまである）を制定し、市民協働への取り組みは燎原の火のごとき勢いで全国に広がった。それほど影響力が強かったということである。具体的には、箕面市（一九九九年）、北海道のニセコ町（二〇〇〇年）が手をあげ、兵庫県宝塚市（二〇〇一年）、東京都杉並区（二〇〇二年）や神奈川県真鶴町（二〇〇三年）などがそれに続いた。筆者の周辺がそうであったが、条例制定に向けて積極的に活動する市民の姿が目立つようになった。審議会の設置が決まり、「市民委員」が公募されると積極的に応募し、委員に就任すると驚くような行動力で調査研究に従事する市民の姿を見た。

横浜コードによって提示された市民協働の理念が、急速に全国の自治体で導入されていった背景には一体何があるのだろうか。背景を考えると、当時はローカル・ガバナンス論の台頭があり、そこからの要求があったと考えるべきであろう。

さらに、行政改革の一環としてであるが、地方政治の構造改革として、市民協働のような地方分権型構造に転換しようとする路線があり、市民協働を自治体政策として導入することは、住民自身の自治力台頭につながるという、本来の地方自治二元論の考え方が基底に存在しているからであろう。

また、行政側の論理だけでなく、前述しているような市民からの価値観の多様性に基づく社会参画への要求の複雑性が表出したという現代的な課題が存在することは見逃せず、こうした行政と住民双方の要求があったゆえに急速に全国に広がったといえよう。

## 3　パートナーシップについて

「市民協働」という用語は、社会学用語としての「市民」と「協働」の合成語である。「市民協働」と同様の施策に対して、「官民協働」とか「自治協働」「公民協働」という用語を使用している自治体もある。「官民協働」という場合は、地方における政治を行政と住民の二元論で捉えようとしたことであり、「自治協働」という場合は、「団体自治」と「住民自治」の両輪でもって「地方自治」を理解しようとした考え方であり、「公民協働」という場合は、公的サービスの実施という公共性を重視して市民活動を捉えた場合と考えられる。

筆者はいずれの用語でも良いと考えるが、サービス実施の主体的アクターとしての「市民」に対する期待、加えてアクターとしての市民自身の当事者意識の形成といった見地から「市民協働」と呼ぶのがふさわしいと思うのである。

次に「協働」について考えてみよう。辞書で「協働」をみると、「協力して働くこと」とある。類似語に「共同」「共働」「協同」などがあるが、「協働」がいくつかの主体が協力して働くという本来の意味に最も近いと思われる。

これまで「連携」と「協力」とされてきた説明が「協働」という用語に変えられてきた背景に、単なる協力の域を超えて「働く」という能動性が着目されたのであり、それは「参加」から「参画」へという捉え方の変化と軌を一にするものであると考える。したがって、市民協働という場合には、市民に対して積極的で能動的な参画を伴う働きを、他の同じような意思を持ったアクターとの協力において実施するという意味合いを持つのである。

加えて市民協働の考え方においては、より広く深いアクター間の「連帯」、あるいは「ネットワーク」があるように感じられる。それを追究すると、根底にソーシャル・キャピタルにつながる「協力」があることに行き当たる。この意味で市民協働を理解しようとするならば、キーワードとして「パートナーシップ」という用語につき当たる。そこで市民協働におけるパートナーシップとは何かを実証的にみてみよう。市民協働を政策として実現しようとしている自治体が、政策としての決定前の段階で、パートナーシップの意味や意義を確認している事例を研究者の意見とともにいくつか紹介する。

(1)「地域住民と自治体職員とが、心を合わせ、力を合わせ、助け合って、地域住民の福祉の向上に有用であると自治体政府が住民の意思に基づいて判断した公共的性質をもつ財やサービスを生産し、供給してゆく活動体系」

（荒木昭次郎『参加と協働』ぎょうせい、一九九〇年）

(2)「行政とボランティア・NPOとが、相互の存在意義を認識し尊重し合い、相互にもてる資源を出し合い、対等の立場で、共通する社会的目的の実現に向け、社会サービスの供給等の活動をすること」

（東京都行政とボランティア・NPOとの協働に関する検討委員会「『協働の推進指針』策定への提言」二〇〇〇年）

(3)「自己の主体性・自発性のもとに、共通の領域において、互いの特性を認識・尊重しあいながら、共通の目的を達成するため、課題解決に向けて協力・協調すること」「これまで、わが国の公共的サービスは行政主導で行われてきたが、今後は行政、営利組織、NPOが公共的サービスの提供主体として、対等な立場に立って、お互いの特性を理解したうえで、これまでの役割分担を見直し、協働関係（パートナーシップ）を構築する必要がある」

（大阪府民間非営利活動促進懇話会「NPO活動活性化に向けての提言」）

(4)「市民の多種多様なニーズから、公共サービスが増大しつつあるのに対して、行政が担うべき分野、行政と市民が協働するサービス分野、市民の自己責任のもとで行われるべきサービス分野にシェアリング（役割分担）を行うことが求められています。それぞれが本来的な役割を果たし、協働関係も構築しようとする考え方です。地方分権社会では、公共サービスのすべてを行政が担う社会から、市民の自己責任を基調とする社会への移行が必要とされています。公共サービスにおいて市民公益活動が担う領域は、行政との協働的な相互関係においてとらえられねばなりません。」

（大阪狭山市非営利公益市民活動推進懇話会「大阪狭山市における市民公益活動促進に関する提言」）

それぞれの文脈を検討してパートナーシップについて理解しようとすると、意味の多様性・多義性から定義は難しいが、端的に表現すると「活動主体であるAとBが各々対等かつ自由な立場で、共通する目的のために協働する関係[6]」という東京都の懇談会報告が簡潔で最もふさわしい解釈だと考える。

それでは、市民協働を政策として導入する条例（以下、市民協働条例）の制定に至る過程において、地域におけるパートナーシップに対する共通認識はどうであったのだろうか。前述したように、この用語の意味の多様性・多義性から理解がさまざまであるので、筆者が、直接に議論に参加した「大阪狭山市非営利公益市民活動推進懇話会」での動向について、以下に紹介する。

同懇話会が最初に提起した議論は、「市における望ましい市民と行政とのパートナーシップのあり方について」であり、そこでパートナーシップについての基本的な考え方を求めた。その際、同懇話会は同時並行で各種の市民団体の活動の実態調査とボランティア活動についての市民意識調査を行っている。

市民や市民団体と行政との関係を、「対立・依存」から「協力・自立」に支えられた関係に改めることを確認し、行政と市民のパートナーシップには四つの原則があるとした。

(1)　両者が対等の関係であること。
(2)　まちづくりに関するビジョンが共有できる関係であること。
(3)　情報公開に基づく行政のアカウンタビリティ（説明責任）があること。
(4)　市民が行政の考えを理解するために開かれた地域社会づくりを進めること。

同懇話会は上記の原則を示した後に、実際に事業を実施する際には、こうしたパートナーシップの原則に基づいて、市民と行政の双方が知恵や労力や費用を供出し、互いに役割分担を決めて進めることになると考えた。

市民が主体的に、自発的に参加意識を持つような援助性が求められるとし、今後は、行政と市民のパートナーシップについて、政策や事業の評価を進めることが必要であり、政策立案段階で両者が協働して取り組むことも考慮されねばならないとしている。つまり政策形成に関しても、市民を行政のパートナーとして捉えるべきであり、行政や議会の持つ課題とは別に、地域住民という新しいポジションからの政策立案を可能にすることも検討すべき段階を迎えているという認識を示した。

ここで紹介したのは一つの事例であるが、パートナーシップは、市民協働を生み出すために不可欠な要素であり、このことを市民アクターやＮＰＯ等の民間アクターが理解することから社会的責任主体への成長があると考えられる。市民協働を進めていく上での最重要課題の一つである行政側の意識の問題についても、パートナーシップの理解なしには解決の方向に向かわない。

つまり、行政がどれだけ市民・民間アクターを信頼しているのかということであり、市民・民間アクターとの対等関係でビジョンを共有化できるのかどうかということが、パートナーシップのあり方で決定されるといってもよいであろう。

その後、同懇話会は議論の経過をふまえて、市民協働を推進するにあたっての六つの原則を提言し、条例制定につなげた。

(1)　自発性の尊重と自主的な活動の保障
(2)　活動の多様性の理解
(3)　行政と対等な関係に立っての活動目的の共有化
(4)　市民主体によるサービスの提供への行政的支援
(5)　行政の情報公開と説明責任の確立
(6)　評価の公表と公平性・平等性の原則の確立

以上の原則を基礎として、同市の市民協働が議論されるという経緯になっている。

（1）公共領域は政府が担当し、私的領域は民間が担うという公私二分論と対立する概念であり、公共領域の広がりのなかで、民間もまた公共領域を担い、政策主体としてＮＰＯ等も加わって政府と協働する必然性が生じるという考え方。松下啓一氏らが理論付けている。
（2）「官民協働」「自治協働」「公民協働」という用語を使用している自治体もあるが、本書では「市民協働」を用語として使用した。
（3）同懇話会は、市の支援のもとに民間有識者によって組織され、二〇〇〇年四月から二〇〇一年八月まで、公益市民活動の考え方やあり方についての検討を重ね、提言等を提示した。
（4）『大阪狭山市における市民公益活動促進に関する提言』大阪狭山市、二〇〇一年。
（5）ピーター・ドラッカー／上田惇生・田代正美訳『非営利組織の経営―原理と実践』ダイヤモンド社、一九九一年、一四〇頁。
（6）『東京都ボランティア・非営利団体の活動促進に関する懇談会報告』一九九七年、一三頁。

# 第4章　市民協働の構想

## 1　市民協働の具体化

市民協働の考え方を検討するに当たって、我が国の地方行政での先駆けとなった「横浜コード」の内容から市民協働とは何かを考えてみよう。以下は、骨子のみを記載している。

「横浜市における市民活動との協働に関する基本方針（横浜コード）」

1　目的

市民活動と行政が協働して公共的課題の解決にあたるため、協働関係を築く上での基本的な事項を定め、公益の増進に寄与することを目的とする。

2　市民活動の定義

ここでいう市民活動とは、

1．市民が自主的に行い参加が開かれている活動

2．営利を目的としない活動

3．幅広く多くの人々が幸せに生きていくために必要な活動をさし、政治活動及び宗教活動を主たる目的とするものを除く。また、特定の公職の候補者若しくは公職にある者又は政党を推薦し、支持し、又はこれらに反対することを目的とする者は除かれる。

3　協働の原則

市民活動と行政が協働するにあたっては、次の六つの原則を尊重して進める。

(1)　対等の原則（市民活動と行政は対等の立場にたつこと）
(2)　自主性尊重の原則（市民活動が自主的に行われることを尊重すること）
(3)　自立化の原則（市民活動が自立化する方向で協働をすすめること）
(4)　相互理解の原則（市民活動と行政がそれぞれの長所、短所や立場を理解しあうこと）
(5)　目的共有の原則（協働に関して市民活動と行政がその活動の全体または一部について目的を共有すること）
(6)　公開の原則（市民活動と行政の関係が公開されていること）

4　協働の方法

協働の六原則を基本に、行政は市民活動との協働を積極的に進める。以下はその具体的方法である。

(1)　補助・助成（市民活動が主体となる公共的事項に対し、資金の援助を行うこと）
(2)　共催（市民活動が主体的に行う事業に対し、市が企画及び資金面において参加し、共同して事業を実施するもの）
(3)　委託（契約規則等に基づき市の事業等の実施を委託するもので、市民活動が相手方となる場合）
(4)　公の財産の使用（市民利用施設の優先利用等をルール化する）
(5)　後援（市民活動が主体的に行う事業に対し横浜市後援名義の使用により精神的に支援を行う）

(6)　情報交換・コーディネート等（検討会・協議会の設置、広報紙の発行等により、情報交換や共同事業のための検討等を行う）

※　なお、市民活動と行政が、公共的課題の解決に対して、ともに行動しようとするとき、(1)~(6)の具体的協働に加えて、あるいはその準備段階として日常の情報交換等が重要な役割を果たすことも多く、その役割の重要性について認識するべきである。

5　公金の支出や公の財産の使用における必要条件

市民活動と行政とが具体的に協働をすすめる上で、市民共有の財産である公金の支出や公の財産の使用をするときには、その適正さを担保するために、以下の三要件を満たすことを必要とする。また、外郭団体を通じて間接的に財政的なサポートを行う場合もこれに準ずることが必要である。（なお、外郭団体の自主財源による自主事業は除く。）

(1)　社会的公共性があること
(2)　公費濫用を防止すること
(3)　情報を公開すること

6　協働の担保

「横浜コード」を踏まえた協働を担保し、その推進を図っていくために、市民活動と行政との協働が適切になされているかどうかを監視し、コードの維持・調整を行い、さらに時代の要請に沿って、不断に見直しを行っていく必要がある。そこで全市レベルにおいて、必要な事項について論議し、関係者に対し意見具申等をする市民・有識者からなる第三者的機関を行政が設置し、各事業レベルにおいても、対象となる団体・

事業等の選定、協働の検証等を公正に行う。

なお、第三者的機関については、期限任期制により委員の固定化を防止するなど、機能が適切に果たされる手立てを講じておく。

(1)　全市的委員会

(2)　事業別委員会

各自治体で制定された市民協働条例をみると、「横浜コード」を参考にしていることがわかるが、その名称や内容は必ずしも一律ではなく、行政、市民、協働に対する考え方のいずれかで微妙に異なる。多様な意見や考え方のもとに制定された市民協働条例について、本書では趣旨・目的がほぼ同じだと考えられるものをすべて市民協働条例としている。

それでは、地域主権にはどのような拠り所とそれを支える理論があるのだろうか。地域主権を進めていく上で、自治に関わる取り決めが必要であろう。

自治に関わる条例にはいくつかの種類があるが、松下啓一氏は次の三つに分類している(1)。一つ目が自治そのものに関わる基本的な性格を示す条例、二つ目に住民の参加を促すような市民参加条例、三つ目が自治に基づいて協働を形成するような市民協働支援条例であると説明している。また松下氏は、「自治基本条例は、自治に関する基本的な事項を定めた条例である。自治の理念や基本的な制度や権利を内容とする条例で、そこから自治基本条例は『自治体の憲法』であるともいわれる」と述べている。

こうした説明にあるように、自治基本条例は「自治体の憲法」としての役割を有し、当該自治体の各政策・施策に関する基本方針を明らかにしたものであり、またその具体化や体系化を図ろうとする役割を担うものといえよう。

さらに、ステークホルダーである市民と行政との好ましい関係の構築に踏み込んで、パートナーシップの形成を推進するという性格を持っている。性格という点では、自治基本条例は他の条例や総合計画などのような計画よりも上位に立つ概念であり、自治についての解釈基準となるものである。

二つ目の市民参加条例は、自治活動に市民自身が参加することを保障しようとした条例であり、自治体の政策の決定、実施及び評価に至るサイクルにおいて、市民がさまざまな形で参加できることを可能とするものである。

三つ目の市民協働支援条例については、一九九九年に横浜市が提起した「横浜コード」に端を発する。策定に筆者が直接関わった条例として、大阪狭山市市民公益活動促進条例があるが、自治の実現に関わっての市民協働支援条例の一つと考えている。以上が条例制定過程を研究された松下氏による分類である。

次に、市民協働の考え方を検討する上で大阪狭山市の「大阪狭山市市民公益活動促進条例」を取り上げる。その理由は、本書では、筆者が関わったことから随所で大阪狭山市を事例として紹介していること、それに市民協働条例の制定がかなり早い段階で取り組まれた先駆的な事例であったこと、市民協働を理解する上でモデルとなるような内容であったからである。「大阪狭山市市民公益活動促進条例」の制定は二〇〇二年のことである。

同条例第二条（定義）では、「この条例において『市民公益活動』とは、市民が自発的かつ自立的に行う営利を目的としない活動であって、不特定かつ多数のものの、利益の増進に寄与することを目的とするものをいう。」と定義しており、市民活動に一定の枠組みを与え、行政との協働関係づくりに取り組んでいる。

第三条（基本理念）は、「市、市民、事業者及び市民公益活動団体は、対等の立場でそれぞれの役割を理解し、協働して地域社会の発展に努めなければならない。」とし、この条例の理念として、行政、市民、民間等のサービス提供者（アクター）間に平等性があること、アクター相互の理解と協働関係の構築が求められること、それが地域社会の発展につながることなどを明らかにしている。

さらに第三条二項で、「市が市民公益活動を支援するに当たっては、その活動の自主性、自立性を尊重するとともに、支援の内容及び手続きについて、公平かつ公正で透明性の高いものでなければならない」として、行政の支援の方向性を明示した。市が支援するに当たっては、市民公益活動の自主性、自立性を尊重し、支援に当たっては公平、公正で透明性の高いものでなければならないとしているのである。

第四条では、基本理念に基づいて市民公益活動の促進に関する施策の実施を市に求め、第五条で市民に対し、市民公益活動の理解と自発的な協力に努めることを期待し、第六条では民間事業者に対して、地域社会の一員として市民公益活動を理解し、自発的にその活動を支援するように努めることとしている。

第七条において、市の施策として、市民公益活動を促進するため、総合的な情報提供、活動場所の整備、財政的支援、その他の環境の整備に努めるとした。大阪狭山市の条例から、市民協働が期待する地域社会の姿が浮かび上がるが、他の自治体についてはどうなのだろうか。

自治体の動向を調査し、市民協働を理論研究されている世古一穂氏の説明では、市民協働とは、主体となる（自己の確立）ＡとＢが、相互の認識と相互の理解のもとに、誰でも参入できること、公開された関係（透明性）があることを原則として共通の目的に向かう営みであり、そこには自己変革の受容性（創造性）が発揮されるという(2)。世古氏は、市民協働が政策理念として全国展開している事実を分析し、それを類型化している。類型の指標として、官民協働（市民協働を世古氏は官民協働と表記）の構築に向けての自治体やＮＰＯ等の民間の考え方の醸成具合、市民セクターの発展段階の実態、協働のあり方に至る発展過程を設定し、成熟段階別に分析して三類型で捉えている。

①「支援」・「育成」重視型
②「協働」・「分権」重視型
③「行革推進」重視型

以下に世古氏の説明を要約する。

①は、地域のＮＰＯや民間の成長が未だ十分ではないので地域で育てることを政策目的として、育成支援策を組み立てるための方策として市民協働を捉えるという考え方で、各種の具体的支援を講じるという段階である。

②は、地域のＮＰＯや民間が、自治体とともに公共的課題に協働的に取り組むことを重視し、その観点からＮＰＯ等を支援するという考え方で、各種の具体的支援を講じるという段階である。

③については、自治体が地域のＮＰＯや民間との役割分担を明確にし、地域に任せるものは任せるという考え方で、行政改革プログラムを進めるという段階である。

世古氏は「この三つの潮流のなかで、我が国では①の『支援』・『育成型』が大きな流れとなっているが、これは自治体とＮＰＯの本来の協働政策ではない。」と述べており、このことから市民協働の形成においては、自然発生的な市民側からの主体的なアプローチが不可欠であることがうかがえる。つまり行政に必要とされる支援の質が異なるということであり、地域のＮＰＯ等の活動の意味についての本質的な理解や共感が求められている。また「公共」の意味が不鮮明になってしまうことにも気づかねばならないだろう。そして重要なことは、市民協働を特性から考えると、地方行政への理論的な解釈論ではなく、参画者の行動原理として捉えられるべき考え方であるということであり、市民協働に対する評価は活動の成否によって決定されるべきものということになる。

## 2　市民協働の形成

これまで市民協働の考え方と行政の動向について述べてきたが、実際に市民協働を進めていくには、どのような仕組みと仕掛けが要るのだろうか。

まず何よりも、行政と民間とのパートナーシップづくりが必要不可欠であることは指摘したとおりであるが、それをふまえての次の展開が何であるのかについて考えてみたい。

地域社会において、市民協働という仕組みを確立していく上での課題は、地域に対する愛情を持つ市民アクターが、公共サービスの提供について、何を目的に、具体的にどういうことを、どのように行動するのかという点であり、それを可能とするような積極的、開発的で創造性のある市民力をどのように育成するのかという点にある。前者については、パートナー関係にある他のアクターとの協議のなかで作り上げていくべき事項であり、後者については教育や学習機能を活用して課題に取り組むことになる。そのいずれにおいても、パートナーである行政との関係が重要であり、協働型社会[3]の趣旨に見合った展開が望まれており、行政はそれを支援することが必要であると考える。

市民活動や地域学習に対する支援方策については、「物的支援」「人的支援」及び「運営支援」の三つの観点が必要だと思われる。

この三つの観点から、仕組みづくりについては、次の八点が考えられる。

### (1)　市民協働促進のためのルールと場の設定

(2)　資金の調達の方法
(3)　民間アクターなどの活動拠点（事務局）の確保
(4)　活動場所の提供や機材等の貸出
(5)　広報等の情報発信・情報提供
(6)　協働事業・活動や教育・学習に関する相談
(7)　研修による人材育成
(8)　ネットワークの構築と構成者（アクター）間の交流

以上のどの点についても行政からの支援なしに成り立つものではない。具体的な支援策を講じることによって、行政はあるべき姿を追究すべきなのである。

(1)については、市民協働の原則に立って、パートナーシップの関係を維持・発展させつつ、アクター相互間での協働事業をどのように進めていくのかを確認する場（例えば公益活動促進委員会など）を設けることである。そういった場で、協議し、ルールを定め、実施体制や広報の進め方を確認し、事業の経過中の点検や終了後の評価を行うなどの活動が必要とされる。

また、そういった活動をする場所としての市民活動支援センターを設置することが必要である。同センターの役割については、ＮＰＯやボランティアなどの市民活動を希望する市民の発掘と育成、市民活動に関わる事業の実施、市民活動に対する学習情報提供と学習相談、人材情報の提供と人材交流、地域のさまざまな市民活動とのネットワークの構築という支援があり、他の方策とも深く関連する。

(2)については、本書で最も重要としている問題であり、詳しくは第5章で述べるので、ここでは簡単に説明をしておきたい。内容については、「横浜コード」の「4　協働の方法」でも触れられているが、大阪狭山市の事例から説明すると、「直接的公金支出を伴う協働」として、補助金、委託、負担金といった協働、「直接的な公金支出を伴わない協働」として、事業共催や後援、実行委員会形式の協働、人材の派遣や人事交流、公共施設等の貸与や利用料金の減免等、学習情報提供や学習相談の実施などの方法があがる。「市民協働の手法による直接的・間接的な財政的支援のあり方」として、個人や団体の会費等による自主的財源の確保への支援、事業の発展に向けた支援、委託事業と受託、基金を含む補助金等による資金提供、事業共催、税の軽減措置、融資制度の活用、公的施設等の提供による連絡・活動場所の確保、人的資源の提供、技術的支援の提供といった方策が検討されている。

(3)の民間アクターなどの活動拠点（事務局）となる場所の確保については、公的施設の提供がある。本書で事例として示している京都府亀岡市では中央生涯学習センター（ガレリアかめおか）に市民活動支援センターを配置している。生涯学習の今日的テーマである「実践と学習の循環[4]」という観点からしても時宜を得たものと思われるが、同市内の多くの活動団体が望んでいた事務局の開設が可能となったと評価されている。従前は代表者なりの個人の自宅に事務局が置かれており、通信等での不便が指摘されていた。この拠点ともいうべき活動場所については、公民館、社会教育センター、コミュニティセンター、女性センター等の施設が考えられるが、「学校」という施設の活用も今後は検討できるのではないかと考える。

(4)活動場所の提供や機材等の貸出については、従前からそれぞれの自治体の社会教育施設等で実施されてきているので、それほど目新しい施策ではないが、市民協働という視点から活動場所の提供（貸出料金の問題も含めて）や印刷機等の諸機材の提供についても考えていく必要がある。

(5)広報等の情報発信・情報提供については第5章でも触れているので、ここでは広報・広聴や市民活動に関わる

ＰＲ活動への支援が要るということでとどめておきたい。

(6)協働事業・活動や教育・学習に関する相談については、実際に協働事業が動き出すとさまざまな問題が発生する。問題への対応については、市民協働の意味や意義を十分に理解したアドバイザーが求められるし、人材育成などの(7)に関連して、教育・学習相談が発生し、それに回答できるような相談員配置などの方策を考えねばならない。

(7)研修による人材育成については、資金の問題と同様に第5章で述べるが、市民協働の重要な柱である自立した市民の育成という課題に向けて、生涯教育や生涯学習という成人を対象とした教育・学習機能の活用が期待される。

(8)ネットワークの構築と構成者間の交流については、協働型社会の構築に欠くことのできないものが人的ネットワークであり、その活用である。社会的要請という視点から捉えるべきことであり、構成者によるネットワーク形成という仕組みづくりと、アクター同士の交流という仕掛けがあって前進すると考えられる。ネットワークの形成に際しては、情報の収集、分類、蓄積、共有化、情報の交換といった事務、ネットワーク構成者間の交流機能の向上、ＮＰＯやボランティア団体との連携・交流といったことが必要とされる。

（1）　松下啓一『協働社会をつくる条例―自治基本条例・市民参加条例・市民協働支援条例の考え方』ぎょうせい、二〇〇四年。
（2）　世古一穂『協働のデザイン―パートナーシップを拓く仕組みづくり、人づくり』学芸出版社、二〇〇一年、六一頁。
（3）　本書では、市民協働のような政策理念を取り入れて、公共サービスの提供に関わるさまざまなセクターが、行動者（アクター）という立場に立って、アクター間の協働によって新たな社会構造を作り上げていく社会を協働型社会と定義している。
（4）　中央教育審議会答申『新しい時代を切り拓く生涯学習の振興方策について』文部科学省、二〇〇八年。

# 第5章　市民協働の役割

## 1　市民協働への支援方策

前章で市民活動や地域学習に対する支援方策として、「物的支援」「人的支援」及び「運営支援」が必要であると述べた。市民公益活動への行政からの支援策をあげると、次のようになる。①補助金や助成金、②公共施設等の貸与、③人材の派遣、④研修会の実施による人材の育成、⑤事業共催や事業委託及び後援、⑥情報提供や相談等である。

同様に、企業等の民間からの支援策をあげると、①ボランティア参加、②会費や基金の提供、③寄付等があり、大学等の高等教育機関からの知的財産の提供も市民公益活動に対する支援策となる。

市民アクターが公共サービスを提供しようとする場合、一番支障となるのが資金等の財政面での問題であるが、行政による市民アクターの自主的・自発的な活動への間接的・側面的な財政的支援も「協働」の範疇として捉えられるべきである。

市民アクターが、自らの専門性や先駆性を生かして、自立した活動を発展させる試みをとおして、行政との共同性を形成していくことが「協働」の前提となるからであり、それを実現するためには財政的支援を必要とする。

これまで提示してきた「協働」の手法と基本原則をふまえて、直接・間接的な財政支援のあり方について整理するならば、次の一〇点に集約される。①各々の個人や団体が会費等の自主的財源の確保を図ることができるような支援、②事業の発展・拡大に向けた支援、③行政との共同による委託事業と受託の推進、④基金を含む補助金等による資金の提供、⑤行政との事業共催、⑥税の軽減措置、⑦行政による融資制度、⑧公的施設等の提供による連絡・活動場所の確保、⑨人的資源の提供、⑩各種のノウハウを含む技術的支援の提供等である。財政的支援としてさまざまな方策が検討されるが、本章では④の補助金に関わる問題に絞って考察する。

## 2　協働型補助金制度の概要

### 一　現行の補助金制度と制度改編の視点

現行の補助金制度の問題点と、新しい制度への移行の理由を明確にするための論点提示と特徴分析を行うと、次の⑴〜⑶の三点に要約できるであろう。

⑴　非公募団体への補助の問題

大阪狭山市の事例を分析すると、二〇〇二年度の団体に対する補助金項目は七五種類あり、その交付対象は、「健康・福祉のまちづくり」（三五種）、「教育と文化のまちづくり」（一七種）や「社会参加と人権のまちづくり」（十種）等となっている。(1) 市民公益活動が一定程度の公共サービスを担ってきたことがうかがえるが、補助金の約九五％が非公募によるもので、交付先も特定されており、公募や準公募は七五種類中の四種類に過ぎない。同市では、一九七五年の「補助金交付の適正化に関する規則」の施行に基づき、非公募団体が長期間継続的に補助金を受けている現状がある。(2) このような団体は、公益上必要があると判断された団体だということになるから、特定団体が行政の補完的役割を果たしていることの証左となるが、それは一方では既得権益化しているという面があることも否定できない。こうした団体については、今後においては事業主体を明確にし、事業委託等による支援等を検討すべきである。

(2)　「協働」の原則の適用

行政が補助金を支出する場合、まず「協働」の原則をふまえるべきである。大阪狭山市の場合、市民公益活動促進条例第三条で市民公益活動の基本理念を明確にしているが、特に第二項に「市が市民公益活動を支援するに当たっては、その活動の自主性、自立性を尊重するとともに、支援の内容及び手続きについて、公平かつ公正で透明性の高いものでなければならない。」とあり、説明責任にまで言及することによって、新しい補助金制度の構築を可能としている点に留意する必要がある。

(3)　情報公開による評価機能の確立

情報公開への対応は、公募、準公募あるいは非公募のいずれにおいても適用されねばならない原則であり、公共セクターと市民セクターの信頼関係に基づく。行政セクターがあらゆる情報開示を通して説明責任を果たすとともに、市民セクターも自ら事業評価をすることが必要とされる。事業計画や内容、成果と評価、資金確保の方法、広報等についての透明性の高い説明を求めることになる。補助金支出の内容や事務手続きにおける評価機能の確立こそが新しい補助金制度の成立要因として重要となるからである。

## 二　財政的支援としての新しい補助金制度

### （1）趣旨・目的

補助金制度の改編を検討する際に課題となる検討事項の一つに、前述したように、非公募で採用されて継続している補助金交付団体の存在があるが、現行制度においては、こうした団体は既得権益化することが多いという問題点があるため、特定団体が行う公共サービスについては、民間委託の利点を生かして、補助金よりもむしろ事業委託などの方法を採用することにより、低コストに向けた費用対効果をあげる方策等を考えるべきことになる。

大阪狭山市の新しい補助金制度の趣旨は、「公募制」による補助金制度を位置づけようとするものである。[3] 新しい補助金制度は、現行制度では財政事情から新しく補助を受けることが困難である団体の発掘と、その事業展開への動機付けの促進という目的からの提案である。同市は補助金の新しいあり方として位置づけようとしており、従来型の補助金について見直そうとしたものである。この視座からいうと、「公募制」による補助金は市民公益活動の育成と方向づけの役割を果たし、新たな事業展開を派生させる可能性を示すものであり、新たな「公共」づくりの戦略的な意義を問うことになる。

### （2）補助対象及び対象事業

大阪狭山市の場合、市民公益活動促進条例第二条で、「市民公益活動」を「市民が自発的かつ自立的に行う営利を目的としない活動であって、不特定かつ多数のものの利益の増進に寄与することを目的とするものをいう。ただし、次に掲げるものを除く。」と規定し、宗教、政治等の特定の公職に関わる対象等を除外している。補助対象事業についても、「協働」の原則との関連において限定されるべきであり、それに沿った趣旨目的をもった団体事業に絞るべきであるとしている。(4) 補助対象事業は、活力のある地域社会の創造につながるような公共サービスを提供する事業が対象となることが望まれるが、次にそのモデルをあげると、①自立支援の視点に立った起業支援のケース、②一定期間の継続性を有する市民公益活動や同様の団体との連携・協力関係を前提に取り組まれているような事業、③行政セクターとの協働で行う公共サービス事業、④新たな「公共」サービスの創出につながる事業、⑤市民公益活動団体自身の経営能力向上のための事業等が考えられる。

他の自治体の例では、箕面市は補助事業の類型を、①「NPO起業補助金」として創造的な事業を興すための高額補助金、②「日常的継続事業補助金」として、一年間のうち一定期間、活動を継続する事業に対する補助金、③「単発・連携型事業補助金」として単独団体でも可能であるが、実行委員会形式等によって団体が連携してネットワーク力を高める事業に対する補助金、④市民活動全体のマネージメント力向上のため、市民活動団体が単独ないしは協働で実施する事業である「NPO支援事業補助金」として区分している。(5)

### (3) 補助対象経費と留意点

補助対象事業について、補助金を支出する場合には、当該団体が提供する予算費目のなかで、補助対象経費と対象外経費の明確な区分を図ることが必要である。補助対象経費の費目は、報償費、旅費、需用費、役務費、使用料及び賃借料、その他の経費等が考えられるが、補助対象事業で示された予算が新しい補助金制度の趣旨に見合うものかどうかが審査されるべきであり、自治体の補助金等の適合基準についても検討されるべきであろう。

また、行財政改革の推進という課題から、スクラップアンドビルドの原則のもとに従来型の補助金の統廃合を実施し、その結果得られた補助金実績を財源として、その範囲内で補助金の予算化を行うことが必要である。一定期間の継続支援を行う場合は年限を条件とすべきであり、兵庫県尼崎市のように二年間をかけた見直しが行われているケースもあるが、大阪狭山市は自立化の原則に基づき最高五年を目処としている。また、継続補助事業の内容によっては補助額の増減を図ることを検討している自治体もある。

補助金額について箕面市を例にすると、「総経費から事業収入を引いた差額(A)」を上限に補助申請を受け付け、金額については審査会で個々に判断するという考え方が示されている[(6)]。

従来型の補助金制度では、(A)の一定割合までの補助が可能となるが、それを(A)を上限とすることにより、市民公益活動団体の自立へ向けての自己努力によって事業収入を増やすことを奨励した形になっている。繰越金や予備費をもつ団体については、その理由を考慮し、補助金額の決定がなされなければならないだろう。また補助金の内訳や支出状況を公開することは、より透明性の高い補助金制度の構築を必要とし、さらに第三者機関等による審査機能が確立されることを必要とする。

### （4）審査機能の確立

「公募制」による補助金制度においては、市民公益活動の促進と「協働」の原則を生かすために、公平性と公正性を持った審査機能の確立が重要である。補助対象事業の選考や補助金額の査定等については、第三者機関としての審査会に委ね、審査会のメンバーは市民公益活動について精通している有識者や市民の代表によって構成されるべきで、市民の代表については公募による選考が望ましい。また「公募制」による補助金制度の審査基準となる基準項目はもとより、交付要項の内容や事業評価に関する項目についても、審査会等で検討すべき事項である。大阪狭山市が実施している審査基準をみると、社会貢献度、発展性、計画性、先駆性、波及性、自立目標度、情報開示

度等となっており、事業の計画評価、予想効果及び説明責任を求めている。(7)

次に審査方法であるが、募集の広報・広聴の段階から「公募制」による補助金の趣旨が理解されるような啓発に取り組むことが必要である。行政から公募に関しての説明を行うのは当然のこと、当該団体によるプレゼンテーション等の実施が自己学習の機会になるように配慮すべきである。補助金の交付申請は自治体に行うことになるが、審査は第三者機関による審査会で実施した後に首長に報告し、交付団体を決定することになる。補助金交付後についても、自治体は当該団体に事業実績、収支決算等の関係書類の提出を求めるべきであるが、審査会においても事後評価しなければならない。その際、一連の事務手続等の公平性と公開性を原則とした情報公開が必要であり、HP等での情報提供も積極的に視野に入れるべきである。

## 3　協働型補助金制度の諸問題

### 一　新しい補助金制度における評価システム

「市民公益活動」支援という新しいパラダイムの視点に立った補助金制度においては、事業成果に対する評価の実施とその公開こそが最重要事項の一つとなる。大阪狭山市においては、国による行財政改革大綱実施計画に基づき、補助金等の適正化に関する基準が設けられ、補助金が交付されている。「公募制」による行政改革推進の指針に従って、市の行財政改革大綱や補助金制度についても、新たな「公共」を担うべく「市民公益活動」に対する評価の視点を持ち、行政評価だけでなく、審査会等の第三者機関による客観的評価が実施されなければならない。したがって、客観的評価基準を定めることになるが、この評価については、事業の進捗状況をふまえながら、当該団体による自己評価を得ることが必要で、その自己評価のための基準の設定については、当該団体の自己責任に委ねるべきである。そのための「自己学習」活動は、「市民公益活動」団体に求められるセルフ・ガバナンス能力の育成を図ることにつながる点が重要である。自己評価については、ポートフォリオ評価の活用等が有効であり、自己評価の結果についても公開されるべきで、その公開の機会から、他の各種団体との連携・協力やネットワークが推進されることになる。

## 二　市民公益活動支援基金の考え方

「市民公益活動」に対する行政による財政的支援の一つに支援基金があり、これについても新しい考え方の導入が必要である。市民公益活動に対する支援基金を実施している代表的な自治体には、市民協働推進基金の静岡県浜松市、市民活動支援基金の愛知県犬山市、市民活動助成基金の栃木県宇都宮市、ＮＰＯ支援基金の東京都杉並区、公益活動促進基金の大阪府池田市、それに市民活動基金の千葉県浦安市等があり、支援基金の代表的な形態としては、①自治体等が支出した原資をベースとした預金利息等の運用により、その運用益を活動資金に充てる「果実運用型」、②自治体等が支出して積み立てた原資を毎年一定額を使い、取り崩していくことになる「取り崩し型」、③自治体がまず自費で一定額の基金の原資を積み立てるとともに市民等からの寄付を募り、その寄付金額と同等の金額をさらに自治体の費用で上乗せし、寄付金と上乗せ分が支出額より多い場合、その残りを基金の原資として積み立てる「マッチング・ギフト型」等がある。

本書で事例にあげている大阪狭山市では、新しい考え方の支援基金として、「マッチング・ギフト型」基金を協働型基金として位置づけ、新たな地域創造につなげようとしている。(8) この「マッチング・ギフト型」基金の特徴には、市民が市の一般財源の使途に直接関与できるという住民参加の視点が存在する。「マッチング・ギフト型」基金においては、寄付行為が重要なポイントになるが、この寄付行為こそ相互連帯をめざす社会奉仕活動の一つとして積極的に推進されるべきことである。また支援基金については、基金条例の設置が必要となるが、限度額の設定等の明確なルールづくり、基金とその運用に関する広報・広聴及び啓発、運用等に関する情報公開、税制上の優遇措置、寄付者に対する情報提供等、新しい対応策が必要となり、原資に関わる問題としての寄付者の募集、貸付制度の活用等、制度運用に関わる課題も検討されなければならない。

## 4　協働型補助金制度の効果

これまで「公募制」による補助金制度や市民公益活動支援基金のあり方について検討してきたが、新しい補助金制度が生むであろう効果について予測すると次のようになる。①ＮＰＯ等の市民公益活動団体や組織の育成・支援につながる。②「まちづくり」という地域形成に寄与できる。③行政・市民の両セクターの自立と協働につながる。④新たな「公共」によるサービスがより一層に進展する。⑤市民が自分たちの活動の課題を明確化できる。⑥市民が行財政構造を知り、自分たちの活動の組み立て方を学ぶという学習活動が組織される。⑦「貰いきり」という依存的な考え方が問われる。⑧返金等が生じることにより、「使い切る」という無駄で安易な考え方がなくなる。⑨補助申請や報告あるいは自己評価等の行為によりマネジメント効果が発生する。⑩行政評価システムへの移行を進め、行政のリストラが実施できる。

①〜③によって、ボランタリーな市民社会の構築という側面があり、行政と市民の「融合」による公共サービス

の提供、すなわち④で示した新たな「公共」によるサービスの提供を行う上で行政と市民の基本的なスタンスとしての「分責」を可能とする効果がある。⑤~⑨は、市民セクターの自己学習力の育成につながる効果があり、市民セクターに必要とされるセルフ・ガバナンス能力の形成が進むものと思われる。⑩については、行政サイドの効果であり、リストラを単に財政上の問題とするのではなく、行政が提供すべき公共サービスが何であるかを問い直す機会となる。行政アクターと市民・民間アクターの「協働」の考え方に立った補助金制度には、計り知れない意義があると考える。

この意義については、自主、自立を前提とする「市民公益活動」は、行政との共同性に基づく相互補完作用によって、公共サービスを担う主体として存在することが必要とされるが、それが市民公益活動支援を目的とした「協働」という形で具現化されることが第一にあげられる。

第二に、行政・市民の両方のアクターについてであるが、「協働」の実現を通して、いずれもがその主体性を問い直し、公共サービスの質的転換を図れる機会を創出することにつながる。「協働」関係の構築という新しいパラダイム形成に基づくフレームができることは、そこに新たな主体が形成され、新たな「公共」によるサービスの提供が可能となることを示している。

このような状況が発生しつつあることは、我が国が二一世紀型市民社会にパラダイム転換を図っていることを示すのであろうが、そのなかで「生涯教育」や「生涯学習」が極めて重要な機能として位置づけられるべきであると考え、これまで論考を進めてきた。今後さらに「生涯教育」や「生涯学習」に対する期待が高まるであろうが、トータルとしての地域生涯学習研究が、我が国の公共政策の基本的概念にまで及ぶものとしての視点を持つことが重要な課題であると考える。

（1）「市民公益活動における促進諸施策のあり方について（中間答申）」大阪狭山市市民公益活動促進委員会、二〇〇三年、三―四頁。
（2）同前・四頁参照。
（3）同前・八頁参照。
（4）同前・九頁参照。
（5）「みのお市民社会ビジョン21―自治体とＮＰＯの新しい協働のあり方」箕面市非営利公益市民活動促進委員会、二〇〇〇年、二〇―二一頁。
（6）同前・二一頁参照。
（7）注1・一〇頁参照。
（8）同前・一三頁参照。

# 第二編　地域社会の教育・学習の問題

# 第6章　地域生涯学習に関わる諸課題

## 1　地域生涯学習と「まちづくり」の視点

地域生涯学習とは、これまで地域社会において社会教育や生涯学習として実施されてきた教育・学習活動に与えられた用語だと考える。文部科学省の政策もあって、自治体のなかで地域社会を対象とした社会教育や生涯学習を主管するセクション名に「地域学習課」を当てる所が増加しつつある。したがって本書では地域社会の社会教育や生涯学習を地域生涯学習として論じている。

生涯学習の推進とコミュニティ形成に関わる動向と課題を示した報告書「生涯学習による地域づくり—全国の自治体の動向」(1)では、地域社会の活性化に果たす生涯学習の役割が述べられており、現状と課題のなかで、今野雅裕氏は一九九九年の生涯学習審議会答申「学習成果を幅広く生かす」をふまえて、臨教審以来の「生涯学習のまちづくり」の考え方を「生涯学習による地域づくり」として再構成する必要があるとし、そのことが生涯学習の持つ意味・可能性を大きく開くことができるものとしている。

さらに今野氏は、行政による事業を、①コミュニティ活性化の基盤の形成、②コミュニティへの直接的な参加・貢献という二段階の類型を示し、「生涯学習によるまちづくり」という課題の実現を求めている。

地方分権化が進展しつつある今日、いくつかの自治体において生涯学習を基盤とした「まちづくり」が積極的に進められてきた。「生涯学習のまちづくり」の先駆的な実践には、静岡県掛川市（一九七九年）、岩手県金ヶ崎町（一九七九年）や山梨県韮崎市（一九八一年）などの生涯学習都市宣言等があり、生涯学習が教育以外の領域にわたる普遍的な価値や機能として捉えられるようになった契機として重要なのは、一九八八年に茨城県日立市が、環境、福祉、青少年、健康、スポーツ、産業、国際化、文化など市民生活のあらゆる分野における自主的学習を実践する「ひたち生き生き百年塾」を生涯学習運動として展開したことである。

京都府亀岡市は「第二次亀岡市総合計画」（一九九〇年）で、あるゆる行政セクターの施策や事業を生涯学習概念で包括し、総合行政への視点を示すことによって、市民のみならず行政内部にも新しい「まちづくり」のあり方を示し[2]、埼玉県八潮市は「生涯学習まちづくり出前講座[3]」を実施することによって行政の説明責任を果たそうとし、「まちづくり」を進める市民活動との「協働」を推進することになった。

こうした認識は、前述した「大阪狭山市における市民公益活動促進に関する提言」が、地方分権社会での「まちづくり」を進める上で、生涯学習の役割を取り上げていることにもあらわれる。同提言は、NPOやボランティア等の活動に潜在する「学習性」や「社会貢献性」について指摘した後、「『まちづくり』を進めるには、市民が主体の住民自治と行政が主体の団体自治とがパラレルな状態で、単なる関係調整型の関係を結ぶことではありません。市民と行政の両者が、成果を生みだす形での共通の目標をもつことが大切なのです。」とし、市民と行政のパートナーシップを基盤にした市民協働のもとでの地域形成を提唱した。市民協働を推進していく上で、社会教育や生涯学習を基盤に据えた地域生涯学習が不可欠であることはいうまでもない。

## 2　地域生涯学習の問題状況

いま、社会教育行政は、その存立基盤が危機的状況を迎えつつあるといわれる。二〇一七年八月、文部科学省は生涯学習政策局を総合教育政策局に改組することとし、社会教育の一層の振興が必要だとする一方、社会教育課を廃止することを発表した。業務の多くは、新しく創設される地域学習推進課に移管されるのであろうが、一八八六年以降続いてきた通俗教育・社会教育の所管課が消失する。社会教育行政の基盤であった社会教育施設の管理・運営がＮＰＯや民間事業者に指定管理されたり、社会教育プログラムが生涯学習体系の中で一般行政に移行しているといった事実もある。社会教育行政を取り巻く問題状況を考える時、社会教育に何が求められているのか、どのような方策が望まれているのかが問題となる。

今日の社会教育行政を取り巻くような問題状況をつくり出した主因は、行財政改革であり、社会教育行政がこうした変動に必ずしも対応できていなかったということである。行財政改革のなかでも、市町村合併や地方自治法第二四四条「公の施設」の改正等の動向(4)は、社会教育行政に強い影響を与えたと考えられる。

市町村合併の問題は結果として社会教育施設と職員の数を激減させ、社会教育事業の大幅な縮小を招いた。また指定管理者制度が実施されることによって、社会教育施設職員がプログラムを立案して社会教育を運営するというような考え方が後退した。つまり施設を中心として社会教育を運営するといった社会教育行政の考え方が大きく変質したのであり、社会教育の内容、方法や形態にも大きな影響を与えた。

入江宏氏の指摘によると、近代日本における社会教育活動の基本的組織原理や活動原理を「都市型」と「農村型」

に区分して双方を対比した場合、施設中心型対団体中心型、同志結合型対地域網羅型、相互学習対教化主義、知識獲得型対修養型といった特性があるとされ、農村部においては農会を中心にして地域共同体が形成され、教化構造が拡大していったと考えられている(5)。

こうした状況をもう少しマクロ的にみるならば、すでに一九六〇年代の高度経済成長期から、今日の状況につながるような問題は発生していた。

確かに一九九四年以降は、公民館一館あたりの一年間の利用者数は一万四〇〇〇人〜一万五〇〇〇人と一定しており(6)、社会教育行政の意義が高く評価されてきているが、一方では農村を中心に青年団などの青年活動や地域婦人会等の女性活動は停滞し、農村型地域コミュニティに依拠した社会教育の系譜は、青年学級振興法や婦人学級振興法等の廃止によって、一部を除いては終焉を迎えたといっても過言ではあるまい。この傾向は明らかに地域コミュニティのあり方が大きく変質したからであり、そのことは我が国全体に「都市化現象」を生んできたことと軌を一にする。

我が国の社会教育行政の発展において、一九〇〇年前後からの農村における地方改良運動は極めて大きな役割を占めていた。昭和初期以来の公会堂や公民館での地域活動、あるいは村落型の人間関係による集団活動に社会教育行政の基盤があったからである。今日の問題状況は、この地域施設と集団活動の両面で変化が強いられているということなのである。

さらに臨時教育審議会の提起による生涯学習社会への移行という教育・学習政策も、社会教育行政に質と量の変化を求めたと考えられる。特に質的なパラダイム転換という文脈で述べるならば、要求課題や必要課題のような課題学習を中心としてきた社会教育行政に対して、一般行政がそうした課題を生涯学習の視点に立って、効果的かつ専門的に学習できる事業を提供し始めたという点である。この事実は課題学習が社会教育行政の手を離れていくことを意味しているのであり、「行政の生涯学習化」[(7)]が着実に進展していることを裏付けるものでもある。

別の観点から社会教育行政の質と量のパラダイム転換について考察するならば、社会教育行政は「非定型の教育」の範疇に属する教育領域であるものの、実際には教育行政という行政行為であり、基本的には組織的、体系的かつ継続的という教育の特質を内包するものである。これらの性質を内包した社会教育行政は、学習機能を重視する生涯学習という視点から捉えるならば、必ずしも学習の多様性を保障するものではない。むしろ生涯学習を「我が国の教育の理念」（改訂教育基本法第三条）として理解し、学校教育と社会教育とを重なり合う機能として双方を発展的に捉えた政策理念の方が、今後の社会教育行政のあり方に大きな影響を与えるものと思われる。

これまでの社会教育行政における社会教育事業の多くは、人々の要求課題や必要課題を充足させるプログラムであり、地域コミュニティとの関係性を重視しながら進められてきている。このことは社会教育行政が担うべき役割の中心が、地域住民の学習課題を満たすということであり、実際に課題解決に向けての契機を育み、人々の実践力を育成したという点で高く評価されねばならないだろう。

しかしながら、これまでの社会教育行政において、それが要求課題であるにせよ必要課題であるにせよ、課題学習が実施されるような場合は、学習そのものが教育的トピックとして取り上げられているという側面がある。換言すれば各種のトピックスを学習することを目的としたプログラムとしての社会教育が成り立っていたともいえるのである。

こうした課題学習を中心とした教育サービスは、当該地域の行政サービスやコミュニティ形成を地域住民が理解するという点においては、重要な学習機会を提供してきたが、今日のような生涯学習社会において、地域住民にとって必要とされる課題学習を中心とした社会教育事業が、一般行政の事業（本稿ではこれを社会教育的事業としている）として展開していくことになってしまったため、社会教育行政が埋没してしまうといった状況を呈しているのである。

一般行政の各セクションにおいて地域住民を対象とした課題学習を実施した方が、教育行政が行うよりも直接的な教育効果がある課題が多く、学習内容の深化といった側面でも一般行政が実施した方がより発展的な学習を可能とする。つまり各課題に関わる行政の担当セクションにおいて、体系的、組織的かつ継続的な市民教育（実は社会教育）を実施し、その発展形としての生涯学習活動を組織した方が、教育行政で実施するよりも有効性が高いということになる。

また教育サービスへの住民参画を求める協働型社会においては、社会教育行政に頼らず住民自身が自分たちにとって都合の良い形で社会教育を担おうとしている。すでに我が国の社会教育の主体は、行政から市民へと基軸が移っているのである。民間社会教育や民間生涯学習活動の進展に対して、行政がどう支援するのかという点が今後の重要課題となっている。

このような社会教育行政を取り巻く著しい環境の変化のなかで、社会教育行政の変貌が不可避的になっている。日本の行政そのものが変化しているのであるから、社会教育行政も変化することが当然だという論理が成り立つのである。それでは社会教育行政が、このような閉塞的な現状を変革するにはどのような方策があり、どのような実践が求められるのであろうか。本書においては、今日の我が国の社会教育行政の現状をふまえ、社会教育行政に求められている課題と方策について、特に協働型社会を支える市民育成を目的とする社会教育に必要とされる学力と評価の視点から若干の考察をしていきたいと考える。考察に当たっては、社会教育行政を包括的に捉えるというような視点ではなく、各論としての有効性について論じることになることを最初に断っておきたい。

## 3　社会教育行政の課題

今日の地域生涯学習としての社会教育行政には、前述したような深刻な問題状況があり、そこに今後の社会教育行政の課題が潜んでいると考えられる。したがって課題を明らかにすることは、これからの社会教育行政が向かう方向を示すことにつながると思われる。多様な課題があるが、本稿では以下の四点に絞って問題を提起したい。

まず第一の課題として指摘したいことは、社会教育行政が生涯教育とりわけ成人教育を具体化するものとして機能する場合、社会教育の目的や目標、あるいは社会教育で必要とされる学力の獲得をどのように達成していくのかという問題である。公教育としての社会教育が、組織的、体系的かつ継続的に実施されるためには、そこに求められるべき目的、目標や学力観があるはずで、この学力観は評価と密接に結びつくものとして考えられる。

それは学校教育で国家標準とされる学習指導要領のように、一定の拘束性を持ったものではないであろうが、公教育としての社会教育に必要とされる学力観もまた存在すると考えるべきであり、必要とされる学力観が明確にされ、その獲得を具体化するような組織的、体系的かつ継続的な教育機会が設置されなければならないといえる。

社会教育の特性が非定型であるがゆえに、学力観が必要でないというような主張では、学力の進展というプロセスが客観的に評価され難く、今日のような評価社会から距離をおくことになってしまう。結果として行政評価から見放された場合の社会教育行政は、行財政改革という時代の流れのなかで埋没してしまうことになってしまうのである。ここで必要とされている学力や評価は、学校教育にみられるような明確な教育課程によって成り立つものではない。地域性や文化の集団性の相異をふまえて、住民にとって必要とされる学力とは何かが示されることによって、社会教育行政の内容が決定されていくべきだと考える。

学力観を示してこそはじめて社会教育行政における評価が可能となるのであり、また評価の対象は社会教育行政が実施している事業だけでなく、前述したように、一般行政における社会教育的事業もまた評価の対象になることについても留意しなければならない。このような形で、社会教育行政で必要とされる学力観を示し、評価を実施することが第一の課題であろう。

第二の課題としてあげることは、公教育に対する社会的担保の確保という問題である。改訂教育基本法においても、社会教育等の生涯学習活動で得られた学習成果を社会還元していくことを求める考え方が示されている。このことは協働型社会における新たな「公共」を構築していく点で意義のあることに違いない。ただここで重要なポイントを見落としてはならないだろう。それは「新たな公共」のような市民的公共性に基づいたサービスを社会全体が求めるならば、その実現のためには市民に対する教育サービスの提供という、行政による公的担保が保障されねばならないという点である。市民の自主性や自発性の領域に社会が義務や責任を求めるのであれば、行政の役割はそれを支援する奨励義務と責任があるからである。行政による奨励義務や責任が明確に公開され、具体的に支援体制が形成されねばならないと考える。例えば新たな「公共」を担いうるような人材の育成、各種の教育機会の保障や教育活動基金の提供等の公的担保が実現されることによって、社会教育行政は公教育としての責任を果たすことになる(8)。市民による地域生涯学習支援という点こそ、社会教育行政が求められている最大の課題であるといわねばなるまい。

次に第三の課題として提起したいことは、社会教育行政と地域コミュニティとの関係をより密接にすべきであるという点である。これまでの日本の社会教育行政は、地域コミュニティの基盤形成に関わる教育力や学習力の育成を図ってきたという歴史的過程があるが、今後、地域コミュニティの形成・発展に関わって、社会教育行政をどのように進めていくのかということを、教育方法と内容の両面から検討を加えなければならないと考える。

この問題は単なる社会教育行政の方法と内容の改善という次元の問題ではなく、日本の教育システムや行政体系のなかで社会教育行政がおかれるべき位置についての検討につながり、システム論やプログラム論の立場からもアプローチする必要がある。

問題を考える場合の一つのテーマとして、社会教育施設の管理と運営に関わる問題がある。例えば公民館が我が国においては地域コミュニティの形成と発展に重要な役割を果たしてきたが、指定管理者制度などが導入されて、いまや公民館の管理と運営の実施者を巡って論議されている。実は公民館の位置づけこそ、我が国の今後の社会教育行政に一定の方向を明示する可能性を持っていることに気づかねばならないのである。

問題は指定管理者制度だけではない。総務省を中心に進められている新しいコミュニティづくりと密接な関連性を持っている。このことを考える上で参考になる事例が発生しており、例えば指定管理者制度が適用されていない自治体で、公民館の管理運営が行政とは別の機関に委託されたり、福岡県福岡市[9]、福岡県北九州市[10]、大阪府枚方市等にみられるのであるが、社会教育施設が市民コミュニティ施設や福祉施設として運用されていくケースがある。こうした地方公共団体の動向は、今後の社会教育行政に強い影響を与えるものと予想される。

指定管理者制度の導入か否かにかかわらず、地域コミュニティの拠点である公民館のような社会教育施設が確実に変貌させられているといった事実があり、このことから社会教育行政と地域コミュニティの関係をどのように捉えるべきかが早急に検討されねばならず、一方で、一般行政における社会教育的事業の位置づけを明確なものにしていく努力が必要だと考える。

第四の課題として指摘すべきことは、社会教育と学校教育の協働化の推進の問題である。改訂教育基本法の第一三条においても、学校と地域社会だけでなく、家庭も含めての連携と協力が必要とされており、今後の社会教育行政の重要な課題の一つとなっている。

通称「地域学校協働答申」といわれる中央教育審議会答申が二〇一五年一二月二一日に発表され、具体的な形が明示されたが、社会教育と学校教育の協働化の問題は、「学社連携」や「学社融合」といった形で一九九〇年代後半以降の重要な教育政策課題となり、学校と地域コミュニティの関係にまで発展した。この問題を社会教育行政の立場からみるならば、「学社連携」や「学社融合」といった発想はいうならばプログラム上の問題であり、これまでは社会教育行政の役割の拡大といった認識で受け止められてきた面がある。「学校でも、いよいよ社会教育の出番が来た」といった意見が社会教育関係者間で聞かれたのであるが、果たして事実と今後の動向はそうなのであろうか。

社会教育行政にとってプロパーな人材、専門的な社会教育職員の人数が減少しているとされ、調査統計による正確な実数が把握されていないが、こうした傾向が我が国全体で進展しているのであるとするならば、「社会教育職員」という人的機能に基盤をおく社会教育行政が、確実に変質していることになるであろう。いうならば、社会教育と学校教育の協働化の流れは、社会教育行政に「学校」という新しい学習場所を与えた代償として、社会教育職員のあり方を変質させたといっても過言ではないだろう。

この問題は、今後の社会教育行政について検討する上で重要な要素であると考える。また以前には、中央教育審議会おいて生涯学習教諭をおくというような審議中間での提案があったが、ここで私見を述べるならば、学校の教員が社会教育の仕事に携わるというのではなく、プロパーとしての社会教育主事を学校に配置すべきだと考えている。生涯学習教諭に与えられるであろう仕事を想定するならば、一般的な教員が社会教育の仕事を兼ねることができるというような簡単なものではないということを強調しておきたい。

こうした視点から、今後の社会教育行政が取り組むべき課題についてまとめると、①社会教育としての学力観を示し、評価を実施すること、②公教育に関わる社会的担保を確保すること、③地域コミュニティの形成に関わって社会教育の立場を明確にすること、④社会教育と学校教育の協働化をより推進させることの四点になる。

## 4　社会教育行政で育成すべき学力

市民力の育成という観点から社会教育に求められることは、市民社会を生きる人々にとって必要とされる学力（成人力）が獲得できるような場を提供するという支援であり、そのことに関わる奨励と学習環境の醸成を図ることにほかならない。そのためには、社会教育行政の場で人々にとって必要とされる学力の内容が明らかにされることが不可避となる。例えば地域コミュニティというフレームの中で実施される社会教育行政においては、当該地域住民に求められる学力の内容が明示されなければ、社会教育行政の場で何を学ぶべきかということがみえてこない。ここでいう学力は、あくまでも当該地域の文化的要求によって明確にされるべきものであり、いわゆるリテラシーとして示されるべき事項である。ただし地域によって課題が異なり、住民の意識が異なるのであるから、学力そのものが一定の枠組みとして共通に存在するものでないことを明確にしておく必要があろう。

国際社会においては、成人（市民）にとって必要とされる学力(11)の国際標準を示そうとする研究が進んでおり、

「キー・コンピテンシー」という新しい概念が提起されている。

次に、「キー・コンピテンシー」という概念について説明し、リテラシーの役割と社会教育との関連性について、若干の考察を試みたい。

近年、ＯＥＣＤを中心とした国際標準の学力を求めるプログラムが明らかになりつつある。生涯学習を提唱している国際機関であるＯＥＣＤにおいて、「コンピテンシー」（コンピテンスの集合的概念）という用語が登場したのは、一九九九年から二〇〇三年にかけてのデセコ・プロジェクトにおいてである。

先行的な学力調査研究として、生徒対象の国際学力調査であるＰＩＳＡ（一五歳対象）やＴＩＭＭＳ（一三歳対象）がすでに実施されており、成人を対象とした調査にＩＡＬＳやＡＬＬＳがあった。これらの国際調査の基本概念を明確にする必要性から、各国が目標とする学力や生涯教育の視点からの成人能力を定義する基本概念が求められ、認知科学的アプローチなどによって「キー・コンピテンシー」という新しい概念が規定された(12)。

デセコ・プロジェクトは、国際的に共通する能力としての「キー・コンピテンシー」という概念を確認し、教育の評価と指標の枠組みを開発することが目的であった。ＯＥＣＤによるコンピテンス研究のなかでデセコ・プロジェクトが辿り着いた先が「キー・コンピテンシー」である。コンピテンスの集合的概念であるコンピテンシーのなかから最も重要だと考えられる概念を三つ選択し、さらに構成因子としての九つの小さいコンピテンシーを設定し、全体を「キー・コンピテンシー」という概念としたのである。ＯＥＣＤレポート（翻訳書としては『キー・コンピテンシー』明石書店、二〇〇六年）は、こうして開発された「キー・コンピテンシー」について、三つの基本的カテゴリーと九つの小さな構成因子及びコンピテンシーの核心としての Reflectiveness（思慮深さ）でもって構成されると説明している。三つの基本的カテゴリーとは、①社会的に異質な集団で交流する力、②自律的に活動する力、

図6－1　キー・コンピテンシーの概念図

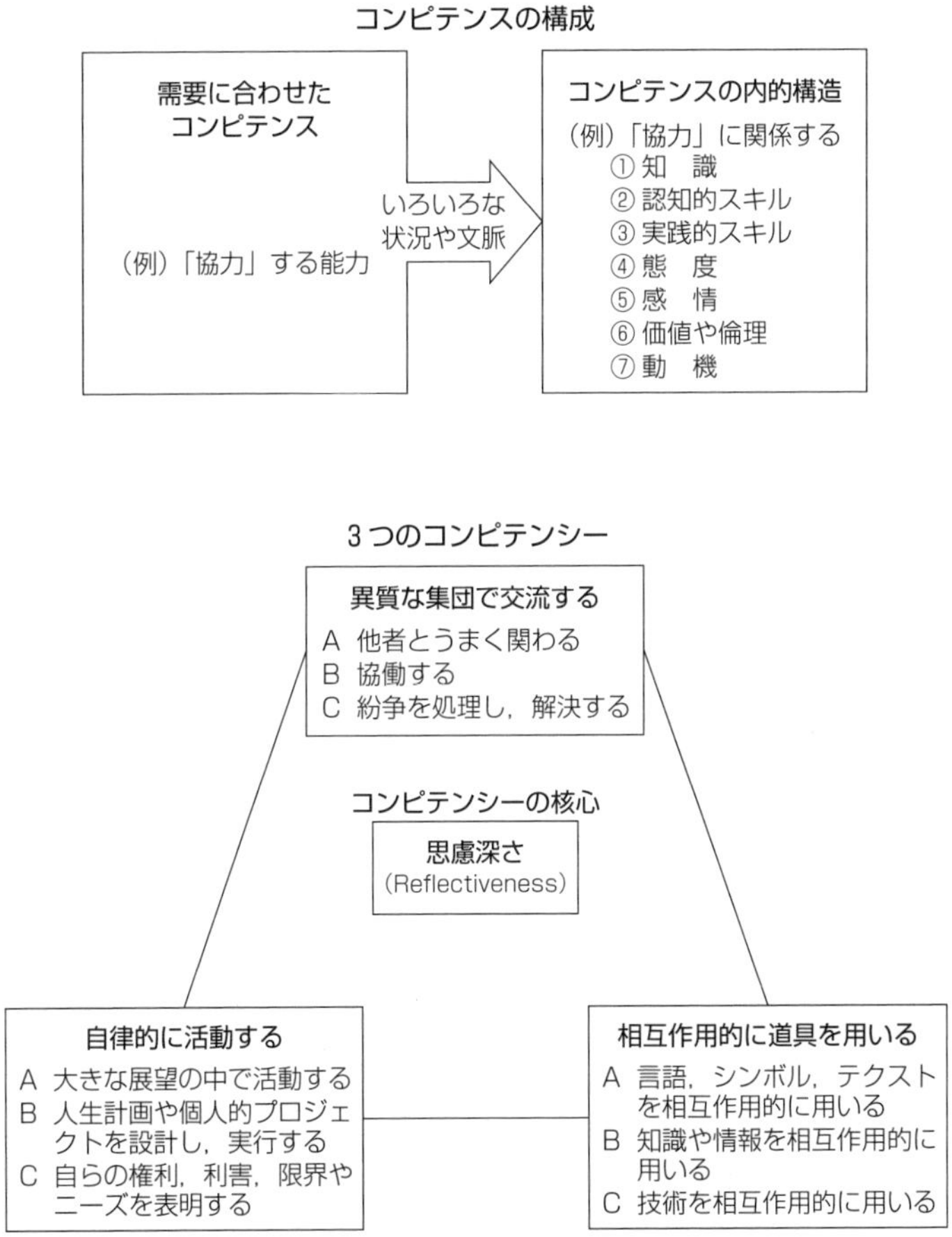


出所：ライチェン＆サルガニク編著『キー・コンピテンシー』明石書店，2006年。

③対話の方法として相互作用的に道具を活用できる力をいう。

「社会的に異質な集団で交流する力」（人間関係のコンピテンシー）とは、「集団生活に参加し、社会集団を形成し、社会集団の中で有能にふるまう力」を示すとされる。人間関係のコンピテンシー（Relationship）ともいわれるが、一九九六年のユネスコのドロール・レポートの「生涯学習」に関わる四つのキーワードの三番目に示されている「共に生きることを学ぶ（Learning to live together）」という考え方が根底にあり、「良好な人間関係」「他者との協働」「紛争の処理と解決」の三つの構成因子があるとされる。

二つ目の「自律的に活動する力」は、個人形成のコンピテンシーと考えられ、「自律的なアクター」として捉えられている。個人形成のコンピテンシー（Autonomy）ともいわれ、ドロール・レポートで示された四つのキーワードの「人間として生きることを学ぶ（Learning to be）」という考え方から成り立っているとされ、「大きな展望の中での活動」「人生計画とプロジェクトの設計・実行」「権利、利害、限界やニーズの確保と主張」の三つが構成因子である。

三つ目の「道具を相互作用的に用いる力」とは、道具活用のコンピテンシー（Tool）ともいうべき能力であるとされる。道具使用者と考えてもよいだろう。このカテゴリーでは「言語の相互作用的な活用」「知識や情報の相互作用的な活用」「技術の相互作用的な活用」の三つの構成因子があがる。

「キー・コンピテンシー」には、このような三つの基本的カテゴリーとともに、核心の部分に「思慮深さ（Reflectiveness）」が存在する。ここでも「社会空間を乗り切ること」「差異や矛盾に対処すること」「責任をとること」が構成因子として示されている。「キー・コンピテンシー」には次の三つの意義があるという。①個人の幸福と社会の発展をもたらすものとしての期待、②国際的な比較調査研究の実施による教育政策の明確化、③生涯学習にとっての意義の三つである。

さらにコンピテンシーは、生涯にわたり成長し変化するものであること、年をとるにしたがってコンピテンスを得ていく可能性と失っていく可能性を伴うこと、各個人への社会的要求は、技術や社会経済的な構造の変化の結果として成人の人生を通じて変化することが予想されること、コンピテンスの発達は、青年期だけで終わるのではなく、成人期を通じても継続することを発達心理学の研究が示していること、特に考える能力と思慮をもって活動する能力は枠組みの中心であり、成熟に伴って成長することがあげられている。

それでは「キー・コンピテンシー」を社会教育で獲得する学力として捉えるには、どのような形での学習の具体化が必要なのだろうか。ここに測定可能な学力としてのリテラシーの役割が重要となる。ＯＥＣＤによって「キー・コンピテンシー」と名づけられた概念は、成人にとって必要とされる学力の根幹を示したものである。この「キー・コンピテンシー」と密接な関係があるとされるリテラシーについて、都留文化大学の福田誠治氏は、「さまざまなコンピテンシーの土台となるコンピテンシーを測定可能な形にして取り出したものが『リテラシー』である、ということになる」(13)と説明している。

またキー・コンピテンシーを提唱しているＯＥＣＤ教育局のシュライヒャー（A. Schleicher）指標分析課長は、「分析し、比較し、対照し、仮定し、創作し、発見する能力としての変化に適応する能力」を強調しており(14)、こうした能力を測定可能な形にしたものをリテラシーとし、諸能力を形成する最も基本的な技能と考えているのである。

リテラシーについて説明するならば、元来は文字や言語の読解能力を示す用語であったが、今日では概念が拡大し、ミュージックリテラシー、ビジュアルリテラシー、カルチュラルリテラシー、エスニックリテラシーやコンピュータリテラシー等が広義のリテラシーと考えられるようになった。特にユネスコによる一九七五年のペルセポリス宣言で、「人間の解放と全面発達のためのリテラシー」「社会の矛盾に対する批判的意識の獲得、世界変革への参加、真の人間的発達のためのリテラシー」が提起され、「変革のリテラシー」が登場したことは周知のとおりである。ペルセポリス宣言後もさまざまな側面からリテラシー研究が進展しているが、特にコミュニケーション能力との結びつきにおいてはリテラシーの機能が重視される。

したがって「キー・コンピテンシー」の三つのカテゴリーにおいても、三番目にあげた「対話の方法として相互作用的に道具を活用できる力」に最も関係するとされる。例えば、「対話の方法として相互作用的に道具を活用できる力」の取得を基礎学力としているＰＩＳＡ調査（ＯＥＣＤ生徒の学習到達度調査）では、「読解力リテラシー」「数学的リテラシー」「科学的リテラシー」「問題解決力から成るリテラシー」を学力評価の枠組みとして位置づけており⒂、リテラシーは測定可能な学力として考えられ、評価基準と成りうるものであるとされている。

ここでいう学力とは、すべての人々が社会生活で活用する実際的で汎用的な能力、換言すれば生きるための知識とスキルを表している。こうした考え方を社会教育行政の場で問うならば、おおむね成人教育の領域であるが、社会教育行政の場において、どのような学力を育てるべきかという議論を踏まねばならないことになる。

社会教育行政の役割は、そこで学ぶ人々にとっての自己実現の達成ということが最も重要な課題である。それは個人にとっての自己の確立と、社会の形成者をめざす自律的な営為によって成立する。それには個人の自己決定、自己責任を担うための自己学習が必要であり、結果として個人の権利と義務、責任を持つ主体である市民を育成することになる。

人々が社会教育において学ばなければならない学習とは、社会生活で活用する実際的な学習であり、それを学力観として捉えるのであるが、問題は「キー・コンピテンシー」や各種のリテラシーの獲得といった学習目標をふまえて、どのような学力を手に入れるのかということである。社会教育行政が地域性や文化の集団性の相異をふまえて、それをどう支援できるのかということが問われている。前述した「キー・コンピテンシー」と具体化した各種のリテラシーをふまえて、地域住民に必要とされる学力をリサーチし、その上に社会教育計画を組み立て、さらに社会教育評価を実施することが必要となると考える。

（1）今野雅裕氏ほか「生涯学習による地域づくり―全国の自治体の動向」生涯学習と地域づくり研究会、一九九九年。
（2）亀岡市「第二次亀岡市総合計画」亀岡市企画課、一九九〇年。
（3）松澤利行『出前講座がまちを変える―21世紀のまちづくり・人づくり』全日本社会教育連合会、二〇〇一年。
（4）「公の施設の指定管理者制度の導入状況に関する調査結果」（総務省自治行政局行政課、二〇〇四年一二月）等の資料が参考になる。
（5）入江宏「近代日本の社会教育」岡本包治・山本恒夫編『社会教育の理論と歴史』第一法規、一九七九年。
（6）『平成27年度　社会教育統計』文部科学省生涯学習政策局政策課調査統計企画室、二〇一七年。
（7）瀬沼克彰「行政の生涯学習化の方向―アイデアとしくみを考える」『社会教育』第五九八号、全日本社会教育連合会、一九九六年、六―十頁。
（8）今西幸蔵「生涯学習を支援するファンドのシステム化に関する考察」『日本生涯教育学会論集』第二六号、日本生涯教育学会、二〇〇五年ほか。
（9）「コミュニティの自律経営に向けて」福岡市、二〇〇五年。
（10）「北九州市地域協働推進体制」北九州市、二〇〇五年。
（11）成人力とされるものであり、PIAACという学力検査が実施されている。
（12）ドミニク・S・ライチェン、ローラ・H・サルガニク編著／立田慶裕監訳『キー・コンピテンシー―国際標準の学力をめざして』明石書店、二〇〇六年。
（13）福田誠治『競争やめたら学力世界一―フィンランド教育の成功』朝日新聞社、二〇〇六年、二二〇頁。
（14）アンドレア・シュライヒャー『日本の教育が見える―教育インディケーター事業（INES）と生徒の学習到達度調査（PISA）2000年調査から掘り下げる日本の教育の現状』国立教育政策研究所、二〇〇四年等にみられる考え方。
（15）国立教育政策研究所監訳『PISA2003年調査　評価の枠組み―OECD生徒の学習到達度調査』ぎょうせい、二〇〇四年。

# 第7章　社会教育行政評価

## 1　社会教育で必要とされる評価

近年、社会教育行政の現場では、社会教育事業の実施が困難な状態になりつつあるという意見が急速に増加しており、それは予算の削減等の問題に起因していることは確実であろう。

それでは、どうして社会教育事業に関わる予算が、特に削減の対象になるのかという疑問が発生する。問題は、財政当局が必要不可欠であると認識できにくいような社会教育行政の現状があるということではないか。

今日の予算計上システムにおいては、財政当局に対して社会教育事業に関わる公費の必要性の根拠を明示することが重要であり、そこでは社会教育評価のあり方、考え方に対する観点が重要である。特に問題となるのは、社会教育事業の企画や立案の前提となる社会教育事業評価である。基本的に、評価ということがフィードバック機能を保持する経営システムの一様態であるがゆえに、実施を終えた事業に対する評価は重要な意味を持つ。

ところが、我が国の社会教育行政のあり方、進め方をみると、こうした経営的観点が欠落している場合が多いのが現状である。広義の社会教育の特性、つまり自主性・自発性の尊重という観点や、社会教育の内容や方法の多様性が主張され、評価という機能が社会教育にはなじまないというような考え方が以前から存在してきた。

例え評価を実施した場合でも、多くはアンケート等による意識調査であり、参加者数、学習内容や方法の満足度、学習環境に関する要望といった調査項目が中心となっている。こうした調査項目には、事業実施における学習の到達目標はどこにあるのか、何をどこまで学んだのか、また何が学習活動を阻害しているのかといった、体系的、組織的かつ継続的な学習活動に対して問うべき項目がほとんどみられなかったと思われる。

社会教育事業評価の現状を考える時、評価が担うべき機能を十分に発揮しているとはいい難い面があったと考えられる。ここでいう評価が担うべき機能とは、事業改善へのフィードバックを可能とするような問題点の集約であり、学習の達成度（到達度）を指し示すことである。そのためには学習内容や方法に基づいた評価の指標が必要となる。このことが社会教育行政に求められる学力観と深く結びついていることはいうまでもない。

社会教育行政における評価という場合、大部分は社会教育事業評価であり、地域社会教育計画の策定という場合は、当該地方公共団体の社会教育事業全体に対する評価（マクロ的社会教育事業評価）があれば、公民館事業計画の立案のように、特定の社会教育事業に対する評価（ミクロ的社会教育事業評価）もある。

前者のように広範で長期的な事業の場合は、時間的経緯のなかで評価していくのに比して、後者の場合は、単独事業に対する短時日の評価が可能である。いずれの場合にせよ、社会教育評価が必要とされるのは、社会教育を進めていく上での目標や課題について、その教育・学習過程において、一定の視点や指標に立って、学習の達成度等を測定・分析し、価値判断を行うためであり、それによって社会教育が円滑に実施され、次の教育・学習目標や課題の設定の方向性を探ることに意義がある。

研究者の間では、社会教育評価には学習評価と教育評価の二通りがあるとされるが[1]、マクロ的社会教育事業評価という場合には、教育評価（社会教育行政の組織と運営に関する事業計画や長期的な社会教育事業）と学習評価（行政の各セクションにおける社会教育事業評価）の両方が必要であり、ミクロ的社会教育事業行政という場合の多くは学習評価（社会教育事業）の範疇で考察することになる。(2)

次に論述することは、社会教育行政の新しい役割という観点からの二つの社会教育事業評価に関わる論考である。一つはマクロ的社会教育事業評価としての学習評価を行政の各セクションで実施することが、当該地方公共団体の総合行政を推進させ、行政間のネットワーク化を図っていくことになるという意見であり、いま一つはミクロ的社会教育事業評価としての学習評価を実施するためには、前述したように社会教育行政に求められる学力観を持つことが必要であること、そこに評価が持つ形成機能を働かせることが不可欠であるという趣旨の提案である。

## 2　マクロ的社会教育事業評価の実施

まず、マクロ的社会教育事業評価から考えてみよう。ただし教育評価（社会教育行政の組織と運営に関する事業計画や長期的な社会教育事業）の部分については、今後の検討課題として、本節では学習評価による行政の各セクションにおける社会教育事業評価について論じたい。

これまで述べてきたように、教育行政だけではなく、一般行政においても広く有機的に社会教育的事業が展開されており、これらを総合的に、組織的に学習評価していくことが重要であるというのが意見の趣旨である。一般行政と住民との協働化が課題とされる今日の地方行政において、一般行政施策のなかに広く社会教育の考え方が位置づけられており、社会教育的事業と考えられるような事業も数多い。このことは社会教育が潜在的に機能しているということであり、結果として行政が円滑に機能し、市民との協働化を可能としているという評価が必要である。

社会教育事業と社会教育的事業とが区分される理由の一つに、憲法第八九条の問題があるが、残念なことに一般行政の当事者が自分たちの所掌事務のなかで社会教育が機能しているという認識が薄いという現状にある。こうした社会教育事業の二重構造を形成した要因には、憲法上の制約というマイナス面があるだけでなく、プラス面としての行政と市民双方の成熟化現象があると考える。

このことを行政の側から説明していこう。今日のように行政サービスが高度化、専門化した結果、行政は多数のセクションに分化して事業を行う必要が生まれた。社会教育施策もまた専門的領域に分化して、市民に学習の場を提供することになったのである。

一方、市民の側に立って考えるならば、市民が生活課題や地域課題を学習するようになり、これまでのような社会教育行政が提供してきた行政サービスでは満足しなくなっている。自分たち自身が社会教育を組織・運営するようになった。この動きは協働型社会の形成という流れに適ったものである。また高学歴化した市民の学習要求は、例えば社会教育の場としての市民大学において、受講生が高等教育機関レベル、それも大学院レベルの学習の場を求めるといったレベルに達しているのが現状である。奈良県生駒市の住民の学習要求等にその事例がみられる。つまりは社会教育に向かう行政と市民の双方が成熟化し、学習内容も高度化、専門化したのである。

こうした状況に対応するためには、多様な学習機会を有機的に結合させる必要が生じる。ここに「ネットワーク化」という思想性が機能することになる。つまり行政の側において総合行政を推進する際には、この「ネットワーク化」が必要なのであり、市民の側においては生涯学習理念のもとでの新しい学習機会が創出されることになる。

総合行政という視点から、社会教育行政担当者がまず取り組まなければならないことは、所属している自治体のあらゆるセクションにおける社会教育事業を把握することである。重要なことは、社会教育行政担当者だけでなく、社会教育以外のセクションの担当者が自分の所掌事務における社会教育的事業の存在をどれだけ自覚しているのかという点であり、ここで述べているような趣旨をよく理解してほしいと考える。その上で社会教育行政担当者が、それぞれの事業に対する内容を点検することが望ましい。具体的には、行政の各セクションにおける社会教育的事業に対する調査と評価を行うことであり、それらをふまえた全庁的な生涯学習推進体制を確立することである。それには総合行政の視点からのネットワーク型の事業展開において、社会教育行政担当者自身が行政の中核的役割を果たしているという自覚を持つことが必要であることはいうまでもない。

実際には、すでにこのような総合行政の視点に立った社会教育行政評価が行われている。

三重県においては、「みえ政策評価システム」(3)が構築され、社会教育事業ならば社会教育事業の目的を対象、意図、結果の三要素でもって明確に設定し、上位の視点からの評価と改革を加えるという先駆的取り組みが報告されている。このシステムが稼働している背景には、政策・事業体系に基づいた「目的の体系化からの評価」と「数値目標による評価」が存在する。

それを具体的に説明してみよう。「目的の体系化からの評価」では「高齢者や障害者が活動できる環境づくり」という施策があれば、「バリアフリーのまちづくりに向けた総合啓発」を基本事業として実施することになり、その目的を以下の三要素で理解することになる。

「対象」は「すべての県民」であり、「意図」については「バリアフリーのまちづくりが自発的な活動として進められる環境が実現すること」となり、「結果」については「高齢者や障害者が、意欲や能力に応じてさまざまな活動に参加でき、いきいきとした毎日をおくっています。」となる。さらに「バリアフリーのまちづくり普及啓発事業」が継続事務事業として位置づけられ、ここでも対象、意図、結果が明示されるようになっている。

「数値目標にもとづく評価」においては、「第二次実施計画における数値目標」を設定する際には、「県民にとっての成果を表す指標に全面的に見直し」をすることになる。この施策の数値目標として、成果（アウトカム）を表す指標を一つ採用する。また基本事業の数値目標においては、「成果を表す指標を原則とし、活動量（アウトプット）を表す指標も容認する」と考えている。事務事業としての事業目標指標では、アウトプットまたはインプットを数値（加入資源量）として評価するのである。これと同じような考え方の行政評価システムは、宮城県等でも実施されており、(4) 今後、全国の都道府県において波及していくものと思われる。

県レベルだけでなく市町村レベルでも、新しい評価の取り組みが進行している。第8章で詳述するが、京都府宇治市においては、二〇〇六年に「平成一七年度生涯学習関連事業　自己点検・評価　調査票」を作成し、同市における生涯学習・社会教育関連事業の評価を行っている。同調査は、同市の生涯学習推進プランに基づいて、生涯学習関連事業の実施目的・目標を明確にし、その成果を点検し、それを次の事業展開に生かそうとする試みであり、同時に生涯学習推進プランの進捗状況を把握しようとするものである。同推進プランの進行管理でもある調査によって、各セクション（担当課）が社会教育的事業をどのような目的・目標で実施しようとしているのか、具体的な指標や評価方法はどうなのかを探り、事業効果、市民ニーズ、情報提供、市民参加等の項目を点検するのである。こうした取り組みは、新潟県新井市（現妙高市）教育委員会等の市町村でもみられる。(5)

## ３　ミクロ的社会教育事業評価の実施

次にミクロ的社会教育事業評価について若干の考察を加えてみよう。ここでは特定の社会教育事業に対する評価

（ミクロ的社会教育事業評価）について、学習評価を活用するということで考察を進めたい。

これまで実施されてきた社会教育事業評価としての学習評価の多くは、社会教育の環境に対する学習者や事業実施者の意見であり、提供された学習プログラムについての感想が大部分であった。社会教育事業評価がその後の社会教育事業の実施や学習計画の企画・立案に生かされてきたことは事実であるが、事業の継続性をふまえた発達論的な評価項目が少なく、また評価項目のほとんどが学習者の満足度を問うものが多かった。したがって、個々の事業に対する学習評価があっても、それが体系性を持った評価になりにくい面があったがゆえに、学習者の成長や発達を客観的に測定しうるという点では満足のいくものではなかった。

例えば、ある事業に対する評価が高ければ、まったく同じような内容の事業が毎年繰り返されてきたのである。このことは参加者の確保には役立ったのであるが、一方では参加者の固定化が起きてしまった。このような傾向に対する住民の批判や不満が、社会教育行政への期待を失わせた面があることに留意する必要があろう。

ここで述べたいことは、評価の高い事業を繰り返すことを批判しているのではなく、その学習内容を学習者の発達に即して開発していくことを求めているのである。つまり実施機会ごとに当該事業の到達目標を明確にし、そのためのプログラムづくりを進めることが重要だと指摘しているのである。当該事業が何のためにあるのか、学習者にとって必要とされる学力がどのように獲得されたのか、あるいはされなかったのか、変容度はどうなのか、ということを評価として明示する必要がある。まず実施されている社会教育事業の学習内容について目標分析をすることである。また、学習内容そのものに対する評価に加えて、別の視点からの評価も試みる必要があろう。この別の視点からの学習評価を項目で示すと、学習活動全般に関しては、①自主性・自発性・自立性、②計画性、③発展性、④公開性、⑤社会参加性・社会貢献性がある。

学習活動によって期待できる効果という点で、①個人の目標達成度、②学習レジネスの形成度、③課題提起や波及効果の有無等といった項目があげられる。

学習活動団体を評価する場合は、①集団形成度、②個人のニーズの充足度、③集団としてのプレゼンテーション能力、④他者の共感度、⑤組織の拡大への効果等が項目となる。[6] こうした学習評価以外に、学校教育で実施されている評価基準に、学習者の関心・意欲・態度、思考・判断・表現、技能、知識・理解といった観点があるので参考にする必要があろう。

評価の種類を機能面から区分すると、診断的評価、形成的評価と総括的評価の三種類がある。特に、形成的評価においては、当該学習の基本的な学習目標を到達目標として設定し、そこに至る学習過程をフローチャートで表し、それを分析することになる。徹底した目標分析が重要だと考えられている。形成的評価が「自己教育力」の育成という点で大きな効果があることがわかっており、[7] 社会教育のように集団活動のなかで個人の成長を促進するような教育領域においては、この形成的評価の機能を活用することが有効であると考えられる。この「自己教育力」という考え方は、実はキー・コンピテンシーの獲得とつながるという指摘もある。[8]「自己教育力」は、今後の社会教育行政の場で育成することが必要とされる基本的な学習力であり、それゆえに社会教育事業においては形成的評価の活用が図られるべきであろう。さらに今後の評価活動においては、パフォーマンス評価の導入、ポートフォリオの作成と評価、ルーブリック評価の活用なども視野に入れていく必要があると考える。

これまで社会教育行政を推進する上での新しい課題として、住民の学力形成の問題と社会教育行政に対する評価の問題を中心に論じてきた。とりわけ国際標準の学力とされるキー・コンピテンシーの概念が重要であること、この概念を社会教育行政のなかで具体的な学力として示すことが必要であることを述べてきたが、こうした課題を解く手がかりとなるのが各種のリテラシーであるということが判明している。

リテラシーが測定可能な学力として存在するがゆえに、評価の実施にも援用できるという利点がある。社会教育行政にとって、いま一番求められていることの一つが、この評価への取り組みであり、評価を明確にしない限り、社会教育行政を発展的に捉えることが難しいことを認識する必要がある。学習活動の評価を明確にすることは、住民の学力（成人力）の実態を知るための基準を求めることであり、学力の実態を把握することによって、十分とは言い難い学力を補う次の学習プログラムが準備できることになる。さらに評価は行政自身の施策や事業の点検を可能にし、行政の総合化を進める機能として重要な役割を果たすことに気づかなければならないだろう。

本章では、社会教育行政に必要とされる学力と評価の問題を中心に考察を進めてきたが、この問題を明確にすることが、社会教育行政の新しい展開の第一歩であると考えている。公教育に関わる社会的担保の確保に関わる問題、コミュニティ形成に関わる問題、学校教育との協働化の問題等、社会教育行政が取り組まねばならない課題が多いが、成人力の育成を求めるＯＥＣＤの思想の基盤にある「民主的市民性のための教育」[9]の場としての社会教育を確固たるものにしていくことが必要であり、市民学力を育むという目標について、社会教育や生涯学習などの地域生涯学習の意義を再確認することが必要である。

（１）『社会教育主事のための社会教育計画Ⅱ　平成14年度』国立教育政策研究所社会教育実践研究センター、二〇〇二年、七七－一〇九頁。
（２）今西幸蔵『社会教育計画ハンドブック』八千代出版、二〇〇四年、一六九－一七六頁。
（３）『平成15年度　生涯学習・社会教育事業事例集』国立教育政策研究所社会教育実践研究センター、二〇〇四年、七九－八一頁。
（４）同前・八二－八四頁。

（5）同前・八〇頁。
（6）同前・一七二頁。
（7）梶田叡一『ブルーム理論に学ぶ』明治図書出版、一九八六年ほか多数の参考図書がある。
（8）福田誠治『競争やめたら学力世界一―フィンランド教育の成功』朝日新聞社、二〇〇六年、二二〇頁。
（9）同前・一九九頁。

# 第8章　生涯学習振興ガイドラインの意義

## 1　生涯学習振興ガイドラインの策定

日本生涯教育学会において、二〇〇九年に生涯学習振興ガイドライン開発検討委員会が設置され、Ｗｅｂ等で生涯学習振興ガイドラインのあり方についての検討が続いている。学会の研究活動の一環であるが、こうした取り組みが出てくる背景に、生涯学習振興行政の基本的なあり方に対する問いかけがあると考える。

今日の生涯学習振興行政の課題をみると、国家行政が、全国一定・一律の事業を展開することが困難な状況にあること、従来型の補助金行政や委託金行政を見直さざるを得ないこと、行財政改革の効果をあげねばならないこと、地域主権に基づく行政サービスのあり方や進め方が検討されねばならないことなどの課題が山積しており、多くの自治体においても同様の課題が示されている。

こうした現状をふまえ、生涯学習振興行政が行政、住民や民間機関等の生涯学習振興の担い手それぞれの役割を明らかにし、懸案事項であるネットワーク化や協働化についての考え方をガイドラインとして示すことは、生涯学習振興行政の基本的なあり方を明確にする意味で重要であると考える。

生涯学習振興ガイドラインと呼ばれるような性格を持った指針やビジョンのもとに、生涯学習振興に取り組んでいる自治体の事例を研究し、生涯学習振興ガイドラインがどのような可能性を持つのかを明らかにすることが必要であろう。

この生涯学習振興ガイドラインに対する考え方については、開発検討のための委員会で山本恒夫氏が示した「生涯学習振興ガイドラインについて」が議論の基本になると考えられる(1)。

山本氏は、ガイドラインを必要とする生涯学習振興行政の課題を析出するための作業枠組として、一次元での課題析出として、「経済的価値の追求」と「人間的価値の追求」、「個人の需要」と「社会の要請」、「継承」と「創造」を示し、二次元・三次元での課題析出にあたって、「課題には、継承、創造、両者にわたるものがあり、二つ以上の領域にわたるものもある。たとえば、経済的価値の追求に関わる課題には、社会的要請でありかつ個人的な需要もあるものもある」とした上で、二次元での課題を析出している。生涯学習振興ガイドラインを考えるにあたっては、この作業枠組は重要な考え方となる。

一般に、ガイドラインとは、指針、ビジョン、振興法や振興条例等を指すが、生涯学習振興ガイドラインについてはどうなのであろうか。生涯学習振興ガイドライン開発検討委員会では、文部科学省が示した「国際競技力向上施策のロジック的ガイドライン(2)」に関わっての意見交換が行われている。文部科学省は、政策評価について、施策の論理的な構造を明らかにし、その質や内容を評価する手法としてのセオリー評価があり、ある施策がその目的を達成するに至るまでの論理的な因果関係を明示したものである「施策の論理的な構造」をロジックモデルと考えている。ロジックモデルの策定は、事前または事後的に施策の概念化や設計上の欠陥や問題点の発見、インパクト評価等のプログラム評価を実施する際の準備、施策を論理的に立案する等の上で意義のあることとしている(3)。

生涯学習振興ガイドライン策定が期待されている理由として、ガイドラインには、自治体や地域における生涯学習振興の指針となるだけでなく、他の自治体や関係機関の指針の参考となり、広報の機能も果たすという役割がある。また、理念を施策に具現化する過程において、ロジックモデルの特性である施策の論理的構造が明示される点が注目されていると考える。

生涯学習振興ガイドラインの特性について、同学会の会員間の意見交換の過程で明らかになったことをまとめると、以下の諸点があがる。(4)

(1) 施策の論理的構造を明確にすることから、施策が概念化されることにつながり、柔軟性があることから自律性が保たれる。

(2) 行政に対する安心感と、政策立案する際に予算要求の根拠となる信頼性ができる。

(3) 課題が共有化され、社会的責任が果たせるという責任性が生まれる。

(4) 評価機能を有し、継続的な改善が見込まれるような指標性がある。

(5) 各地域の特色ある指針が示されることによって固有性が明確になる。

(6) 他のパートナーの行政参画における関係性や協働性が明示される。

このように考えると、生涯学習振興ガイドラインは、事務処理の明確化、標準化や円滑化を超えた機能を有することを示すことになり、前述したような生涯学習振興行政の今日的課題に対応するものと考えられるのである。

## 2　生涯学習振興ガイドラインの役割

生涯学習振興ガイドラインの特性をふまえて、行政における役割について検討すると、次の二点があげられる。

一つは、生涯学習振興行政に関わる政策等の指針としての役割であり、もう一つは、生涯学習振興行政を進めていく上での指導目標としての役割である。

前者については、政策立案機能を行政だけに委ねるのではなく、市民協働型（官民協働型、自治協働型）社会に移行しつつある今日、パートナーシップ関係を構築した関係機関が、互いに課題の共有化を図り、施策を実施するための説明責任が必要となり、そのための指標となるガイドライン策定が必要とされる点であり、地域の自律性に基づいた地域主権の質も明示する。生涯学習振興ガイドラインの策定にあたっては、行政、住民はもとより研究者等の参加が必要で、策定されたガイドラインは、施策の重点項目化を図り、予算要求の根拠を示したものとなる。

後者の指導目標としての役割も重要である。生涯学習振興行政においては、その自律性の保障とともに、継続的な改善につながる評価基準としてのガイドラインが求められており、施策の改善につながる。その意味で、生涯学習振興ガイドラインは、行政や関係機関からの指導目標としての役割を有することになり、生涯学習振興行政評価の根拠となりうる。

それでは、生涯学習振興行政ガイドラインの策定という視点から、政策等の指針としての役割を果たしているような取り組みについてはどうであろうか。以下に、こうした考え方に近い事例を考察する。

## 一　市民憲章と地域生涯学習の振興

住民参加の自治に関わる条例に近い形のものに「市民憲章」がある。市民に自治の責務を表す文書という点で、「市民憲章」と自治関連条例は同じ目標を持つものと考えられる。相違点は「市民憲章」には自治の仕組みとなる組織や構造について明示されていないことや、市民の活動を支援・保障するという視点がみられず、いわゆる努力目標になっている点である。

市民憲章に近い考え方として、地域形成に関わる市民の目標の一つに「郡是」がある。英国でいうところのpeople's charter（人民憲章）とも考えられる「郡是」は、現在では肌着メーカーの「グンゼ」として有名であり、同社の語源となったのが京都府綾部市の「郡是」であるといわれる。

「郡是」というのは郡の基本方針という意味であり、綾部市の場合は京都府何鹿《いかるが》郡の地域形成の基本方針ということであろう。町村是運動の一環として設置されたといわれるが、郡の自治の基礎文書として書かれた「郡是」は地域振興の願いのもとに自治を推し進めようとするものであったと考えられ、地域の主体性を確立しようとするものであった。八女茶で有名な福岡県八女市にもこうした「郡是」が存在することが知られる。

我が国において地域主権を求める動向は今後さらに拡大していくことが予想され、地域形成という課題は住民自治への参画を強く求める社会に移行しつつある。そうした潮流において市民力（第7章では成人力としている）の向上が問われることになる。

## 二　生涯学習まちづくりに関わるガイドラインの策定

愛媛県新居浜市は、一九九七（平成九）年に生涯学習都市宣言をしている。二〇〇〇年には「新居浜市の生涯学習まちづくり基本構想・基本計画」を示し、生涯学習まちづくり計画の方向づけを行っている（図8-1）。

基本構想として、生涯学習まちづくりの理念、基本的な柱と行動目標、施策の方向、基本構想体系図を示した後、基本計画の趣旨、策定目的、策定時期、計画実現に向けての役割分担、生涯学習まちづくりの方向性、計画実現の方法、行政支援のあり方、事業推進体系等が説明されている。

図８－１　新居浜市の生涯学習まちづくり基本構想・基本計画

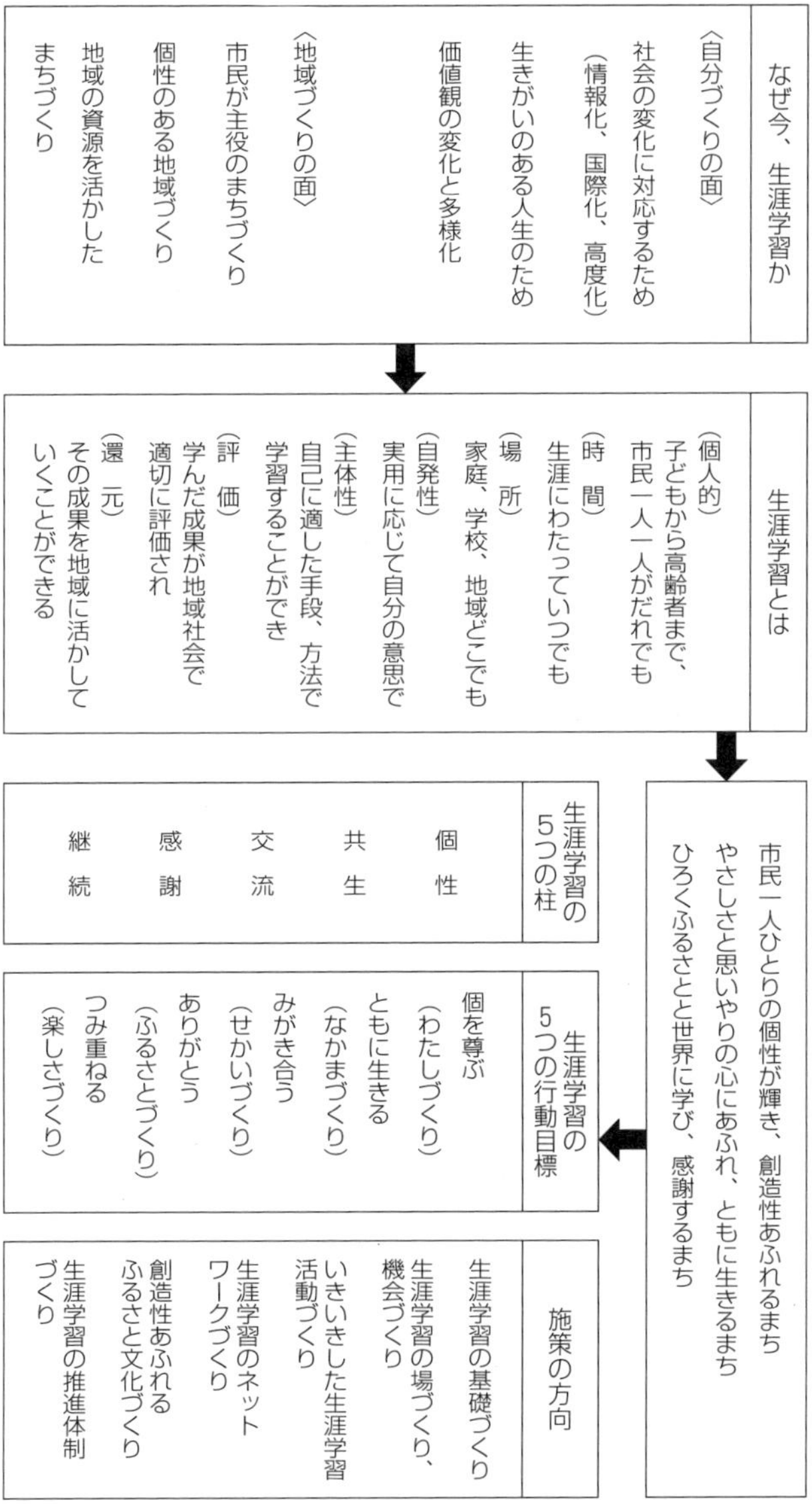


出典：『新居浜市の生涯学習まちづくり基本構想・基本計画』新居浜市生涯学習まちづくり懇話会、2000年

この計画は、施策の概念的理解を図ることから、理念に基づいての演繹的な論理展開があり、最後には評価の準備が行われる。ロジックモデルの典型といえるものである。基本計画としては、二〇〇〇年を初年度とした「短期・中期・長期」の達成期間が設定されているが、同市の長期総合計画との連携に配慮して、計画そのものを三年ごとに見直し、個々の施策の実施計画については各年次ごとに見直すという柔軟な性格を持っている点も重要である。

## 三　施策の概念化につながるガイドラインの策定

ロジック・モデルの性格を持つ地域形成のための計画指針という点から参考になるものに大阪府大阪市が策定した「生涯学習大阪計画」がある。計画策定に当たっては、一九八八年から生涯学習推進会議などによって検討され、当初は一九九二年に作成されており、二〇〇六年一月には「生涯学習大阪計画～自律と協働の生涯学習社会をめざして～」として改められている。改めるにあたっては、大阪市社会教育委員会議の意見具申等をふまえて、市民の幅広い意見が集約された。現在は、第三次の「生涯学習大阪計画」（二〇一七―二〇二〇）のもとで大阪市の生涯学習行政は振興している。

住民が、学習活動を通じて得た学力で自己実現を図り、その学力をまちづくりに活用することにより、循環型の生涯学習社会を実現することをめざすという同計画は、生涯学習振興行政における行政の役割を明確にしている。

同市の生涯学習を取り巻く状況を、生涯学習のひろがり、高等教育機関や民間教育機関、「市民力」の向上と生涯学習という視点でまとめている。このまとめは、生涯学習を担う機関ごとの特性と違いを描いた概念図によって新たな生涯学習振興方策として示されるのであるが、行政と協働関係にあるべき他の機関の位置づけを明らかにするとともに、同市の生涯学習推進体制の骨格を明示している。つまり行政責任の範囲と根拠を明確にした上で、各関係機関に自律と協働の機能の活用を求めた形になっているのである。自律と協働を実現するために、ガイドラインの有する柔軟性を十分に生かしたものといえるのではないか。

次に、生涯学習振興行政ガイドラインが、指導目標としての役割を示し、評価につながるというような取り組みについてはどうであろうか。こうした考え方に近い事例を次に紹介する。

## 四　行政評価のガイドラインの策定

第７章でも触れているが、宇治市教育委員会が行った生涯学習評価は、宇治市生涯学習推進プラン（宇治まなびＡＩＵＥＯプラン）に基づき、同市が実施している生涯学習事業について、同プランの施策体系に対応させた形での内部評価として取り組まれている。宇治市生涯学習推進プランは、同市の生涯学習事業のガイドラインを示すものであると考えられ、このプランの施策体系に基づいて庁内各課が自課における生涯学習事業を点検し、結果として生涯学習事業として考えられる事業についての評価を実施したということである。

学習評価が広がらない理由の一つに指標設定の問題があり、評価指標の数値化が難しいという現状があることから、同市では事業の目標達成度や効果測定の目安や基準（評価項目）、評価方法を、対象となる各課自身で設定することによって全庁的な調査としている。指標設定が困難な場合には、事業実施にあたって常に念頭においている事項、事業目標を達成する過程で必要とされるさまざまな方法を報告することとされている。調査項目には、「事業名」「担当課」「事業目的・趣旨、内容」「実施回数等」「対象者」「参加層」「事業の目的・目標の精選」「具体的な指標・評価方法」「点検項目」「評価」「生涯学習推進プランの施策体系上の位置づけ」があがっている。

教育委員会事務局に置かれている生涯学習課が、全庁的な生涯学習事業調査を実施したという点だけでも特記されるべきであろうし、生涯学習課が単なる事業課という性格だけではなく、総合行政の要としての性格と指導行政の役割を担うことにつながることであった。一般行政においては、生涯学習関連事業を評価することは、生涯学習振興行政に対する行政職員の意識変革に結びつく機会となる。同市の生涯学習推進プランが、優れて柔軟なガイドラインであることが、関係各課が主体的・自律的に生涯学習事業を点検・評価することにつながったと考えられる。

## 五　行政事務の点検と評価のためのガイドラインの策定

奈良県橿原市教育委員会は、教育委員会を評価するに当たって、同市の第三次総合計画をガイドラインとして、教育行政全体に関わる評価項目を設定し、点検、評価に努めている。実際に、同市の総合計画体系での生涯学習事業の位置づけを確認し、主要な取り組み、現状と課題の分析、課題への対応方策を論理的に明らかにしている。また、同市の社会教育委員会議は、「橿原市社会教育方針」の策定のもとに、日頃から主体的・積極的に活動されており、「橿原市社会教育方針」をガイドラインとしての社会教育の目標、重点施策等の実績が評価の対象となっている。こうした社会教育評価は、翌年度の社会教育計画に反映されるものとなっているが、ここでは社会教育委員の任務の指導性が発揮されるような環境がつくられている。

我が国の生涯学習振興行政において、ガイドラインという視点から生涯学習振興を検討するというような認識は、まだ十分に広がっていないのが現状であるが、いくつかの自治体の萌芽的な実践のなかから、生涯学習振興ガイドラインの可能性について考察したい。

第一点として、生涯学習振興行政におけるガイドラインは、法律や条例等とは異なった性格の行政支援方策であり、具体的な施策の明示よりも、優れた論理によって構成される点で説得力のある指標となる点が重要である。基本的なコンセプトを提示し、論理展開によって施策の必要性を説明することが期待されるのである。

第二点は、論理性が要求される一方で、具現化法とは異なる柔軟性を持つため、関係機関の主体性が発揮できるような協働関係が構築されることにつながる点に着目しなければならない。このことは、生涯学習振興行政の大きな課題となっている教育行政と一般行政の関係のあり方、ネットワーク行政の考え方に結びつく。

第三点は、ガイドラインに基づく評価により、行政の責任というべき指導基準が明確になり、そこで行政の質が保証されるとともに、行政支援の内容の共通理解が図られる点である。行政自身が何をすべきかが明確になり、総合的な行政運営ができる要素を持つことになる。

生涯学習振興ガイドラインは、こうした可能性を孕むものと考えられるが、ガイドライン行政全般についての研究が急務となろう。

（１）　二〇〇九年一月三〇日に開かれた第一回検討委員会で、山本恒夫氏によって提供された資料に基づいている。
（２）　文部科学省ＨＰ「ロジックモデルについて」http://www.mext.go.jp/a_menu/hyouka/kekka/06032711/002.htm 参照。
（３）　検討委員会報告では、浅井経子氏から、インパクト評価について、人間や社会や環境等に与える直接的、間接的影響に対する評価という注が付されている。
（４）　井上昌幸「生涯学習振興ガイドライン」『日本生涯教育学会第30回大会発表要旨集録』二〇〇九年、三五頁などを参照してほしい。

# 第9章　地域生涯学習振興計画の策定

## 1　協働型社会をめざす地域計画の策定

行政側からの働きかけが主となるものには、自治関連条例と並んで地域形成の公的担保となる地域計画がある。つまり、行政においては地域計画が法的根拠となって施策が準備され、住民活動における地域計画では、活動の公的目標となるべき性格のものである。

この双方からの必要性から、協働型社会を構成することになる。

自治体が地域計画の策定に取り組み始めた契機は、一九五六（昭和三一）年の「町村合併促進法」と、その具体化である「新町村建設計画」にある。異なる自治体との合併によって生じる摩擦や混乱を回避しようとしたものであったことが理由であると推察できる。

やがて地方分権社会の確立に向かって自治体自体の変革が求められ、国の機関委任事務からの解放が大きな課題となり、分権型社会構造の柱としての役割を地域計画が有するようになった。

当時の自治省において行政局振興課が設置され、「市町村計画策定方法研究会」（磯村英一座長）が組織され、報告書『市町村計画策定方法研究報告』（国土計画協会、一九九六年）が示された。同研究報告書では地域総合計画の策定の必要性が指摘され、基本構想、基本計画、実施計画の三階層構造論が提起された。同報告書は三階層構造論に加えて、行財政合理化計画の役割を持つこと、住民参加の促進につながるという側面を持つことに言及している。

地域総合計画とは何かについて大森彌氏は、「行政課題を客観的に把握し、自治体として責任をもって取り組むべき政策・施策・事務事業を体系化し、達成すべき目標とその手段・手順を明確に示した長期の総合計画をつくり、それを行動指針として行政を展開する必要がある。[1]」と述べている。

二〇一三年の東京市町村自治調査会の報告[2]では、基本構想というのは市町村または市町村の存する地域における将来の目標及び目標を指し、おおむね一〇年の計画期間。基本計画とは市域の将来の目標及びその目標に到達するための市町村の施策の大綱を体系づけて取りまとめたもので、おおむね五年間の計画期間。実施計画というのは基本計画で定められた市町村の施策の大綱を市町村が現実の行財政のなかにおいてどのように実施していくか明らかにするためのものであり、おおむね三年間の計画期間を必要とするものであるという整理をしている。

『市町村計画策定方法研究報告』で明らかにされた地域計画の必要性については、一九六九年の地方自治法における地域計画の制定という形で具現化された。「市町村は、その事務を処理するに当たっては、議会の議決を経てその地域における総合的かつ計画的な行政の運営を図るための基本構想を定め、これに即して行うようにしなければならない。」（同法第二条第四項）とされた。

さらに自治省行政局長通知「市町村の基本構想策定要領」で都道府県知事宛に管内市町村への指導の依頼が行われた。ここに全国の自治体が地域計画、特に地域総合計画を策定するようになったのである。この地域計画策定の取り組みは、平成の大合併と呼ばれる市町村合併が一段落を迎えたことによってその役割を果たした。

二〇一一年には地方自治法が改正され、自治体における基本構想制定の義務が廃止（地方自治法第二条第四項の削除）されたが、全国の自治体に対して直ぐに総務大臣通知が出されて、自治体の判断で地方議会の議決を経た基本構想の策定は可能とされた。それゆえに自治体における地域総合計画策定の取り組みは絶えることなく今日に続いている。今後は、行財政改革の視点からの地域形成ではなく、協働型社会への移行の視点に立つならば、地域計画のあり方を考える必要があろう。

## 2　地域計画の基本構想と役割

地域計画の基盤というべき基本構想の内容としてはどのようなものが求められているのであろうか。前述した「市町村の基本構想策定要領」では、次のように記されている。「基本構想は、当該市町村の存立している地域社会についての現状の認識および将来への見通しを基礎として、その地域の振興発展の将来図およびこれを達成するために必要な施策の大綱を定めるものであること」（「市町村の基本構想策定要領」第三）とされ、基本構想の具体的項目についても以下のように示された。

⑴　市街地及び集落の整備、交通通信施策の整備、防災対策その他の地域社会の基礎的条件の整備に関する事項
⑵　生活環境、保健衛生、社会福祉、教育文化その他の住民生活の安定向上、人間形成等に関する事項
⑶　農林水産業、商工業その他の産業の振興に関する事項
⑷　行財政の合理化に関する事項

それでは地域総合計画が果たす役割とは何であろうか。行政側に立つならば、政策に関わっての企画調整が可能となるという利点がある。

さらに計画進行での事業実施のための理念や概念を確立することができ、共通理解を図ることができるという有利な点があり、地域総合計画全体や事業実施におけるガイドラインとなる効果があると考えられる。[3] こうした計画策定と進行管理の過程において、実態調査等により地域に関わる課題を明確にすることができる。そのために地域形成に効果のある戦略的なアプローチができる。一方、住民側に立つならば、計画策定段階で住民自身が参加・参画することができ、直接に意思や要求を盛り込むことが可能となり、協働型社会の形成に寄与する。

地域計画の一つに生涯学習振興計画がある。生涯学習振興計画の意義については、①自治体が主体的に生涯学習を推進できる計画であること、②行政や住民が必要とする学習課題の解決に寄与できること、③学習課題毎に計画すると総合行政の推進に寄与できること、④学習環境の整備につながるものであることなどがある。

生涯学習振興計画の役割については、①地域における教育・学習領域での行政経営の要となる、②行政が生涯学習振興計画を計画的に実施するための根拠となる、③住民が教育や学習に関わる要求を示し、それを実現させるための支援の根拠となる、④住民代表の策定委員の活動、各種調査やパブリックコメント等により住民参加・参画が実現できる、⑤生涯学習行政に対する評価を行うためのガイドラインとなることなどが考えられる。

## 3　行政における諸計画との関係

「地域総合計画」や「生涯学習振興計画」等の地域計画と自治体の各種地域計画とは、行政上はどのような位置づけになっているのであろうか。「地域総合計画」は、地域形成の最上位に位置づけられる計画であり、地方自治体のあらゆる計画の基本となる計画である。生涯学習振興計画については、生涯学習振興法に法的根拠がある。自治体によって生涯学習に対する理解に幅があるために位置づけが異なり、教育行政における社会教育に偏したものとなっているケースも多いが、基本的には当該自治体の事業を教育・学習の視点から総合的に捉えて、それを理論化、体系化したものと考えるべきである。

生涯学習振興法第五条「地域生涯学習振興基本構想」

都道府県は、当該都道府県内の特定の地区において当該地区及びその周辺の相当程度広範囲の地域における住民の生涯学習の振興に資するため、社会教育に係る学習（体育にかかるものを含む。）及び文化活動その他の生涯学習に資する諸活動の多様な機会の総合的な提供を民間事業者の能力を活用しつつ行うことに関する基本的な構想（以下、「基本構想」という）を作成することができる。

「地域総合計画」や「生涯学習振興計画」よりも下位に位置づけられている地域計画（以下、各種地域計画）には、「教育振興基本計画」「社会教育計画」「文化・芸術振興計画」「地方スポーツ推進計画」などがある。

「教育振興基本計画」は、二〇〇六年の改訂教育基本法の第一七条に基づいたものであり、地域の実情に応じ、当該自治体における教育の振興のための施策に関する基本的な計画をいう。「社会教育計画」については、教育基本法、社会教育法や生涯学習振興法第五条等に根拠がある。「文化・芸術振興計画」は、文化芸術基本法（二〇〇一年制定）に基づいて当該地方自治体における文化・芸術活動のための基本計画となっている。「地方スポーツ推進計画」は、スポーツ基本法（二〇一一年制定）に基づき、自治体にスポーツ推進のための計画策定を求めている。

各種地域計画と「地域総合計画」「生涯学習振興計画」との相互関係については、以下のように考えることができる。上位計画として位置づけられる「地域総合計画」は、生涯学習行政を総合行政推進の考え方で捉えた場合には同計画と「生涯学習振興計画」とは内容が重なり合うことになる。「生涯学習振興計画」を「社会教育計画」の代替としている自治体も多いが、「社会教育計画」は本来は、「生涯学習振興計画」のなかで個別計画として示すべきものであろう。生涯学習行政と社会教育行政の両者の整理が必要だという問題がある。

各種地域計画について、「教育振興基本計画」は、①国の立法措置であることから多くの地方自治体で策定に取り組んでいる。「教育振興基本計画」が公教育の実施に基づくものであることから、学校教育と社会教育の両面においての施策の策定が望まれている。②生涯学習の理念のもとに社会教育行政を基にした施策の大綱であるが、教育行政の領域にとどまる内容が多く、首長部局や民間教育事業者等との連携・協力について十分に視野に入っていない計画が多い。

「文化芸術振興計画」や「地方スポーツ推進計画」は、①いくつかの自治体では、文化振興計画やスポーツ推進計画と社会教育計画や生涯学習振興計画とが複合的な計画となっている。これは計画作成に関わる財政的措置であることが多いが、結果として計画の総合化が図られる点で評価できる。②生涯学習振興計画が大枠となって、その中で文化振興やスポーツに関わる計画が示されている。

## 4　地域計画の内容と組織体制

地域計画について協働型社会をめざす地域総合計画の策定の視点から考えてみよう。地域総合計画の策定についてはいくつかの先行研究があり、(4) これらを参考にさせていただき、筆者の数多くの自治体における地域総合計画や各種地域計画を策定した経験も加えて、以下に地域総合計画の基本的構成（モデル）を示す。

(1)　地域総合計画の内容
①　地域総合計画の基本的目的と原則
②　地域総合計画の基本的視点
(2)　基本方針
①　地域総合計画における基本目標
②　地域課題をふまえた基本方向
③　施策の体系化（基本方針と施策の方向）
(3)　基本課題
①　自治体全体の課題
②　各領域に関わる課題
③　課題解決のためのポイント
(4)　体系化された具体的施策
①　領域別に地域課題を体系化
②　領域別の具体的施策

地域計画の内容を総合的視野から検討してみると、以下の四点に留意する必要がある。第一点として、従前の計画の継承点と問題点の整理が必要である。ある自治体では前次の計画の徹底した検証から新計画の策定に臨んだ。第二点として、庁内会議等の関係者会議において行政評価の確認、検討が必要である。第三点として、住民や各種団体対象のアンケート調査やインタビュー調査の結果の分析と検討が必要である。第四点として、計画全体を包括する視点の整理と具体的政策課題の整理が必要である。

こうした基本的構成の内容について、行政と住民の双方が対等の立場に立って検討するために、この最初の段階で、協働の趣旨に見合った考え方で計画策定の中心メンバーが組織化されることが必要である。

地域総合計画策定については、従前は行政の担当部署（例えば企画調整セクション）が単独で原案を作成したり、時にはコンサルタントに委託したりする事例が多々みられた。近年は、策定を担当する所管課が中心となって全庁的に検討する体制を組織して、そこで検討を図るようになっている。市議会議員や住民代表となる委員（公募委員もある）を検討メンバーに加えた検討委員会を組織するケースも増加しつつあり、パブリックコメントと称せられる民意の導入を図ることも一般化し始めている。策定に関わるこうした動向は、明らかに協働型を指向するものといえよう。

こうしたことから協働型地域計画と呼ぶにふさわしい組織や体制を組み、各セクションからの意見を取り入れ、問題点を整理し、計画内容を関係者全員で検討しながら案を創出し、自治体の庁内会議やパブリックコメントによって「公」のものとすることが望まれるのである。

## 5　地域計画策定手順と構造

次に、地域計画策定に関わる計画策定（時系列での進行）についての現行の手順を示すとともに、協働化型地域計画の策定にどうつなげるのかを検討したい。

### (1)　自治体庁内での企画と検討

(2) 主担課（企画調整課など）の決定
(3) 必要な場合はコンサルタント会社の選定等の事務の開始
(4) 庁内組織の設立と検討会
(5) 計画策定委員会の設置（月に一回程度の会合）
(6) ワーキンググループの設置と活動（月に一回程度の会合）
(7) 住民対象の調査等の実施（調査紙調査、団体ヒアリング、インタビュー調査等）
(8) 公開討論会の開催
(9) 骨子案項目の整理・調整と原案作成
(10) 庁内組織での検討会（骨子案の決定）
(11) 議会または教育委員会への報告書の作成
(12) 骨子案のパブリックコメントの実施
(13) 計画案策定のための再洗い出し
(14) 計画策定委員会での検討（計画案策定に向けての議論）
(15) 庁内組織での検討会（計画案の検討）
(16) 計画案のパブリックコメントの実施
(17) 計画策定委員会及び庁内組織での検討（最終計画案の策定）
(18) 自治体としての最終案の承認
(19) 計画決定（首長・教育長決裁）

⒇　計画案印刷・広報活動

協働型地域計画の策定を考える場合、策定のプロセスにおいて特に重要な段階は⑸～⑻であり、そこでの調査、討議・協議であろう。この検討段階で住民の意思や要求をどう取り入れるかということが問題である。そのためには、住民は自分たちの意見や要求を明確に示さなければならず、計画の成否につながることであり、明確に示せるかどうかはそれまでの住民活動の成果が問われる。

東京都三鷹市では住民（市民21会議）が自治体に意見（市民プラン21）を提案・提言する仕組みができている。八戸市も同様の考え方で住民委員と自治体職員の双方から成る「戦略プロジェクト」を立ち上げて、そこで課題を検討している。(5)

門真市や大阪狭山市では、地域の住民活動団体などが中心となって、まちづくりのワークショップを何度か開いたケースがあり、滋賀県大津市ではＩＴ上の通信を通して住民や市議会議員と自治体職員が地域課題を検討することが行われており、こうした動向は三鷹市や青森県八戸市の取り組みにつながるものと考えられる。

根幹の部分であるが、最初になすべきことは、地域総合計画の基本的目的、原則や基本的視点については関係者全員で確認することであり、誰のための、何のための計画であるのかという検討、さらに計画策定に伴うアウトプットやアウトカムについても熟議する必要がある。これは段階⑸の計画策定委員会の最初の会合で確認すべき事柄である。

次に、基本方針の策定においては、まず地域の特性を確認した上で地域計画における基本目標を立てることから始まる。地域の歴史はどうか、地域出身の偉人はどうか、地域の文化はどうか、地域の産業はどうか、地域の自然はどうか、地域の特性を表すキーワードや「ゆるキャラ」はどうかなどについて討議する。

次いで地域課題をふまえた基本方向を明確にすることになり、施策の体系化を図るという重要な役割を担う。こういった作業で重要なことは地域の特性を確認することであり、その際には以下の点に留意すべきであろう。ここでの検討は、ワーキンググループの動向や意見を受けた上で計画策定委員会が行うべきである。したがってワーキンググループの活動の活性化が求められ、段階(6)でのワーキンググループの設置と活動を重視することである。この際には、ブレーンストーミング等のワークショップが有効に働くと考えられる。地域課題の検討を素材にしたプログラムを組み、検討作業を行うことによって、何が問題で、どういう課題があって、どう取り組むべきなのかが明確になる。

ワークショップの特性である柔らかさが、当事者の利害に基づく主張や他者との対立を弱める効果もあると思われる。さらにワークショップに自治体職員ら関係者が参加することによって大きな効果があるという意見を聞くことが多い。

段階(7)では住民対象の調査等が実施される。ここでは基本課題や体系化された具体的施策の検討が中心になる。地域課題を明確にするには、何よりも課題分析が重要となる。次の手立てにより策定作業が進展する。

(1)　住民対象の調査紙調査等により住民意思や要望・要求に基づく課題分析
(2)　社会教育関係団体等での課題の分析
(3)　自治体各課の内部評価による課題の分析

【自治体で作成する資料】

ア．事業番号　イ．事業名　ウ．所属　エ．事業概要　オ．当該年度の取組状況　カ．課題

今後の方向性等を各課で確認・評価して説明責任を果たすことになる。

(4)　(1)～(3)までの分析結果をふまえて計画策定委員会で協議
(5)　計画策定委員会で課題を精選して数点の柱立て
(6)　課題の柱と関連する施策について検討
(7)　現行施策の把握と問題点の検討

この策定作業の(1)で示した住民対象の調査紙調査や聞き取り調査の実施についての手順は以下の通りである。

【住民対象の調査紙調査の手順】

①　調査紙項目の検討する。
②　クロス集計の項目（性別、年齢、地域別、職業別等）を検討する。
③　調査紙調査の実施と回収。
④　調査紙の回答内容を分析する。
⑤　現状肯定的な回答をどう発展させるか、今後に修正すべき項目はないか、新しい課題はないかをまとめる。
⑥　ＳＷＯＴ分析などの評価法を活用する。

【地域の指導者や関係団体を対象にしたヒアリングやインタビューの手順】

①　地域の指導者や関係団体指導者を対象にしたヒアリングやインタビューを行う。その際には対象の層化を意識することが必要である。
②　調査紙調査、ヒアリングやインタビューの結果を分析する。
③　ワークショップを活用する。②の結果をふまえて実施すると効果的である。

ワークショップの実施においては、行政担当課職員はもちろんのこと、計画策定委員会委員や地域に関係する各種委員などが参加することが必要である。

## 6　地域計画策定とＰＤＣＡ

地域計画の策定はそのこと自体が目的ではないはずである。地域計画が地域社会に果たす意義や役割を考えると、十分に活用できるような地域計画の策定が望まれる。そこで、経営的観点からの評価であるＰＤＣＡサイクルの活用が効果的であると考える。前述した『市町村の総合計画のマネジメントに関する調査報告書』（東京市町村自治調査会、二〇一三年）を参考にしてＰＤＣＡの各段階における課題について考察する。

(1)　Plan 段階

①　計画策定の意義の確認が必要である。
②　計画策定の背景の確認が必要である。（前計画、国の動向、社会の変化についての配慮が要る。）
③　各計画の位置づけと役割についてどう扱うかの検討が必要である。（総合計画等との整合性が重要である。）
④　行政の効率性と機動性の視点から考えての検討が必要である。
⑤　住民ニーズを反映した計画であるためには、住民の関心と理解を促す必要がある。（広報担当課の協力支援が必要である。）
⑥　住民が計画策定に参加・参画できる機会を設ける。

(2)　Do 段階

①　重点課題を明確化する。選択と集中によって効率的な施策展開を行うために根拠を明示する。

② 市町村の主体的な判断で分野別計画を策定し、基本構想との整合性を図る。

(3) Check and Action 段階

① 信頼性と透明性の高い進行管理の仕組みを作る。

② 可能な限り、客観的に実績評価できるような数値目標を設定する。

③ フィードバック機能が働き、計画の機動的な見直しができる仕組みにする。

④ 改善の実効性が獲得できるような進行管理体制を作る。

(4) 第三者評価の実施

① 地域計画立案のプロセスを第三者が評価する（アドバイザー、教育委員、社会教育委員等）。

## 7　地域計画の評価

計画策定に伴う問題として、計画策定後の進行管理における課題が発生する。基本的には、計画の進行管理は行政組織である庁内推進本部等や住民等で構成される市民推進会議が担当することになる。以下にあげるような成果評価の設定が重要なのであるが、その際の視点として、計画の実施に伴う実効的成果指標（アウトカム指標）を明らかにすることが必要である。

評価の問題として測定基準をどのように明確にするのかといったことがある。そこで、数値化できるものは数値化することが求められる。それは量的評価と質的評価の両面で必要とされる。コンピテンシーレベルに属する事項も多くあり、文章表記して評価することになる。

また、多様な観点に立って評価を実施する必要があり、そのことは多様な成果指標を設定することにつながる。具体的には、ポートフォリオ評価、パフォーマンス評価、ルーブリック評価やSWOT分析といった手法が考えられねばならない。こういった評価法のもとに、自己分析や行政内分析を行い、住民等が第三者分析できる体制を作り上げることになる。

そこで問題になることは、地域総合計画の進行管理との整合性であり、評価後の責任説明の問題として説明責任をどれだけ果たす体制ができているのか、達成できた成果、少し不十分だった成果、達成できなかった成果等について「省察」的に評価することが重要であって、「できた」「できなかった」ではなく、「なぜできたのか」「なぜできなかったか」という評価に立ったプロセスを振り返ることが問われるのである。

（1）　松下圭一・西尾勝・新藤宗幸編『岩波講座自治体の構想3　政策』岩波書店、二〇〇二年、一〇頁。
（2）　『市町村の総合計画のマネジメントに関する調査研究報告書』東京市町村自治調査会、二〇一三年、七頁。
（3）　日本生涯教育学会が設置した生涯学習振興ガイドラインモデル開発検討委員会での会合（二〇〇九年）において、山本恒夫氏が提示されて研究対象にあがったものにロジック・モデルの概念があるので参照されたい。
（4）　一條義治『これからの総合計画―人口減少時代での考え方・つくり方』イマジン出版、二〇一三年や前山総一郎『コミュニティ自治の理論と実践』東京法令出版、二〇〇九年など多数ある。
（5）　注4・一條、四二―六三頁、注4・前山、二〇一―二一一頁参照。

# 第10章　地域生涯学習と市民活動

## 1　地域生涯学習の役割と市民公益活動

ボランティア活動の意義が、教育・学習のなかで指摘されて久しい。もちろん戦後のことであるが、学校での課外活動として学習指導要領で位置づけられている「特別活動」では、生徒会活動や学校行事の「勤労生産・奉仕的行事」においてボランティアについて学習することが求められている。社会教育においても奨励されてきた学習課題であり、臨教審以降の生涯学習のフレームのなかで積極的に取り上げられ、一九九二年の生涯学習審議会答申をはじめいくつかの答申で重要課題として指摘されてきた事項である。

二一世紀がボランティア社会だと指摘されるのは、ボランティア活動の趣旨や目的をふまえた活動の有用性があるが、加えて少子高齢化、国際化、情報化への対応という我が国の課題、さらに地域社会におけるコミュニティの崩壊という現状に直面しているという危機感から、その解決策の一つとして非営利で公益的な特性をもった市民活動に対する社会的要請があってボランティア活動が奨励されているという背景がある。

こうした奨励もあって、社会全体に急速にボランティア活動が拡大した。本書で取り上げている市民協働を広げていくには、当事者である市民の役割が重要であり、その資質の向上が望まれるが、成人教育はその手法が実践的なものであるところから、地域生涯学習の柱の一つとされるボランティア学習の機会に対する期待がある。

ボランティアやボランティア活動の趣旨や目的は、基本的には人々の自立的・主体的な活動に基づく公共性のある自己実現にあり、人間が所有しうる能力の全人的なサービスの提供によって他者を援助し、社会貢献に至るものといえよう。

我が国にあっては、こうしたボランティアやボランティア活動に対する社会的要求に応えられるような高学歴社会がすでに存在し、知的財産の蓄積があるだけでなく、社会的関心の高揚という背景もある。

ボランティアという考え方やそれに依拠する価値観や活動原理は、多面的、多元的な内容で構成されており、ファジー概念に近い特性があるところから、近年のボランティアに対する国民の理解や評価の変化もあって、ボランティアやボランティア活動を総括的に概念定義することが困難になってきている。こうしたことから、用語の使い方で理解が違っていたり、ボランティアの解釈を巡って異なる意見で論じられることもある(1)。

この語彙の解釈については、今後、研究者の間で検討することが必要であると考えるが、概念そのものが成熟していない現状においては、一定の時間的経過を必要とするだろう。

近年、ボランティアやボランティア活動と地域生涯学習との関係が重視されるようになり、一九七〇年代後半から「ボランティア学習」という用語が使われ始め(2)、また生涯学習理論の発達もあって、重要な研究領域になりつつある。こうした研究の進展があるがゆえに、研究者や関係者によって日本ボランティア学習協会などが設立されたのであろう(3)。

ボランティアやボランティア活動と地域生涯学習との関係性に着目する問題発想の基盤は、生涯学習社会を背景にしてボランティアを学習者の視点から捉え、その活動の事例分析をとおして学習主体の形成過程を学習論的、教育論的に追究することにある。

生涯学習の視点に立った臨床的研究として、実際のボランティア活動の事例分析をとおして、ボランティア活動における地域生涯学習について考察することは、新しいボランティア概念の構築という研究課題に発展する路程となると考えている。

## 2　生涯学習審議会答申でのボランティア

### 一　生涯学習と市民活動

ボランティアという概念が、我が国では未だ国民の間で共通理解に達していないという指摘をしたが、生涯学習という概念についても、ファジー概念で構成されているという特性があることから、その概念規定が明確でなく、用語の解釈も多岐にわたっている。

従前は、一九九〇年の中央教育審議会答申にみられるように、社会教育、学校教育、家庭教育や企業内教育訓練・職業訓練だけでなく、スポーツ活動、文化活動、趣味、レクリエーション活動、ボランティア活動などのなかで行われる学習活動を、人々の生涯学習の対象として理解してきた面がある(4)。

一九九〇年頃の生涯学習についての国民の理解は、習い事や学級・講座を中心とした教養活動、文化・スポーツ活動や余暇活動などに取り組むことであり、社会教育のような公的教育事業や民間教育事業において、こうした教育・学習が奨励されたこともあり、学習することが自体が目的であるような生涯学習が推進された。

「第一ステージの生涯学習」期と呼ぶべきこの段階では、学習環境面で有利な条件を持つ人々が中心となり、教育、

表10-1　ステージでみる生涯学習の発展

| 段階<br>学習 | 第1ステージ | 第2ステージ | 第3ステージ |
|---|---|---|---|
| 学習目的や学習傾向の類型 | 自己充足型<br>自己満足型 | 自立志向型<br>社会関心型 | 自己実現型<br>社会参画型 |
| 学習の対象や領域 | 行政や地域社会から提供された課題 | 生活課題や地域課題など | 生活課題や地域課題、広域的な社会の課題 |
| | 教育、教養、文化、趣味、娯楽、スポーツなど | | |
| 学習の形態や方法 | 個人中心の個別学習 | 個別学習、相互学習、共同学習（連携と協力） | 個別学習、相互学習、協同学習を軸にした総合学習（協働） |

出典：筆者作成。『21世紀の宝　生涯学習』澪標、2001年、38頁。

教養、文化、趣味、娯楽、スポーツなどの領域の学習を目的とした個人学習が中心であり、自己充足型、自己満足型の学習傾向が強いと考えられる(5)。

人々の学習機会も、学習者や学習活動に対する援助がない限り、学歴社会の弊害があらわれたり、学習者の属性との関係によって学習機会が規定されるという現実を招き、人々の学習権の不平等を生むという問題が内在した。つまり人々の学習権の生涯保障という、生涯学習の根本的な視点が欠落するという問題が潜んでいたのである(6)。しかも、教養や文化を中心としたプログラムを、行政が提供することによって学習機会が成立する傾向にあり、国民の自立的・主体的な学習が充分に組織されることがなかった。

しかし、一九九〇年代中頃から、生涯学習の場に参加する学習者の所属や学習動機などに変化があらわれた(7)。急激な社会の変化と、それに伴う生活規範の見直しのなかで、国民は社会や日常生活に関わるあらゆる領域での学習の必要性を自覚したからである。その結果、従前とは異なる領域の学習要求や学習需要が生じただけでなく、「学習」という概念自体が変化し、学習者自身の質も変容していったように思われる。

我が国の生涯学習は、学習者の要求課題を軸とした学習領域に向かう学習が主流となり、「第二ステージの生涯学習」期に移行したと考えるべきであろう。[8]それは生涯学習社会が必要とする、すべての人々の学習権の獲得につながる、「学習」概念のパラダイム転換として把握すべき変化であった。

この指摘は、全国の自治体や市民活動での学習活動の内容をみれば明瞭である。[9]この時期の学習プログラムは、生活課題や地域課題を積極的に取り上げている。例えば、一九九〇年代後半においては介護保険についての学習需要が強まり、また二一世紀初頭には社会的要求から各地でＩＴ講習会が開催され、自治体はその対応に追われた。

学習形態も個人学習や個別学習だけでなく、人々の連携と協力を旨とする相互学習や共同学習が重要視されるようになり、ワークショップの手法も急速に広がり、学習類型で分類するならば、自立志向型、社会関心型の学習社会が成立したのである。このような人々の学習需要のトレンドを、社会形成論的視点に立って考察するならば、学習類型も社会参画型、自己実現型に移行することが予測された。[10]それを「第三ステージの生涯学習」期と考えるならば、国民の学習要求は、生活課題や地域課題を求めるだけでなく、広域的な社会課題を含んだ学習が、総合的に、かつコラボレイティブな展開を示すことになってきたのである。

ところで、我が国における生涯学習の考え方の導入と、学習需要のトレンドの変化にはいくつかの要因があるが、その一つが地方分権社会の実現である。

地方分権社会を実現するにあたっては、住民自治が分担できる自覚的な市民層を必要とするが、日本の学校のように他律的な面が強い教育環境のなかで保護、育成され、行政依存の強い社会風土の中で暮らしてきたこの国の人々にとって、西欧社会にみられるような個人を主体（self-initiative）とする市民意識は充分に形成されていないと考える。それゆえに、地方分権を基盤とした民主主義社会の形成に向かう市民力（citizen-initiative：成人力）の育成を、生涯学習が有する学習性（教育的機能）に求める社会的要求が存在した。つまり、自覚と責任のある権利主体としての市民を育成するための社会機能として、「学習」を必要とし、この意味においてこそ生涯学習概念の現代的理解が可能となると考える。

参画型市民社会を展望するとき、コミュニティに関わるサービスについては、行政から市民への権限委譲が促進されるべきであり、社会的責任として、権限委譲されたサービスを市民が担っていけるだけのシステムが準備されていることが前提となる。それには社会全体が「自立し、参加する市民」を育て、非営利な市民公益活動を組織していることが不可欠であり、ここに生涯学習の最大の役割があるといっても過言ではないだろう。このような視点に立つと、生涯学習概念と市民活動とは極めて密接な関係にあると考えられる。これに地域生涯学習というパラダイムを与えることにより、生涯学習が有する学習性という機能に対する期待が生まれる。

## 二　生涯学習審議会答申とボランティア

これまでボランティアやボランティア活動について言及した答申はいくつかあるが、生涯学習との関わりの中で、ボランティア活動を重要な課題として示した一九九二年七月の生涯学習審議会答申について考えてみたい(11)。

同答申は、これまでの経緯をふまえて生涯学習の必要性などについて述べるとともに、「社会人を対象としたリカレント教育の推進」「ボランティア活動の支援・推進」「青少年の学校外活動の充実」「現代的課題に対する学習機会の充実」の四点を、当面、重点的に充実・振興方策を考えるべき課題としてあげている。

特に第二章「ボランティア活動の支援・推進について」のなかでは、「生涯学習は、人々が、自発的意思に基づいて生涯にわたって行うことを基本とするもので、意図的・組織的な学習活動として行われるだけでなく、人々のさまざまな活動の中でも行われるものであり、幅広い範囲にわたっている」とし、「ボランティア活動は、個人の自由意思に基づき、その技能や時間等を進んで提供し、社会に貢献すること」であると述べた後に、生涯学習とボランティア活動との関連について、次の三つの視点を示している。

「第一は、ボランティア活動そのものが自己開発、自己実現につながる生涯学習となるという視点、第二は、ボランティア活動を行うために必要な知識・技術を習得するための学習としての生涯学習があり、学習の成果を生かし、深める実践としてのボランティア活動があるという視点、第三は、人々の生涯学習を支援するボランティア活動によって、生涯学習の振興が一層図られるという視点である。」

これからの生涯学習振興方策を明確にしたと評価される同答申が、「ボランティア活動の支援・推進について」示した考え方は、今後の我が国のボランティア活動のあり方を問う上で重要な指摘である。次に答申が指摘した三つの視点から、ボランティア活動と生涯学習の関係について考えていくことにする。

第一の視点であるが、答申はボランティア活動と生涯学習の関係を極めて明確に示している。つまりボランティア活動と生涯学習を機能面から理解し、ボランティア活動は生涯学習そのものであるとしている点である。これはボランティア活動の基本的原理とも重なる重要な認識として理解する必要がある。

第二の視点は、ボランティア活動を行うための資質や能力開発としての生涯学習、及び学習成果の社会還元が実現できるボランティア活動の指摘である。

第三の視点は、生涯学習支援に立ったボランティア活動が、今後の展開として新しい学習需要を生むところから、生涯学習そのものの進展に期待が寄せられている。

答申は、「これら三つの視点は、実際の諸活動の上で相互に関連するものである」とし、次に「ボランティア活動は、このように、生涯学習との密接な関連を有するとともに、その活動は、現代社会における諸課題を背景として行われるものであることから、豊かで活力のある社会を築き、生涯学習社会の形成を進める上で重要な役割を持つ」と述べ、さらに「そのため、あらゆる層の人々が学習の成果をボランティア活動の中で生かすことができる環境の整備を図ることが必要である」として生涯学習の役割を強調し、ボランティア活動が積極的に展開されるような環境整備を期待している。

ところで、三つの視点をふまえた「ボランティア活動と生涯学習の密接な関連」について、具体的にどのようなボランティア活動が展開されているのか、そこに「学習」がどのように機能しているのか、またその成果がどのような形で「学習」と結びついているのかについて、充分に検証してみる必要があろう。

答申で示された三つの視点は、実際のボランティア参加者を想定して、参加希望者の動機、学習機会や学習成果との関係を考察し、生涯学習とボランティア活動について言及したものと思われるが、特に第二の視点及び第三の視点を中心に、ボランティアやボランティア活動の特徴については、次章で検討したいと考える。こうした検討により、ボランティア活動における「学習」の意味が明確になり、生涯学習との関係が自ずからみえてくると思われるからである。前述の生涯学習審議会答申をふまえると、「生涯学習ボランティアとは、ボランティア活動を行うために必要な知識・技術を習得するための学習活動を行い、人々の生涯学習を支援するボランティアである」[12]という解釈になることを示しておきたい。

（1）ボランティアの原則で一番問題になるのは「無償性」の問題である。日本の従来からの無償奉仕型の活動と、ＮＰＯなどの公益市民活動などとの概念整理が充分に示されていないからである。
（2）池田幸也・長沼豊編著『ボランティア学習—総合的な学習の時間のすすめ方』清水書院、二〇〇二年、二二頁。
（3）一九九八年に設立された日本ボランティア学習協会（学会）などがある。
（4）中央教育審議会答申「生涯学習の基盤整備について」文部省、一九九〇年。
（5）今西幸蔵『21世紀の宝・生涯学習—市民社会へのパスポート』澪標、二〇〇一年、三七-三八頁。
（6）同前・七八-七九頁。
（7）「入館者の属性から見た学習機会の提供のあり方（報告）」大阪府立文化情報センター、一九九四年。
（8）注5・三八-四一頁。
（9）日立市「ひたち生き生き百年塾」では、福祉の向上、青少年の育成、産業の振興、コミュニティづくりなどを同市の生涯学習の課題として示した。
（10）注5・三八頁。
（11）生涯学習審議会答申「今後の社会の動向に対応した生涯学習の振興方策について」生涯学習審議会、一九九二年。
（12）今西幸蔵「生涯学習ボランティアの育成と支援に関する考察」『人間文化研究』第八号、京都学園大学人間文化学会、二〇〇二年、九三-九六頁。

# 第11章　学習ボランティア活動

## 1　ボランティアの類型

### 一　ボランティアの類型と学習目的・機会

一九九二年の生涯学習審議会答申が、生涯学習とボランティア活動について言及した骨格の部分は、ボランティア参加者や参加希望者の動機、学習機会や学習成果との関係から論述されているように思われる。

こうした理解を前提として、ボランティアが活動に参加する動機や理由、その後の活動の経緯によりボランティアの特徴を類型すると次の三タイプになるのではないだろうか。

第一のタイプは、個人が自己満足や自己充足のために継続的に行ってきた学習活動（狭義の学習）を、さらに発展させてボランティア活動に進んでいく場合である。この場合は、個人の自発的要求に基づく学習活動が、学習成果の社会還元の過程をとおして生活課題や地域課題と結びつき、やがてボランティア活動に発展する。この発展過程には学習成果の評価という機能が働くことが前提となるが、ボランティア活動への参加によって得られた課題意識は、学習者にとっては次の学習目標の設定につながり、そのための学習意欲を形成する。

第二のタイプは、何らかの動機や理由により、社会参加や社会貢献を希望するボランティアが、自らの興味や関心から取り組んでいる活動に、社会参加や社会貢献につながる上で必要な知識やスキルなどの獲得を目的とした学習要求を持つようになり、そのための学習活動を行う一方で、ボランティア活動に積極的に参加し、ボランティア活動を発展させる場合である。

第三のタイプは、社会参加や社会貢献に結びつく課題に対して明確な問題意識や課題意識を持って学習活動をしている人が、その課題の解決を目的としたより高度な学習活動を行い、やがて専門的な知識やスキルを身につけてボランティアとして活動に参加する場合である。こうした人は実践活動のなかで、次の新たな課題を設定していくことになる。

これら三つのタイプの人々は、普通に善意のある人々がボランティア活動に参加する動機や理由とは別の意味で、学習行動を動機づけ、学習活動、実践活動が相互に作用していることから、ボランティア活動をとおして、循環型の人間形成活動（広義の学習）を展開していると理解すべきであり、総称して学習ボランティア（生涯学習ボランティアと称する場合もある）と呼ぶ。

類型の視点から、ボランティアが必要とする「学習」について考えた場合、ボランティア活動に直接的に効果が期待される知識やスキルの習得を中心とした「学習」もあれば、教養、文化活動や趣味等にみられるように、当初はボランティア活動に直接結びつくものではない「学習」もある。類型の第二や第三のタイプのように、学習者が当初から学習成果の社会還元を目的としている「学習」はいうまでもなく、第一のタイプの場合でも、結果として学習成果の社会還元が行われることになる。

こうしてボランティア活動と学習の関係をみるとき、「ボランティア活動そのものが自己開発、自己実現につながる生涯学習となる」とする生涯学習審議会の答申の指摘が充分に理解できる(1)。つまり、ボランティア活動と生涯学習は、密接な関連を有するというだけでなく、その本質的な部分において狭義の学習と相互補完関係を保ちつつ、循環型の人間形成活動に至るものと考えられる。この意味において、ボランティア活動はまさしく「学習」そのものであり、生涯学習社会が求める主体的・自律的な市民を育成する実践的な学習機会と考えるべきである。逆に、生涯学習の視点に立って論じるならば、ボランティア活動などの非営利な市民公益活動こそ、実は生涯学習を必要とする理由があるということになる。

## 二　ボランティア活動にみる学習性

我が国においては、ボランティアという用語の使用は、一九六〇年頃から急速に広がったとされるが、[2]当初、国民によってボランティア活動が評価され、社会奉仕として積極的に取り組まれたのは福祉領域であった。社会福祉協議会などの団体は、自治体と協力・連携し、支援を受けつつ、主体的な事業としてボランティアを育成、組織し、その活動の場を提供してきた。こうした先導的な取り組みがあったからこそ、国民はボランティアやボランティア活動を知ることができたのであるが、近年では、ボランティア活動の領域も多様化し、福祉以外の領域に拡大してきている。

ボランティア活動の領域について、特に活動の「学習」性に着目して、生涯学習の目的別観点から領域分類した。これについては、いくつかの先行研究があるが、[3]本研究ではボランティアが活動上必要とする学習領域を五つに分類した。

(1)　福祉、環境、健康や安全、人権、男女共同参画などの領域で、地域課題や社会課題に関わる学習を必要とするボランティア活動

(2)　地域学校協働活動、文化活動、国際理解活動などの領域で、個人の自己実現に関わる学習を必要とするボランティア活動
(3)　まちづくり、地域活動などの領域で、コミュニティ形成に関わる学習を必要とするボランティア活動
(4)　教育、啓発などの領域で、市民の責任と社会参加に関わる学習を必要とするボランティア活動
(5)　その他のボランティア活動

次に、具体的な活動事例を説明することにより、ボランティア活動と「学習」の関係を明らかにしたい。

## 三　福祉ボランティア・環境ボランティアの活動

ボランティア活動への参加の動機を考えるとき、多くは個人の社会参加や社会貢献への願望が契機となっていると思われる。最初に、「地域課題や社会課題に関わる学習」を必要とするボランティア活動について、大阪府堺市社会福祉協議会が運営する「ボランティア情報センター」「ボランティアビューロー」の活動事例から考えてみよう(4)。

「ボランティア情報センター」が主催する事業は、①ボランティア活動情報や生活支援情報の収集と提供、②総合ボランティア情報の提供、③福祉啓発講演会の開催、④情報誌の発行、⑤印刷機など福祉活動器材や図書などの貸出、⑥ボランティア保険の受付、⑦ボランティア体験プログラムの実施、⑧福祉ボランティア基金の造成、⑨災害時のボランティア登録等となっている。「ボランティアビューロー」においては、①ボランティア相談、②ボランティア個人登録、③ボランティアグループ登録等が行われている。堺市では、福祉ボランティアを希望する人は、こうしたボランティア情報機関で情報提供を受けることにより、次に実際の活動場所とアクセスすることができる。

またボランティア希望者とボランティア依頼者との間に存在する需要と供給の関係を調整する過程で、情報を媒介としたボランティア相談が実施されている。

相談業務については、主にボランティア・コーディネーターがその役割を担っているが、ボランティア希望者の特性に配慮しながら、ボランティア依頼者との間をつなぐボランティア・コーディネーターの役割は重要である[(5)]。

福祉ボランティアのような活動では、ボランティアがサービスを提供することによって得られるものは、個人にとっての自己実現だけではない。ボランティア・サービスの提供を受けた人との関わりによる相互学習の機会が獲得できる。異年齢間の交流が実現し、「やって良かった」という感動が、ボランティアを支え、成長させる。

また福祉ボランティアのように、社会奉仕的な考え方や使命感をもった活動は社会的意義が大きいが、実際には福祉活動に携わる知識や技量を必要とする。個々のボランティアにとって、各人の学習歴はさまざまであるが、個人がもつキャリアに応じて、必要とする知識やスキルが獲得できる学習機会が準備されている必要がある。堺市の「ボランティア情報センター」「ボランティアビューロー」だけでなく、各地でボランティア希望者の資質の向上をめざす講座が開設されているが、こうした学習機会の保障こそ、行政がボランティア支援の一環として取り組むべき重要な課題である。

なお、学校教育における「ボランティア活動等社会奉仕体験活動等を全員が行うようにする」ということも[(6)]、ここでいう学習機会の保障という観点と同じように理解すべきではないかと考える。

次に環境問題に取り組むボランティアについて考えてみよう。環境問題への取り組みは、ボランティア活動のなかでも特にニーズの高いものの一つであるが、ボランティア自身が自分の生活を省察することによって、はじめて自覚的に理解できる問題であるところに特徴があるため、個人の「学習」の拡大と深化によって、ボランティア活動は社会課題として大きく発展する可能性がある。

現実に環境ボランティアの多くは、まず日常的に自然環境の保全に取り組んでいるが、自覚的、積極的な環境問題学習をとおして、ボランティアとしての活動領域を発展させることができる。例えば、消費生活を改善していくことへの援助、フリーマーケット等のリサイクル活動、エコライフへの取り組みなど、生活者の視点に立った活動が展開できる。それが地域課題としての理解にとどまらず、社会課題として発展した場合、ＮＧＯなどの国際的な環境保護運動につながり、グローバルな質のものを形成する。

こうしたボランティア活動の広がりの背景にも、「学習」機能が強く働いている。個々のボランティアにおいて、問題意識の認識、具体的な行動の検討、試行的な実践、その評価、さらに新しいステップとしての実践への構想といった学習過程が存在し、明確な目的をもった社会活動として具現化される。

環境ボランティアの活動の背景には、地球破壊の現実を知った人々が、荒んだ自然を人間らしい生活の場に作りかえようとする「意志」が働いている。この「意志」は、公共性や社会性を超えた自己実現として、人々の意識や行動を変革させる「学習」を生み出していく。

環境ボランティアが、日常生活の根底にある「消費」に対する価値観を変換させていくところに、「学習」の拡大と深化というダイナミズムがあるが、その変革の意志は、社会経済体制を作りかえる可能性を持つものである。「資本」の論理で構築された社会を、循環型の環境経済社会へと変貌させていく原動力になるのではないかと思われる。

## 四　地域学校協働ボランティアの活動

次に、個人の自己実現に関わる学習を必要とするボランティア活動を基盤としながら、社会参加や社会貢献を目的とするボランティア活動について考えてみよう。

地域学校協働活動、文化活動、国際理解活動などの領域のボランティア活動がこれに該当するが、ここでは特に地域学校協働活動に取り組むボランティア（以下、地域学校協働ボランティア）を取り上げる。二〇一五年の中教審答申である「地域学校協働答申（通称）」において、学校と地域のパートナーシップの構築による新しい時代の教育、地方創生の実現が直近の課題とされた。これまでも、この課題の解決に向けた学社連携の取り組みや学社融合を実践している事例、学校を拠点にコミュニティ組織を結成した事例があり、地域教育連絡協議会、学校支援地域本部や学校評議員制度などの取り組みが進められてきた。今回の地域学校協働答申において特に重点化されているのは、「地域学校協働本部」の実現であり、地域社会の組織が学校と協働関係を結び、地域形成の一環として位置づけられる活動である。この成否が問われるが、地域コーディネーターと、この活動に取り組む学校支援ボランティアなどの地域学校協働ボランティアの役割は重要である。多くの地域住民の多様で継続的な活動が求められており、放課後活動等への学校支援ボランティア活動が中心となる。

こうした形のボランティアが求められるのも、保護者や地域住民が児童や生徒をサポートすることで教育的効果が高まるという点にある。

学校支援ボランティア活動の事例を紹介すると、学校で草花の栽培法を教えたり、珍しい楽器の演奏法を示したり、本の読み聞かせをしたり、水泳指導のインストラクターの役割を担ったり、伝承的な遊びを教える。またボランティア自身の人生経験や生き方などを子どもたちに伝えたりしている。

ところで、地域学校協働ボランティア活動と「学習」の関係はどうなのだろうか。ボランティアを提供する人は、能力や資質、あるいは人間性や行動力に高い質が必要とされる。そこで、ボランティアを行うための事前学習が求められる。

近年では経済産業省が推進するキャリア・コミュニケーターのように[7]、学校教育制度、教育課程論、生徒指導論などを学習したり、児童・生徒とのコミュニケート能力を育成する研修を受講した後に、学校支援活動に参加するボランティアもいる。特に地域コーディネーターには専門的な知識とスキルの習得が望まれる。

地域学校協働ボランティアには、次のような「学習」成果が得られると考える。

(1)　子どもたちの現状と課題が何であるかが理解できる。
(2)　学校役割や現実の課題が何であるかが理解できる。
(3)　教員との人間関係を形成することができる。
(4)　「開かれた学校づくり」に寄与できる。
(5)　多くの人々との出会いと交流が期待できる。
(6)　自分が持つ能力や資質が発揮できることにより自分自身のありようについて自覚できる。
(7)　新しい能力や資質を開発することにより人間としての発達が期待できる。

地域学校協働ボランティア活動は、学校支援ボランティアや活動を運営する地域コーディネーター、活動の関係者だけでなく、学校や児童・生徒にも学習機会を与えることになる。そこで学校は、地域学校協働本部への対応をとおして、学校の説明責任をどう果たしていくのかという課題が明確になる。また、重要課題である地域と学校の連携のあり方を探る貴重な学習機会となる。

児童・生徒は自分たちを援助してくれる大人と接して、「ボランティアとは何か」ということを考える貴重な学習経験になる。また、最近では大学生による学校支援ボランティア活動が盛んになってきているが[8]、子どもと成人の中間的立場にいる大学生は、学校生活を子どもとともに送ることにより、その活動から多くのことを学び、自分自身が社会人であることの自己認識を得る手がかりとなる。

このように、学校支援ボランティアは質の高い学習活動を形成することができ、それは個人の学習成果の活用にとどまらず、コミュニティ形成への参加を可能とする学習活動として位置づけられるものなのである。

## 五　生涯学習まちづくりボランティアの活動

全国各地で、コミュニティ形成に積極的に取り組んでいるボランティアたちがいる。その一つが生涯学習まちづくりボランティアである。生涯学習の目的の一つがコミュニティ形成にあるところから、臨時教育審議会の第三次答申で、「生涯学習を進めるまちづくり」という課題が提起された[9]。現在では一四〇近くになる生涯学習宣言都市が誕生し、また一九八八年から一九九三年に至る五年間に、当時の文部省は「生涯学習モデル市町村事業」を実施し、五七九の市町村がこれに参加して生涯学習の基盤整備に努めた。

次に、一九八八年に生涯学習都市宣言をした亀岡市のまちづくりの事例から、生涯学習を基盤とした市民活動を展開しているまちづくりボランティアを紹介しよう。

亀岡市は、生涯学習都市宣言を契機に、文化や教養活動を中心とした「自己充足型」「自己満足型」の第一ステージの生涯学習から、市民が生活課題や地域課題に取り組む「自立志向型」「社会関心型」の生涯学習施策を掲げ、第二ステージの生涯学習に転換した。「生涯学習を通してまちづくりを進める」という基本方針のもとに、同市は行政セクターが行うあらゆる事業を、生涯学習の対象や領域とした。さらに市の総合計画の中核理念に生涯学習を掲げ、市の行政施策を五分野二六施策からなる大綱として位置づけた。同市の各セクターがそれぞれの事業において学習機能を働かせることによって、公共性を高めることを目的とする生涯学習を統合理念としたのである。(10) このように、生涯学習の対象や領域が全行政施策に及び、市のあらゆる行政サービスに生涯学習の考え方が盛り込まれたが、このことは市民活動にも強い影響を与えた。亀岡市の生涯学習は、当初は行政からの誘動性が強いものであったが、市民団体の育成と活動の組織化が進められた。例えば一九九六年度に同市の女性政策課は女性政策プラン「ゆう・あいプラン」を策定し、まちづくりを進める女性リーダーの育成を行っている。(11) いわば市民活動育成の行政支援であるが、こうした施策のなかで誕生した市民グループの一つである「ＫＩＴＹ」は、その後、リサイクルを視点にしたフリーマーケットや子育て支援活動などを続け、亀岡市のまちづくりに貢献している。このグループの人々は、女性としての自立を学ぶところから問題を設定し、人間としての自立を獲得できるエンパワーメントのあり方を、学習活動とボランティア活動のなかで追究したのである。

このような人たちが、生涯学習まちづくりボランティアとして市民活動の指導者となり、多くの人々の自立的・主体的な参加による学習活動と交流活動を進めている。

## 六　児童・生徒による学校教育ボランティアの活動

すでにイギリスではシチズンシップ教育が広がり、アメリカではサービスラーニングが学校の教育課程に位置づけられて久しい。我が国をみると、二〇〇〇年一二月、教育改革国民会議は「教育を変える17の提案」をしたが、その具体化を図るため、二〇〇一年七月には学校教育法第一八条や社会教育法第五条などが改正された。

「学校教育におけるボランティア活動など社会奉仕体験活動、自然体験活動その他の体験活動の充実」が求められたが、その趣旨の一つが、学校教育におけるボランティア活動の推進にあることは間違いなかろう。すでに学習指導要領の「特別活動」では、「勤労生産・奉仕的行事」の項目で「ボランティア活動など社会奉仕の精神を養う体験が得られるような活動を行うこと」(12)とされており、法改正によって、ボランティア活動が「社会奉仕体験活動」の一部として位置づけられたため、学校教育や社会教育の現場は「奉仕活動の義務化」という問題に突き当たらざるを得なくなった。

そこには「社会奉仕」や「ボランティア活動」などの概念解釈の問題がある。従前、非自発的な意思や自己犠牲的な意識を伴った活動も「社会奉仕」(13)として理解されてきたが、ボランティアが本来有してる自発性・自主性に基づく活動との整合性が問われている。

学校教育におけるボランティア活動などの体験活動については、文部科学省が行った概念整理とそれに伴う問題が、すでに永井順國らによって報告されている(14)。今後は、これに「コミュニティサービス」についての考え方も含め、新しい概念理解を図っていく必要があるだろう。

ところで、すべての児童・生徒を対象にするものではないが、全国のほとんどの学校の教育課程において、児童・生徒によるボランティア活動が実施されている。

例えば、学校周辺の清掃活動や植樹など、環境美化運動につながる活動を進めている高等学校がある。この清掃活動は、道路だけでなく学校の近くの河原にも及ぶが、こうした活動は、参加している高校生にとって、勤労の意義を理解する貴重な学習機会となる。ゴミや不用物などの廃棄物の収集と処理という作業があるが、それらを学校に持ち帰って、何が捨てられているのか、そこにはどういう問題があるのか、それを解決するにはどうすればよいのかを高校生たちは学習する。消費社会の一端を理解することをとおして、彼らは自分たちが何をなすべきかという、問題解決能力を育成する。植樹活動にしても同様で、植え付けとその後の水やりといった勤労的活動を続けるだけでなく、まずどのような木を植えるのかということを議論し、観察記録を綴り、生長した木に野鳥の巣箱などを取り付けてビオトープについて学習する。

## 2　ボランティア活動にみる学習性

全国的には、多くの高校生ボランティアの活動事例があるが、こうした事例をみると、高校生はボランティア活動をとおして、全人的な「学習」を展開していることがわかる。教育現場でのボランティア活動は、知識的・技術的な活動と実践的な活動とが結合して、学習能力を総合化する学習形態の一つとして機能しているのである。学校でのボランティア活動は、教育の一環として他律的に実施されている面が強いが、児童・生徒にとっては、ボランティア活動は仲間づくりであり、ボランティアとは何か、ボランティア活動をどのように進めていくべきかを体験的に学習する機会となる。

そうした学習のなかで、彼らは人間としての自覚と責任について考えることができ、社会参加の意味を知ることが可能となる。社会参加の意義を学ぶことで、個人の内面において自発性・自主性が形成されるのである。つまり、ボランティア活動について学ぶことは、人間が社会的行動を形成するに至るまでの、意思形成の学習機会となる。

特に次世代については、学校教育の時期にボランティアとは何かを学ばせる機会の設定が必要であり、このことは奉仕活動を全員で行うようにするという法改正の考え方と整合する。必要課題としての学習として位置づけられることが望ましいと思うのである。ここで留意すべき点は、ボランティア活動はペダゴジーの段階にある児童・生徒を対象としたものであり、成人がその自己責任において展開しているボランティア活動と、必ずしも同一の次元で捉えられるものではないということである。まだ市民として未成熟な若者に必要な学習として理解すべきことである。

ところで、成人一般のボランティア活動についてはどうなのだろうか。ボランティアに必要とされる地域での「学習」について、何をどう学ぶかは、本来的には個人の自主性・自発性に委ねるべきであろう。しかし、「市民の責任と社会参加」につながる学習は、あらゆるボランティアが必要とするものであり、市民意識の自己啓発の必要性を考慮するならば、生涯学習体系の中で「市民の責任と社会参加」をめざす学習が明確に位置づけられる必要がある。それは、ボランティアが社会の共同生活において不可欠な存在になりつつあるからであり、「市民の責任と社会参加」の意義を自覚し、体験的に学習できるカリキュラムが、社会全体に体系的な学習プログラムとして存在し、機能していることが望ましい。

この学習プログラムへの参加が、個人の自由意思に基づかねばならないことは、生涯学習の原理に照らしても当然であるが、市民に対する学習機会への誘動もまた重要な課題である。こうして考えるとき、市民活動を育成する生涯学習は市民社会に不可欠な社会機能として認識され、この点にこそ、生涯学習の目的が存在するのである。

増え続ける地域課題や住民の多様なニーズに対して、生涯学習施策を実施することによって問題の解決をめざそうとする自治体が少なからず存在する。(15) ハード面を中心とした政策からソフト面を重視した政策への転換があるが、「工夫」と「創造」という人間の知恵に関わる部分が重視される気運が生じてきたことは望ましいことであろう。

一九八五年からの四次にわたる臨教審答申により、日本の国家形成の基本概念として導入された生涯学習概念であるが、その後約三〇年を経て、ようやくその原理が機能してきたと考えるべきである。生涯学習の機能は、行政施策に活用されるだけでなく、本来は市民社会の形成に求められるものである。ボランティアのような自立的・主体的な市民が参加していく成熟した民主主義社会の建設こそ、生涯学習の最大目的であるといえる。

## 3　学習ボランティア活動の視点

成熟した民主主義社会について述べるならば、まず住民主権に立った住民自治の確立が重要であり、そのためには地域社会に関わるサービスを、住民自身が提供していくことが主権者の果たすべき役割であることを自覚しなければならない。国家においても、国民主権という憲法の第一義的な考え方に立って、国民が本来所有すべき主導権の獲得に努める必要がある。

地域生涯学習が必要とされるのも、自覚と責任をもった自立した権利主体としての市民を育成しなければならないからであり、成熟した市民社会をどのような形で構築していくのかについて考えるとき、今さらながら「学習」という機能の重要性に気づく。

本章を終えるにあたって二つの観点を考えている。第一の観点は、ボランティア活動とは、生涯学習の視点に立った「学習」そのものであること。換言するならば、ボランティア活動は学習形態の一つであるという考え方である。第二の観点は、地域における生涯学習の目的の一つが、ボランティア活動などの公益的な市民活動の育成にあるという考え方である。もちろん、それはコミュニティ形成という課題につながる。

こうした観点をふまえて、ボランティアの主体性の獲得を「学習」概念として、またボランティア活動の本質を

「学習」活動として理解し、その性格づけを行うならば、ボランティア活動とは次のようになる。

(1) 市民の自己責任として、自主的・自発的に参加すべき活動であること。
(2) 国家や社会などの共同体の質を向上させるための公共性をもつ活動であること。
(3) 組織志向型の活動ではなく、使命志向型の活動であること。
(4) 他者との協働により、多元的な価値観を尊重する活動であること。
(5) 個人の自律性を基盤とした自己実現をめざす活動であること。
(6) 個人の生活体験を拡大し、社会的・主体的な判断力を培う活動であること。

ボランティアやボランティア活動について、「学習」という概念から理解しようとし、結論を二つの観点に集約したが、ボランティア社会の進展に伴ってボランティア活動が拡大するなかで生涯学習が果たす役割はさらに重要になってくるに相違ない。国民のニーズに見合った生涯学習体系の整備こそ、今後の重要な政策課題になるだろう。

(1) 生涯学習審議会答申「今後の社会の動向に対応した生涯学習の振興方策について」第二章一-(一)。
(2) 伊藤俊夫「社会教育におけるボランティア論」辻功・岸本幸次郎編『社会教育の方法』第一法規、一九七九年、三七-六〇頁。
(3) 上條秀元「学習ボランティアの役割と養成」『日本生涯教育学会年報』第一四号、一九九六年など。
(4) 今西幸蔵「生涯学習ボランティアを支援するシステムづくりに関する考察」『生涯学習の成果をボランティア活動に生かすための方策に関する研究』大阪女子大学生涯学習研究会、二〇〇二年、四七-四九頁。
(5) 同前・五〇-五四頁。
(6) 二〇〇二年七月二九日に、中央教育審議会答申「青少年の奉仕活動・体験活動の推進方策等について」。初等中等教育段階の青少年の学校内外における奉仕活動・体験活動の推進が取り上げられ、学校における体験活動充実のための取り組みなどの方向が示されている。
(7) (社) ユースボウルジャパンが実施する学校支援ボランティア養成講座。

(8) 今西幸藏「人間関係力をもつ」小宮山博仁・立田慶裕編著『人生を変える生涯学習の力』新評論、二〇〇四年、一五三―一五九頁。
(9) 臨時教育審議会「教育改革に関する第三次答申」第二節、一九八七年。
(10) 亀岡市「第2次亀岡市総合計画」亀岡市企画課、一九九〇年。
(11) 福留強編『生涯学習都市亀岡はいま』教育新聞社、一九九八年、一七四―一八八頁。
(12) 文部省「中学校学習指導要領」第四章「特別活動」、一九九八年。
(13) 文部科学省は省内で概念整理を検討し、ボランティア活動が個人の自発的意思に基づく活動であるのに対して、社会奉仕体験活動は自発的意思に基づく活動はもとより、非自発的意思に基づく活動も含まれるとしたことが永井順國氏によって報告されている（注14参照）。
(14) 永井順國「教育の現代的課題とボランティア学習」『ボランティア学習研究』第二号、日本ボランティア学習協会、二〇〇一年。
(15) 二〇〇〇年一月、全国生涯学習市町村協議会が結成され、生涯学習の推進に立った事業が全国各地で進められている。

# 第三編　地域社会の教育・学習の動向

# 第12章　地域形成と学習社会

## 1　「生涯学習を進めるまちづくり」の提唱

近年、我が国においては、「生涯学習」の理念はさまざまな分野で広がり、確実に浸透しつつある。中曽根康弘元首相が設置した臨時教育審議会（以下、臨教審）が「生涯学習」を提唱して三〇年余りを経るが、この間、生涯学習は急速に市民の間に定着し、具体的実践をともなった市民活動を展開させた。

行政においても、生涯学習の理念を施策に盛り込む自治体が増加してきている。[1]

生涯学習の振興は、地方においては、それがまちの活性化につながっているという事例が少なくない。これらの活動は、単なる「まちおこし」というような発想ではなく、市民が地域社会や自らの生活を改革し、自己実現に結びつける実践をしているという理解が必要である。

それでは、全国の自治体における地域形成に関わる市民による生涯学習活動、とりわけ「生涯学習まちづくり」はどのように展開しているのだろうか。

「生涯学習まちづくり」について言及し、その方向性を示したのが臨教審第三次答申である。[2] 第二節の「生涯学習の基盤整備」のところで、「生涯学習社会にふさわしい、本格的な学習基盤を形成し、地域特性を生かした魅力ある、活力ある地域づくりを進める必要がある。このため、各人の自発的な意思により、自己に適した手段・方法を自らの責任で選択するという生涯学習の基本をふまえつつ、地方が主体性を発揮しながら、まち全体で生涯学習に取り組む体制を全国に整備していく。」と述べ、「生涯学習を進めるまちづくり」が必要であると提唱した上で、そのための目標を次に示している。

ア　地域の人々が充実した生活をめざして、多様な活動を主体的に行えるような学習の場を整備する。

イ　情報化、国際化、成熟化、高齢化など時代の変化に対応した生涯学習プログラムの開発を推進する。

ウ　趣味等を生かした自発的学習活動が、社会生活のなかで生かされるような環境を整備する。

エ　教育・学習活動の一層の活性化を促すため、民間施設を含め、教育・研究・文化・スポーツ施設の相互利用を促進するとともに、各分野の人材の有効活用を図る。

オ　快適な空間やゆとりの時間を確保するなど、人々の多様な学習活動を支える社会生活基盤の整備を図る。

カ　生涯学習の多様なまちづくりを進めるため、国及び地方において、生涯学習に取り組む市区町村のなかから、特色あるものをモデル地域に指定する。

この最後の部分で、生涯学習宣言都市や生涯学習モデル市町村事業への取り組みが提起されている。

元九州女子大学教授で「NPO全国生涯学習まちづくり研究会」の代表である福留強氏は、「生涯学習まちづくり」について、まちづくりは人間形成と生活の向上に資する総合的システムであるとし、人々が自らの人間形成に資することができるようなまちにする（全人格の形成）、そこに住む人々が物心両面において豊かな生活ができる、つまり生活を向上させるために、まち全体がそのためにめざすべき総合的システムをつくる（生活の向上）という二点を示している。そして「生涯学習まちづくり」の意味は、まち全体で生涯学習ができる体制づくりであるとし、まちづくりの目標は人づくりにあるとし、さらに「まちづくりは人づくり」を究極的に捉えると、「すべての市民がそのまちで人間性を高め、全人格の完成をめざしているような状態にすること」がまちづくりであると論じている。(3)

この福留氏の論拠には、一九八一年の中教審答申「生涯教育について」において示された、「生涯教育とは自己の充実や啓発、生活の向上のために行うべきものである」という考え方がある。(4)さらに福留氏は「まちづくりの目的」と「生涯学習の目的」が一致したときに、まちづくりの手法として「生涯学習まちづくり」が有力視され、それが生涯学習宣言都市の増加につながっていったという分析をしている。(5)

文部科学省国立教育政策研究所社会教育実践研究センターの調査によると、現在、全国における「生涯学習宣言市町村」は一三三市町村にのぼることがわかっている。さらに一九八八～一九九三年の五年間に、文部省から「生涯学習モデル市町村事業」の指定を受け、生涯学習の基盤整備事業を実施した市町村数は全国で実に五七九にのぼっており、その後にこれらの市町村が生涯学習活動を中心に据えたまちづくりに取り組んでいる。(6)

こうした経緯や事情はあるが、今日の生涯学習の動きが、教育や文化を中心とした従来の範疇だけでは到底理解できない広がりをみせてきている。現状を分析し、生涯学習の概念が拡張している実態を検証することが必要である。それはまた生涯学習の新しい概念の検討につながる。

## 2　「生涯学習まちづくり」活動の進展

「生涯学習まちづくり」という視点から全国的な活動状況をみると、各地の地域生涯学習によって多くの指導者やボランティアが育成され、まちづくりのための団体・サークル活動を展開していることがわかる。

その代表的なグループに、「ＮＰＯ全国生涯学習まちづくり研究会」がある。同研究会によって認定された、まちづくりボランティアリーダーとしての「地域アニメーター」(7)が、地域の活性化、まちづくり推進のために、教育・文化・スポーツ、福祉、観光、地方自治などの領域での住民活動に積極的に参加している。「地域アニメーター」の養成講座には、一万人を超える受講生が参加しているといわれる。福留強氏は、生涯学習まちづくりには地域の住民活動と結びついたソフト面からアプローチが必要であると提唱している。(8)地方分権社会における市民活動を通して、生涯学習が果たしうる役割について考察することは、今後の生涯学習のあり方を問う意味において、極めて重要な研究課題だと考える。

同研究会の活動をみると、全国各地で「地域アニメーター」養成研修会を実施しており、研修後に受講生はそれぞれの居住地で社会貢献につながるような活動を組織している事例が多々ある。

そのうちの一つであるが、鳥取県北栄町（旧大栄町）における地域アニメーターらの活動を事例として紹介する。同町は鳥取県の中央部の日本海に面する人口約一万人の町で、二〇〇五年に旧大栄町と旧北栄町が合併してできた。生涯学習まちづくり活動については旧大栄町に組織されていた研究会が有名であるので、本書では旧大栄町中心に記述している。

旧大栄町は、農業とともに漁業も盛んであるが、一九九〇年一月に、鳥取県では四番目の「生涯学習の町」宣言を行っている。このまちが有名なのは、「名探偵コナンに会える町」というイベント性を備えた広報活動に負うところが大きい。漫画家で、『名探偵コナン』の作者である青山剛昌氏が町民である大栄町では、まちの各種イベントにコナンがキャラクターとして使われている。

大栄町の産業は基本的には農業であり、「世界スイカサミット」も開かれたぐらいの特産品である「大栄西瓜」

や長芋の生産地として、関西ではつとに有名である。大栄町の生涯学習の取り組みには参考とすべき点が多いが、特に注目すべきは「地域アニメーター」などのボランティアリーダーである町民の動きである。地域生涯学習を進める町民が、「自分たちでできるところはないか」という視点に立ち、さまざまな地域活動を行っている。大栄町の町民はそういう実践を通して、住民自治に参加している(9)。

福留氏は、こうした人々の学習活動の活性化により、草の根レベルの地域活動の活性化が進み、やがてはまちの生涯学習推進体制づくりになったと述べているが(10)、まさにその通りの展開である。これらの事例から考察できることは、現実の生涯学習の展開は、臨教審が当初に考えていた生涯学習の考え方を明らかに敷衍するものであり、それは「住民自治」と深くつながっていくという事実であろう。

## 3　行政の生涯学習化

元桜美林大学教授の瀬沼克彰氏は、市民活動を支援する役割を行政に求め、自治体の生涯学習への取り組みのプロセスを次のように構想している(11)。

まず第一期として、自治体の内部で庁内での勉強会や意識啓発を行う。これを準備期と考え、生涯学習課のような担当窓口の開設、庁内連絡会議や推進本部の設置を第二期の位置づけ期としている。第三期というのは、体制づくり期にあたり、住民代表者会議、協議会、審議会の設置であり、瀬沼氏は全国の三分の二の市町村がこのレベルまで進んでいるという。第四期は駆動期とされているが、生涯学習推進計画づくり、生涯学習センターの開設、住民参加の推進などの活動レベルを指している。さらに第五期に入ると、行政の生涯学習化といわれ、自治体が生涯学習を総合展開期に進むことになると瀬沼氏は論じている。

「行政の生涯学習化」という用語について、瀬沼氏は「専管事務として実施している行政セクション以外の他の行政目的として事務を行っているセクションに、生涯学習の視点を導入して事業を実施すること[12]」と定義している。

さらに、瀬沼氏はこの定義を説明するにあたって、当時の事情をふまえて次のような具体的事例をあげている。

「厚生省は、人々の健康の維持増進、福祉の向上ということが専管の事務である。これらの目的の推進のために、平成八（一九九六）年度体育施設の整備に九六億円、厚生福祉施設整備に二、四〇〇億円、厚生年金会館等の整備に三九四億円を予算化。一方、文部省の体育施設整備費は二五二億円。厚生行政の生涯学習化である。文部省生涯学習局の予算は六〇〇億円、厚生省、農水省、通産省など他の省庁の生涯学習化予算は約一兆円[13]。」

これは財政面からの指摘であり、「行政の生涯学習化」が進むと、教育や文化の領域はいうに及ばず、人々の社会生活に関わるすべての領域で生涯学習が展開されることになる。さらに瀬沼氏は、「総合展開期に進むことは、例外的な自治体のみで可能なことである。多くの自治体がなせることは、独自のシンボル、特徴を探し出して、それを中核にして事業化、施策化を行うことではなかろうか。シンボルとして出してくるのは、自然、経済、物産、文化財、歴史、祭りなど、いろいろとある。ここに光を当てて、優先順位をつけて、出来ること、しなければならないことに絞り込み、人、資金、エネルギーをかけていくことであろう[14]。」と述べる。

この指摘では、現状の自治体の力量をはかり、焦点化された事業や施策の展開に絞り込むことが求められている。ただし、生涯学習に対する国民的理解は、未だ十分なものとはいえない。生涯学習は、国民的コンセンサスをまだ十分に得ていない概念でもある。生涯学習の考え方が広く理解され、社会全体の価値として共有され、それが実践に結びついたとき、まさしく生涯学習の全面展開になる。

瀬沼氏も別の所で、「これまでの行政主導型の生涯学習から、住民主導型のコミュニティ活動、スポーツ活動、市民大学、助け合い運動、シルバー大学などに移っていくことは間違いないことだと思う。[15]」と述べ、生涯学習の今後の進展を予測しているように、主体的に生きようとする市民活動に向かう視点が生涯学習に不可欠であると考える。

筆者は自立した市民活動にこそ、生涯学習の目的があると考える。換言すれば、生涯学習が権利主体としての市民を育成するための社会的機能を持つという認識があるからである。それは自治体などが行政としての力量の限界性や行財政改革の負担から、市民に生涯学習の主導権を委ねるという性質のものとは異なる。

生涯学習を「成熟した活力ある社会」を担う主体としての市民を育成すべき価値として捉えるべきだと考えるからである。市民による生涯学習まちづくりや、ここでは触れなかったが、NPOやNGO等の活動を検証すれば、このことの理解を導くに違いない。各自が問題意識を持った市民が参加・参画し、それぞれが問題意識を持ち、自らの意思で自らの選択と決定を行い、活動しているのであって、決して行政に依存するような性質のものではない。

行政に求められていることは、市民の社会的・市民的要求がどこにあるのかという問題意識を持つことである。市町村の行政職員が、そういう意味での地域生涯学習に対する理解を深化させたならば、市民の生涯学習はさらに本格化に向かうに違いない。そして重要なことは、行政支援ということが、市民活動に予算や人件費を計上するということだけを意味するのではないということである。行政に求められていることは、行政そのものが本格的に生涯学習に参加することであり、それが「行政の生涯学習化」の全面展開という状況を指すのである。

## 4　住民自治を支援する行政の役割

生涯学習社会をめざす市民活動は燎原の火のごとき勢いで広がりつつある。それは憲法が定める主権者を育てる「学び」の醸成だと考えられる。社会的役割分担は何も市民だけが担うのではない。自治体もまた「行政の生涯学習化」を通して、真の「団体自治」の実現に向かう動きを活発化させている。

「行政の生涯学習化」が全面展開に向かうには、行政はどのように対処しなければならないのか、その役割について、次に四点にわたって筆者の考えるポイントを述べたい。まず第一に、行政は従来から行ってきた「縦割り行政システム」を改めて「総合行政」への視点を追究することである。「縦割り行政システム」が専門性や効率性においてすぐれたシステムであり、それなりの合理性があったことは否定できない。しかし情報化社会の到来は、行政の捉え方や事務のあり方を激変させる状況を導くものであった。

例えば、自治体において現在保有している各種の情報やノウハウが、やがて「情報」として開示されるときを考えてみよう。ネットワーク社会というのは、情報が直ちにあらゆるところに伝達するという機能を持つので、これまで自治体で蓄積されてきた情報も、コンピュータネットワーク上に載ると、直ちに求める人に共有化されるというシステム社会を指す。このことは、従来の行政システムが保持してきた有用性を確実に崩壊させる。また、市民の生涯学習を支える行政の役割を考える場合、市民が要求する行政施策の内容を理解し、問題の所在を明らかにし、効率よく解決していくには、どのような住民サービスが必要なのかという視点が行政に求められる。そうした発想に立てば、課題ごとに問題を把握し、行政施策を実施するというシステムが有効となる。つまり「総合行政」への発想の転換が要求される。

「総合行政」を進めていく上で、生涯学習の視点を導入することが極めて有効である。それは生涯学習が、縦割り行政に対して横軸機能をもつものとして捉えられ、その本質においてネットワークという機能を内包しているからである。「総合行政」を進めていくとき、自治体の内部において、あるいは他の機関との間においての連携と協力を軸としたネットワークを構築することを提言したいと考える。このことにより自治体の力量は、飛躍的に増大するものと思われる。

第二に、社会的役割分担の見直しが必要であるという点である。これは土光臨調以来の行政改革の考え方の基本でもあるが、いま求められていることは徹底した行政施策の見直しを進めることである。

まず行政としての必要課題だと判断されることは、行政自身の責任で遂行することも重要な役割分担である。しかし従来の行政サービスのなかには、市民が分担・協力可能な業務が含まれているのではないかと考えられる。例えば、市民課や警察などにおける広報活動は、市民ボランティアの方がうまくいくケースがあるのではないか。公園課の業務には、市民ができる活動がないとはいえないだろう。また福祉事業にもっと多くのボランティアの参加が可能なのではないか。これは学校での教育活動においても然りである。肥大化した学校教育を改革しようとするならば、ＰＴＡである保護者はもちろんのこと、地域社会の分担が不可欠である。各自が何を成すべきかが問われなければならない。市民に任せられることは、行政がサポートすることによって任せればよいのである。

大阪府池田市では、公募の結果、課長級職員に無給のボランティアが採用された。市民がボランティアとして役所で勤務するのである。「開かれた役所」に、役割分担しようとする市民が勤務する時代である。市民が直接に行政に参加して行政を理解することは、市民にとっても効果的な学習機会となる。

第三に、行政と市民の両者に望まれることは「行政・市民連携」を具体的に進めることである。前述したように、従来の我が国の行政と市民の関係には官僚制度に依拠する権力関係があり、この是正こそ市民社会にまず求められる。それは行政と市民が協力・連携のなかで作り上げていく性質のものであるに違いない。筆者が「行政・市民連携」を問題提起する所以はここにある。

従来の権力関係は、行政と市民が異なる位相に立つことを求めてきた。その結果、地域課題を考えるにしても、両者における問題の設定の仕方、把握の視点、解決方法に隔たりを生じさせてきた。相互の理解不足から生じた行き違いは相互不信さえ生み、結局は上位に立つ行政主導の政治が展開される要因を形成してきた。「行政・市民連携」に望まれることは、従来の行政と市民の関係を改め、両者が学びを通して共通の問題意識に立つことである。それは課題を解決していくことを通して、市民が健全な形で政治参加していくステップとして捉えるべきことである。

この流れに新しい提案をしたのが「阪神・淡路大震災」における市民ボランティア活動だった。ボランティア活動の新しい形の具体化であったし、ここで問われたことは行政と市民の間の関係性であった。重要なことは「行政・市民連携」による救援活動が誕生したという点である。「阪神・淡路大震災」でのボランティア活動は、「行政・市民連携」を進めていく上での課題が何であるかを如実に示したといえよう。

この事例から、行政職員は「行政・市民連携」を進めるときに、中心的役割を果たすのが自分たちだという自覚を持たなければならない。行政職員は我が家に戻れば「住民自治」を担う市民の一人であるという自己認識が必要であり、ボランティア市民活動への参加につながるものである。それは公務員として、全体の奉仕者としての役割を求められているということでもある。

第四に、「行政・市民連携」を進めていくためには、行政職員は市民に「届ける行政」をめざさなくてはならないということがあげられる。もちろん、それに応える能動的な自立した市民の存在が求められることはいうに及ばない。そこで、この問題について、情報提供を例にして考えてみよう。行政は従前から、さまざまな媒体を活用して多くの行政情報を提供してきている。にもかかわらず、「見なかった、知らなかった」という市民が多いのは、市民の無責任な態度であり、言い分であるという意見もあろう。

しかし、市民が要求する情報を、どれだけ問題意識を醸成する形で、具体的に伝わるような努力をしたのだろうかという疑問が残る。

確かに多くの情報は提供されてきたが、ただ、提供したというだけであるというケースが圧倒的ではないか。多くの市民は「見聞きしてはいるが、理解してこなかった」のであり、「わかる」というレベルに達していないことになる。「わかる」ということは「学ぶ」ということである。人は「学ぶ」ことにより生活を高めることができる。「わかる」ことができない情報提供では、もちろん「学ぶ」ことにつながらない。

市民が「わかろう」としないのは、その情報提供に積極的な関心が持てないからである。それは時には政治に対する無関心であったり、問題意識が形成されにくい状況におかれてきたからであり、生涯学習が必要なのは、こうした点からである。情報提供の問題一つを取り上げても、行政のあり方について検討されるべき余地があることが理解できよう。生涯学習に対する理解と関心が、行政と市民との接点を作り出すことに気づかなければならない。

次に、埼玉県八潮市の事例を説明することにより、「届ける行政」についての考え方を示していく。八潮市は埼玉県南部に位置する郊外都市である。

一九九一年に埼玉県では八潮市が最初に生涯学習都市宣言をしている。翌一九九二年には、企画部内に生涯学習都市推進室を設置し、行政をあげて市民ぐるみで「生涯学習まちづくり運動」に取り組んでいる。一九九六年には推進室が企画部から独立し、助役直轄の組織として「市民が主役推進室」が設置された。筆者は二〇〇一年から六年間、「生涯学習やしお大使」をさせていただいた。

八潮市が一九九四年から取り組んでいるのが「生涯学習まちづくり出前講座」である。出前講座というのは、市民が行政から聞きたい内容を市が提供するメニューから選択し、市の職員が講師となり、指定された場所に出向いていく事業を指す。最初のメニューは七〇であった。メニューづくりは、市庁内各課に配置されている「生涯学習推進主任」が、各課・各施設の仕事内容からポイントを選び、それをメニューにして事務局に提出することに始まる。メニュー作成のポイントは、①従来から問い合わせが多い、つまり市民が知りたいと思う内容、②是非市民に知ってほしい内容、③名称はなるべくわかりやすいものにすることにあるという。メニュー数も増え続け、一九九七年度は「市民編」「民間企業編」「公共機関・公益企業編」「教職員編」「行政編」の五部門一七六メニューに達した。一九九五年からは、メニュー表にない内容でも市民のニーズに応じて出前するという「特製メニュー」が設けられた(16)。二〇一七年四月には、四形式二二一メニューが提示されている。

八潮市の市民が主役推進室長であった当時の松澤利行氏は、出前講座の意義について、次のように述べている。

『地方分権』を考える上で最も重要なのは、住民一人一人が『自分たちのまちは、自分たちの手で』いう自治の意識を持つことといわれる。まさに、まちづくりの原点である。行政というのは元来、住民のために、また住民によって行われるべきである。進める上で、『中央』『地方』『住民』がすべて変わらないといけない。国・地方の行政が変わるのは当然だが、住民一人一人も変わり、そして責任ある参加と行動がなければならない。

責任ある参加と行動は、前提として学習が必要である。まず、民主主義社会の一員して、自分の住んでいる自治体を知らずして、参加などできようもない。人民の人民による人民のための政治は、まず住んでいるところの現状の姿や今後の課題について学び、議論を交わし、行動を起こすことにあると考える。もちろん行政も学び、行動していかなければならない。そのための機会を提供することが『生涯学習まちづくり出前講座』であり、この制度は時代の要求であろうと思う。[17]」

八潮市民は出前講座への参加を通して、市政の考え方、施策の意味、具体的な事業展開、問題点などの多くを理解したに違いない。そこには、次の参加や行動につながる学びがある。市民が行政とともに学び、ともに行動するという視点こそ、筆者がいう「行政・市民連携」なのである。

こうした状況が展開した底流には、政治に参加しようとする「市民」が存在すること、地域課題の解決に取り組む「住民活動」が根づきはじめたことがあるのに気づかなければならない。この視点をなくしては、現在進展しつつある我が国の生涯学習を理解することは、およそ困難であろう。

（1）　生涯学習宣言市町村一覧（文部科学省国立教育政策研究所社会教育実践研究センター）によると、現在一三三が宣言市町村であり、これは一九九四年四月の六一と比較すると七二市町村が増えている。
（2）　「教育改革に関する第三次答申」臨時教育審議会答申、一九八七年四月一日。
（3）　福留強編著『まちづくり人づくり』学文社、一九九七年、五頁。
（4）　「生涯教育について」中央教育審議会答申、一九八一年。
（5）　注3・五頁。
（6）　福留強・古市勝也編著『資料と図でみる生涯学習』日常出版、一九九五年、六二―七三頁。
（7）　福留強ほか編著『地域アニメーター　生涯学習・まちづくりボランティア―地域の活性化とまちづくりのために』全日本社

会教育連合会、一九九八年、一頁。
(8) 注3・五頁。
(9) 福留強「まちづくり探訪記　名探偵コナンに会える町―鳥取県大栄町は、いま動きだした」『社会教育』第六二九号、全日本社会教育連合会、一九九八年、四四-四七頁。
(10) 注3・五頁。
(11) 瀬沼克彰「地方自治体における生涯学習」『地方議会人』第二七巻九号、全国町村議会議長会、一九九七年、一九頁。
(12) 瀬沼克彰「行政の生涯学習化の方向―アイデアとしくみを考える」『社会教育』第五九八号、全日本社会教育連合会、一九九六年、六頁。
(13) 同前・六頁。
(14) 注11・二〇頁。
(15) 瀬沼克彰『市民が主役の生涯学習―21世紀の生涯学習』学文社、一九九九年、三五頁。
(16) 岡本包治「まちづくり出前講座論―住民の地域学習支援事業」『社会教育』第六〇六号、全日本社会教育連合会、一九九六年、一〇-一三頁。
(17) 松澤利行「ともに学びともに行動するまちづくり―『生涯学習まちづくり出前講座』の実践を通じて」『日本生涯教育学会年報』第一八号、一九九七年、六一-七一頁。

# 第13章　地域生涯学習の進展

## 1　中央教育審議会答申と地域生涯学習

臨時教育審議会（以下、臨教審）第三次答申が提唱した「生涯学習を進めるまちづくり」について考えると、問わねばならない命題があることに気づく。

それは「生涯学習」とは何かという基本的な概念の問題であり、そのことが地域形成にどう関わり、具体的な学習活動がどのように組織されねばならないかという課題である。我が国の生涯学習の概念について問う場合、まず一九七一年四月に社会教育審議会（以下、社教審）答申によって示された「急激な社会構造の変化に対処する社会教育のあり方について」について触れる必要がある。

同答申は「生涯教育と社会教育」という項を設け、「今日の激しい変化に対処するためにも、また、各人の個性や能力を最大限に啓発するためにも、ひとびとはあらゆる機会を利用してたえず学習する必要がある。とくに社会構造の変化の一面としての寿命の延長、余暇の増加などの条件を考えるなら、生涯にわたる学習の機会をできるだけ多く提供することが必要となっている。また変動する社会ではそれに適応できない人も多くなり、変動に伴って各種の緊張や問題が生じており、これらに伴い、ひとびとの教育的要求は多様化するとともに高度化しつつある。

こうした状況に対処するため、生涯教育という観点に立って、教育全体の立場から配慮していく必要がある。(1)」と述べている。

四六社教審答申と呼ばれるこの答申は、我が国が従来進めてきた教育を、教育機能の領域・形態の面から考察し、その役割分担と連携、さらには有機的な統合の必要性を示した上で、社会教育の役割を強調している。

その後、第一二期中央教育審議会（以下、中教審）が、一九八一年に行った答申「生涯教育について」は、四六社教審答申をふまえた上で、「生涯教育の意義」について述べ、「人間は、その自然的、社会的、文化的環境とのかかわり合いの中で自己を形成していくものであるが、教育は、人間がその生涯を通じて資質・能力を伸ばし、主体的な成長・発達を続けていく上で重要な役割を担っている。」とし、さらに、生涯学習の考え方と生涯教育の理念について以下のように述べている。

「今日、変化の激しい社会にあって、人々は、自己の充実・啓発や生活の向上のため、適切かつ豊かな学習の機会を求めている。これらの学習は、各人が自発的意思に基づいて行うことを基本とするものであり、必要に応じ、自己に適した手段・方法は、これを自ら選んで、生涯を通じて行うものである。この意味では、これを生涯学習と呼ぶのがふさわしい。この生涯学習のために、自ら学習する意欲と能力を養い、社会のさまざまな教育機能を相互の関連性を考慮しつつ、総合的に整備・充実しようとするのが生涯教育の考え方である。言い換えれば、生涯教育とは、国民の一人一人が充実した人生を送ることを目指して生涯にわたって行う学習を助けるために、教育制度全体がその上に打ち立てられるべき基本的な理念である。(2)」

この中教審の答申文に盛り込まれた理念は、明らかに「生涯学習」として捉えられるべき内容を示しているが、

「生涯学習」という言葉が一般化したのは、一九八五年六月に臨教審が示した「教育改革に関する第一次答申」である。(3)

臨教審は一九八七年八月に至る間に四次にわたる答申を提出しているが、第一次答申では生涯学習体系への移行を主軸とする教育体系の総合的再編成を図ることを示し、第二次答申において、具体的な課題について述べている。(4)生涯にわたる学習機会の整備、生涯学習のための家庭・学校・社会の連携などが必要であるとし、家庭の教育力の回復、社会の教育の活性化などを問題提起した。こうした考えに基づき、続く第三次答申、第四次答申でもその具体的方策を述べた。

その後、一九九〇年一月に中教審が「生涯学習の基盤整備について」を答申している。この答申においては、生涯学習の基盤整備の必要性が指摘されているが、今後生涯学習を推進するに当たっての留意点として、次の三点が必要とされた。(5)

(1) 生涯学習は、生活の向上、職業上の能力の向上や、自己の充実をめざし、各人が自発的意思に基づいて行うことを基本とするものであること。

(2) 生涯学習は、必要に応じ、可能な限り自己に適した手段及び方法を自ら選びながら生涯を通じて行うものであること。

(3) 生涯学習は、学校や社会のなかで意図的、組織的な学習活動として行われるだけでなく、人々のスポーツ活動、文化活動、趣味、レクリエーション活動、ボランティア活動などのなかでも行われるものであること。

今日の我が国の生涯学習や社会教育を理解する上での原点とも思われる一九九〇年の中教審答申は、上記の三つの留意点をふまえて具体的な課題と施策を提示している。第一に、生涯学習の基盤整備の必要性を指摘し、第二に、生涯学習の基盤整備のための施策の実施を要望している。生涯学習の推進体制として、①国・都道府県・市町村における各種施策の連絡調整の組織づくり、②地域における生涯学習の中心機関としての生涯学習推進センターや大学・短大等の生涯学習センターの設置と、学校教育の単位へ転換する仕組みの検討、③生涯学習活動重点地域の設定、④民間教育事業への支援などを課題として求めた。

この中教審答申を受けて、同年七月から「生涯学習の振興のための施策の推進体制等の整備に関する法律」（以下、生涯学習振興法）が施行されることとなる。この生涯学習振興法は、主に都道府県に対し生涯学習の振興を図ることを求めたものであり、第三条で、そのための事業として以下の六点をあげている。

(1)　学校教育及び社会教育に係る学習並びに文化活動の機会に関する情報を収集、整理及び提供すること。
(2)　住民の学習に対する需要及び学習成果の評価に関する研究を行うこと。
(3)　地域の実情に即した学習方法を開発すること。
(4)　住民の学習に関する指導者及び助言者に対する研修を実施すること。
(5)　地域における学校教育、社会教育及び文化に関する機関や団体に対して、相互連携に関する照会、相談や助言などの援助を行うこと。
(6)　社会教育のための講座の開設、その他の住民の学習機会の提供に関して必要な事業を実施すること。

同法は、こうした目的と事業の実施のもとに、都道府県レベルの生涯学習振興方策として、第五条で「地域生涯学習振興基本構想」の作成を求めた。その上で、生涯学習推進体制として、生涯学習推進担当課、生涯学習推進本部や生涯学習審議会の設置、生涯学習推進計画の策定、生涯学習推進センターの設置などが施策として示し、市町村レベルにおいても同様の取り組みを望んだ。

このように、生涯学習振興法は、前記の目的のもとに施策における配慮等、生涯学習の振興に資するための都道府県の事業、地域生涯学習振興基本構想、生涯学習審議会の設置等について述べているが、生涯学習そのものについての概念規定はみられなかった。

概念規定の問題は、この生涯学習振興法に則って設置された生涯学習審議会が、一九九二年七月に答申した「今後の社会の動向に対応した生涯学習の振興方策について」においても同様であった。

答申は「当面重点を置いて取り組むべき四つの課題(6)」を示したが、生涯学習についての基本的な考え方は、おおむね一九九〇年の中教審での考え方に立つこととなった。このように生涯学習振興法や生涯学習審議会で明確な概念が示されなかったということは、極端にいえば、生涯学習についての自由な解釈が可能となり、結局のところ判然としないという不満を関係者に生んだ。特に文部省が組織改編で社会教育局を生涯学習局と改めたことも誤解を招く結果となり、「生涯学習」という概念が極めて狭い範囲、公教育としての社会教育と同じ範疇のものとして受け取られてしまうケースさえ出てきた。

したがって、国民の共通の理解となると、一九九〇年の中教審答申の考え方が基本となり、学校教育、社会教育、家庭教育、職業教育、職業訓練、それに趣味やレクリエーション、文化活動を加えた領域になったのではないかと思われる。

ただ、ここで指摘されている領域だけでもって、それを生涯学習だと限定して概念定義するならば、各地で市民が取り組んでいる「学び」の実践とは一体何かという疑問に当たらざるを得ない。自治体がすべての施策にわたって「生涯学習」の考え方を導入したり、福祉や環境問題などの市民活動を生涯学習として位置づけている市町村の取り組みは何なのかということになる。つまり、生涯学習という用語の広汎性、多様性を理解したならば、生涯学習の対象はあらゆる教育・学習活動を指すものとした方が現実に即しているだろう。なぜならば、教育・学習の契機となる課題は社会課題であり、生活課題であるから、人間生活の総体に踏み込むことによって教育・学習といった機能が生かされることになるからである。

この問題を考えるための参考として茨城県日立市における生涯学習の捉え方をみてみよう。「ひたち生き生き百年塾」では「生涯学習とは単に余暇を利用して、知識・教養の向上、技術の習得などの学習行為だけでなく、障害者や高齢者が安心して生活できる福祉の向上、健全な子どもを育てる青少年育成、商工業・農林水産業が発展する産業の振興、快適な生活環境で心の通いあうコミュニティづくりなど市民生活の全般にわたる学習[7]」というように生涯学習概念を規定しているのである。日立市の考え方は、明らかに一九九〇年の中教審答申の考え方を拡張させていることがわかる。

生涯学習の領域に係る理解の問題は、日立市が特例ではないことは、これまで述べてきた他都市の事例でも明らかで、国の生涯学習に対する関わり方においても同様だと考えられる。

すでに第12章の「行政の生涯学習化」の説明でも、厚生省の生涯学習に対する関わりを述べたレポートを紹介しており、国の生涯学習事業となると実に一五省庁が関係している。文部科学省はもちろんのこと、厚生労働省、農林水産省、経済産業省、国土交通省、海上保安庁、総務省、警察庁、環境省、財務省などが（省庁名は現行の名称にしている）、生涯学習に資する施策等についての情報交換や連携・協力などを行うため、一九九四年六月から「生涯学習関係省庁担当者会議」を定期的に開催していたが、現在は生涯学習推進課教育改革推進室が中心となって健康学習、子育て、高齢者教育、男女共同社会教育や消費者教育などの教育・学習活動に関わる課題を検討し、「生涯学習社会の実現と教育政策の総合的推進」として具体的施策が示されている。二〇一八年の組織改編で総合教育政策局地域学習推進課に移管されると思われるが、こうした流れは今後も受け継がれるであろう。

このように、国の行政機関においても、さまざまな観点から生涯学習に関連する施策を実施しているという認識があるということであり、このことだけを取り上げても、国民生活の広範囲において生涯学習の視点に立った行政が進められていることを知ることができる。

## 2　生涯学習コミュニティの実現

ノールズ（M.Knowles）が提唱した「生涯学習コミュニティの実現」とは、如何なる文化的質と量を伴った地域形成を意味したのであろうか。[8] 第1章でも述べているが、日本のように「家」を核とした地域社会と異なって、アメリカのコミュニティは「個」の共同体によって構成されている。その意味でコミュニティに対する捉え方は、必ずしも日本の地域社会と同じ位相として論じられないが、近年の日本の社会はアメリカ型に近づきつつあり、「家族」関係よりも、自立した「個」と「個」の結びつきが強まりつつある。特に高齢者の学習行動にその傾向がみられ、地域社会と「個」との結びつきが広がりつつある。こうした背景もあって、「個」の育成を図る生涯学習の重要性はますます強まる傾向にある。

赤尾勝己氏のノールズの成人教育プログラム計画理論を巡っての評価を記したい。「ノールズの成人教育プログラム計画理論は、成人学習者のニーズに基づき、目的合理的でシステマティックでかつ抽象的である。そこでは、次のように、プログラム計画が自動的にコンピュータで行えるかのような印象を与えている。[9]」と赤尾氏は述べている。

さらに、「ノールズは、次のように『一般委員会』という、プログラム計画における『市民参画』の仕組みを提案しているが、それは十分に展開されているとはいいがたい。」とした後、「市民参画の時代といわれる今日、このモチーフをさらに発展させる必要があろう。その『一般委員会』で、実質的に何が協議されているかが問われてくるのである。(10)」と赤尾氏は論じる。

こうした成人教育プログラム計画理論に関わる論議の底流には、「理論から実践」という関係性の問題がある。コミュニティ形成につながる地域における生涯学習は、基本的には自発的な市民学習者によるものであることから、生活課題や社会課題が学習対象になるが、その学習成果が社会還元されることにより循環型学習社会が成り立つと考えられている。

こうしたことから、「生涯学習コミュニティ」の形成に向けての課題は、コミュニティ論に至る問題提起につながると考えられ、我が国の今日における官民協働によるコミュニティサービスの提供のあり方に踏み込まざる得ない。そのことは、公共サービスに対する官民の役割分担論と統合論に結びつくものであり、具体的には、公共サービスを提供する主体としての行政と住民の協働関係のあり方を問うことであり、または協働関係を結ぶ上での新しい主体の創造を構築することになろう。

こうした課題の解決に向かうには、行政アクターと市民・民間アクターの両者が、イコールパートナーとしてのパートナーシップ関係をもつことが基盤となり、各々の責任において協働関係を構築するところに意義が求められる。

視点を改めるならば、自立した市民社会の形成というミッションの追究が課題であり、この課題解決に向かう学習活動こそ成人教育プログラムとして成り立つものであり、それは二一世紀型市民社会形成の方法論の模索といえよう。

そこで行政との協働関係を構築できるような住民活動の組織化と推進が、地域形成の重要な課題であることは間違いなく、そのための両者の支援体制のあり方が追求されねばならない。

## 3　成熟した市民社会の形成

「生涯学習とは、権利主体としての市民意識を形成するための社会機能の一つであることを指す概念だ」と考えるならば、近代市民社会において、市民自らが主体形成を成しうることが求められるがゆえに社会が保有すべき価値あるいは機能として求められているのが「生涯学習」だということになり、それは自立した市民を育成するための基盤形成を果たすものとなる。

市民は生涯学習を通して、あるいは生涯学習に向かうことにより、成熟した市民社会である二一世紀社会を担うことになる。この意味において、「生涯学習」は我が国の国家形成に係る包括的概念として捉えることができる。

生涯学習のこうした展開から、その背景を検討することにより、生涯学習社会が今後進むべき方向について考察してみよう。

まず、「自分たちのまちは、自分たちの手で」という市民の動きがあって、その結果として生涯学習が進展したと考えるべきである。つまり、自立をめざす市民が主体的な学習活動を展開するとき、そこから自発的な学習要求が自然的に発生する。それは市民の社会的・市民的な生活課題であり、また自己実現をめざす個人課題であるが、この「学び」の位相こそが「生涯学習」なのではないだろうか。私たちは、それが今日の大衆社会が要求する新しい価値であることを自覚していく必要があるのではないか。

それでは生涯学習により自立した市民の動きは、今後どのような方向性を持つのであろうか。活発な地域活動が展開することは間違いなく、市民が政治に参加していこうとする動きにつながる。「参加する市民」の日常的、継続的な活動が定着することにより、やがてはこの国に参画型民主主義社会を形成していくものと推察される。

この問題を考えるときに、筆者の一つの見解を述べておきたい。それは生涯学習を通して自立した市民がめざす社会こそ、実は生涯学習社会ではないかという、つまり生涯学習は自立しようとしている市民にとっての手段であると同時に、そのこと自体が目的でもあるということである。それこそが生涯学習社会が果たす役割であり、価値であると思うからである。この意味において、生涯学習の本質についてのさらなる研究を深めていかなければならないことを感じる。

地方分権の推進は、確実に市民生活のあり方を変えていくだろう。もしかすると「行政アクター」と「市民アクター」の力関係を逆転させる可能性さえ存在する。地方分権は少なくとも両者の関係を対等・平等に導くものであり、真の市民社会の実現を図ろうとする役割を担っている。地方分権時代を迎えて、まず自治体は自ら変わらなければならない。自治事務を行うことは、自治体が自己選択、自己決定、自己責任を要求されている。

ここしばらくの間は、自治体がまず自主・自立という主体性を確立すべき時期かも知れない。そのためには、自治体と職員の「生涯学習」をキーワードとした自己啓発が望まれる。自治体はそうした自己変革への取り組みのなかで、市民との確かな関係をつくっていくことが期待される。それは行財政改革から生じた行政サービスの役割分担論だけで理解される次元のものではないことは、すでに述べてきたとおりである。

次に必要なことは、市民に対する啓発と支援である。市民の自立への啓発と支援こそ、自治体の本来的な役割ではないかと考える。そして重要なことは、「行政・市民連携」という表現で示した行政と市民の連携であり、本書の第一編で詳述している市民協働であることはいうまでもない。

本章の最後に、市民の側の課題についても述べたい。市民もまた自己選択、自己決定、自己責任を負わなければならない時代が来たのである。

「参加する市民」が期待され、その流れは参画型民主主義の時代に向かっている。それにはまず市民自身が自立すること、そして自らの役割が何であるかを問うことである。さらにどのような実践を通して、社会と関わっていくのかという問題提起と、他者との問題の共有化が必要である。そこには人権意識も問われるだろう。

真の民主主義社会の実現に向かう、成熟した活力ある市民にならなければならない。本書では、地方分権時代を迎えた我が国の「生涯学習」の現状をふまえ、「生涯学習」に対する捉え方について、新しい概念構成と領域を仮説とする立場から論及してきた。現実の市民活動はこうした新しい概念構成さえも、さらに突き動かす勢いでもって進んでいるといわねばならず、この概念に関わる問題は、いずれまた再検討されねばならないだろう。

(1) 「急激な社会構造の変化に対処する社会教育のあり方について」社会教育審議会答申、一九七一年。
(2) 「生涯教育について」中央教育審議会答申、一九八一年。
(3) 「教育改革に関する第一次答申」一九八五年、臨時教育審議会答申第一部第四章で「生涯学習体系への移行」が示された。
(4) 「教育改革に関する第二次答申」一九八六年、臨時教育審議会答申第二部「教育の活性化とその信頼を高めるための改革」において具体的に述べられている。
(5) 「生涯学習の基盤整備について」中央教育審議会答申、一九九〇年。
(6) この答申では「社会人を対象としたリカレント教育の推進」「ボランティア活動の支援・推進」「青少年の学校外活動の充実」「現代的課題に関する学習機会の充実」の四点が課題としてあげられている。
(7) 福留強・古市勝也編著『資料と図でみる生涯学習』日常出版、一九九五年、五頁。

(8) Knowles,M.S.,*Creating Lifelong Learning Communities*（A Working Paper Prepared for the Unesco Institute for Education, 1983).
(9) 赤尾勝己編『生涯学習理論を学ぶ人のために』世界思想社、二〇〇四年、二〇-二一頁。
(10) 同前・二〇-二一頁。

# 第14章　生涯学習宣言都市の地域生涯学習

## 1　生涯学習宣言都市の登場

前章で述べた課題の臨床的研究として、本章では生涯学習宣言都市の生涯学習を事例として分析することとし、研究対象に亀岡市の生涯学習推進体制を取り上げた。なお、この原稿執筆後数年が経過し、本書刊行時の同市の行政の現状とはやや異なる点があることを最初に断っておきたい。

前章で論じた「生涯学習コミュニティ」については、我が国では「生涯学習まちづくり」という用語であらわされる。「生涯学習まちづくり」の提唱は、臨教審第三次答申の「生涯学習を進めるまちづくり」や一九九〇年の中教審答申に起点があると考える。一九八九年からは全国生涯学習フェスティバル（まなびピア）が開催され、生涯学習宣言都市や生涯学習まちづくりモデル事業実施市町村が生まれ、生涯学習まちづくり運動が広がった。

地方政治の活性化が進展した時代であり、地方自治を担えるような権利主体としての市民の育成という目標を持った教育・学習活動が各地で行われた。例えば、男女共同参画社会づくりの学習会が開かれて女性の社会進出を支援し、生涯学習指導員が養成されて地方改革の先頭に立った。生涯学習まちづくりは、臨教審以降の文教政策の一つの柱となっており、教育・学習活動の結果はコミュニティ形成の革新という政策課題の達成につながった。

このコミュニティの革新について、「生涯学習まちづくり」という視点から、それに関わる国及び自治体による政策の検証をとおして、問題点と課題を明確にしたいと考える。

臨教審以降の生涯学習概念は、教育や文化、教養といったような学習活動の領域を超え、学習者である住民の新しい要求を伴った生活課題や地域課題と結びついたものに質的変化を遂げている。環境問題、福祉問題、交通安全問題、経済活性化の問題、あるいは災害に対する安全の問題等々の領域が学習対象となり、地域課題に結びつく形で学習が進展している。

学びの内容と方法が本質的に変容しているのであり、こうしたパラダイム転換の背景に、前述したような市民レベルでの学習関心や学習要求における質的変化がある。従前の行政スタイル、すなわち圧倒的に主導的な立場で住民にサービスを提供してきたことに対して、住民自身が主体的にサービスに関与し、サービスの分担から協働へというプロセスのなかで社会的な活動を始めたことに起因する。

本章で事例として取り上げた一九九八年当時の亀岡市の生涯学習推進体制は、我が国の生涯学習の発展のなかで、行政のあらゆる活動に学習概念を導入するという点で画期的なものであり、前述したような市民レベルの学習関心や学習要求の変容を先取りしたものであった。

## 2　生涯学習宣言都市の施策

### 一　亀岡市の概況

亀岡市は京都府のほぼ中央部に位置し、北は京都府南丹市、東は京都市右京区及び西京区、南は大阪府高槻市及び茨木市、西は兵庫県篠山市、大阪府豊能郡の能勢町及び豊能町に接し、東西二四・六キロメートル、南北二〇・五キロメートルで、市域地は二二五・三一平方キロメートルある。地形は、北から東にかけて、竜王ヶ岳・三郎ヶ岳・牛松山が連なり、南から西にかけては、黒柄山・湯谷ヶ岳・鴻応山・半国山が並び、市の中央部を北西から南東に向けて大堰川（保津川）が貫流する。この大堰川（保津川）が京都市内に入ると、桂川に合流し、やがて八幡市付近で淀川となる。

亀岡市の歴史をみると、奈良時代のものと思われる丹波国分寺跡があり、中世期には瀬戸内海文化圏と環日本海文化圏とが交流する交通の要衝として発展している。平安末期には源義経が登場し、南北朝期には足利尊氏などの武将が活躍する。亀岡に所在する篠八幡宮には、そうした武将に関わる史実が残っている。

室町末期には、戦国武将の明智光秀が亀岡を支配した。一五七七（天正五）年に織田信長の命により亀山城（現亀岡城）を築城したことから、城下町として、近世以降の新しい歴史が展開することになる。近世江戸時代には、心学の創始者の石田梅岩や京都画壇の丸山応挙らを輩出したことでも知られる。

元々は亀山というのが地名であったが、近代に入り、一八六九（明治二）年には地名も亀山から亀岡に改称された。その後、一九五五（昭和三〇）年一月に一町一五か村の計一六町村が合併した。当時の人口は三万八〇〇〇人であった。やがて三か町村の編入と分市があり、二〇一七年四月現在は人口約九万一〇七人の市として、京都市に隣接する京都府の中心のまちとして桂川孝裕市政のもとで発展している。

近年の亀岡市は、ベッドタウン化による大規模な宅地開発の進展があり、一九八〇～一九九〇年代に大型プロジェクトの進展に伴う人口の流入があった。産業においては、一九五五年頃は稲作を中心とした農業が基幹産業であり、第一次産業就業者が過半数を占めていたが、今日では第三次産業就業者五五％、第二次産業就業者三五％、第一次産業就業者一〇%となっている。

交通系では、市の中央部をJR山陰本線と国道九号線が走る。市の西部では国道三七二号線が篠山市、四二三号線が豊能町に伸びており、一九八八年三月には京都縦貫自動車道が建設された。

亀岡市の教育環境については、学校教育施設として幼稚園七、小学校一八、中学校八、高等学校二、大学一、教育研究所や学校給食センターあり、社会教育施設としては中央公民館、図書館三、文化資料館、野外活動センター等がある。社会体育施設については、市民体育館、陸上競技場、テニスコート、球技場などが設置されている。市の中央生涯学習センターとして位置づけられている「ガレリアかめおか」は、我が国最大の生涯学習施設として有名である。

## 二　一九八〇年代の生涯学習施策

亀岡市が、全国に先駆けて市政の基本的コンセプトに生涯学習概念を導入したのは一九八〇年代であり、そのことは地域形成の新しい方法論の提示であったといえよう。それ以前には、一九六五年五月三日に亀岡市民憲章（告示第一〇号）を示すことによって市政の方向性を具体化し、その後は一九八二年に「第一次亀岡市総合計画」を策定し、「緑と心のふれあう活力にみちた住みよいまち、亀岡」づくりを亀岡市は地域形成の基本方針としてきた。また、亀岡市は一九八八年に「亀岡生涯学習都市構想」を策定して、生涯学習都市構想（生涯学習のまちづくり）を示しており、それは「生涯学習都市宣言」（一九八八年三月三〇日）につながる。

この宣言文をみると、「わたくしたち亀岡市民は、人間の尊重と地域社会の一員としての自覚のもと、常に、いま、何をなすべきかを問いかけ合いながら、生涯にわたり学び続け、自己を高め、連帯の絆を強めることにより、生きる喜びと明るく豊かなまちに住む喜びの持てる亀岡を目指し、ここに亀岡市を『生涯学習都市』とすることを宣言する」とある。抽象的な表現ではあるが、生涯学習社会の到来を宣言し、郷土亀岡における地域形成に対する市民意識の醸成に寄与する文章となっている。

### 三　一九九〇年代の生涯学習施策

一九九〇年代に入ると、亀岡市で生涯学習政策の具体化が進展していることが各種の提言等の内容でも明らかとなっている。前述した大型プロジェクトによる開発と時期が重なる。経緯をみると、一九九〇年には「第二次亀岡市総合計画」が提言され、「豊かな緑と水を活かし、生涯学習により魅力と活力を生むまち・亀岡」とする緑園文化都市構想のもとに、「生涯学習を通じてまちづくりを進める」とする考え方が市の基本的コンセプトとされた。こうして亀岡市のすべてのセクションは生涯学習機能を持つことになったのである。したがって、市の生涯学習の中核的セクターとしての生涯学習推進室の設置が必要となり、助役に直結する位置に室が配置された。

この考え方の背景には、「行政の生涯学習化」という行政原理が存在する。第12章で紹介しているように、「行政の生涯学習化」は瀬沼克彰らによって示された概念である。(1) 国の行財政改革の方策として総合行政の推進が採用され、その推進のための機能としての生涯学習が期待されたのである。多くの省庁によって具体化された考え方であり、文科省による生涯学習政策という視点だけではない開放性をもった概念である。亀岡市が谷口義久市政において生涯学習原理を導入したのも、行財政改革と総合行政の具現化が目的であったと思われる。

こうした生涯学習政策を推進する上で基盤となるのが社会教育であることから、亀岡市は一九九〇年三月に「亀岡市社会教育計画」を提言している。

ここでは、計画の概要、市の概況、市の生涯学習と社会教育の果たす役割、発達段階に即した教育の取り組み、社会教育の展開と展望が述べられ、同市での社会教育の目的と役割・方向が明らかにされている。

一九九〇年代から開始された亀岡市の生涯学習事業のなかで、市民に向けて開かれた直接的な学習機会としては、①市企画管理部生涯学習都市推進室の事業「コレージュ・ド・カメオカ」、②市教育委員会事務局社会教育課の事業「亀岡生涯学習市民大学」、③財団法人「生涯学習かめおか財団」の事業「丹波学トーク」がある。生涯学習かめおか財団は一九九〇年三月に設立されている。

亀岡市の多種多様な生涯学習事業を実施していく上で必要とされたのが、学習活動の中心となる生涯学習施設である。これまで同市には既存の生涯学習施設として、公民館、図書館、文化資料館、亀岡会館、国際センター、地区生涯学習センター、各種の運動公園のほかに、身体障害者福祉センター、中央老人福祉センター、働く婦人の家、勤労青少年ホームなどの複合施設としての総合福祉センター等があったが、新しい時代に対応した生涯学習センターの設置が望まれた。

こうした要望があって一九九八年九月に完成したのが、四万平方メートルの敷地を有する亀岡市中央生涯学習センター「ガレリアかめおか」である。「情報交換ゾーン」「情報提供発信ゾーン」「学習活動ゾーン」「全世代交流ゾーン」「新産業振興ゾーン」「憩いと観光情報ゾーン」と「道の駅」など各種のゾーンが設置され、住民の生涯学習が機能的に実施できるように設計された。

さらに一九九九年一〇月には、「新世紀における亀岡市の生涯学習推進についての指針」が亀岡市新世紀生涯学習構想懇話会によって答申され、二〇〇〇年三月には「生涯学習推進基本計画」が策定された。

## 四　二〇〇〇年代の生涯学習施策

二〇〇〇年代の亀岡市の生涯学習政策としては、第三次亀岡市総合計画が策定され、「21世紀新10ヶ年計画」がスタートしている。同市は将来都市像として「聖なる水と緑の奏でる知恵の郷」というコンセプトを示しているが、新基本構想（二〇〇一年から二〇一五年まで）のもとに新総合計画を実施（二〇〇一年から二〇一〇年まで）するものであり、実施計画は三年ごとに更新されることになっている。

この新総合計画は、まちづくりの基本方向（市民の参画と共働、まちの資源と個性の活用、情報の行き交うまち）を示しているが、その具体化を図るために生涯学習の機能の活用が取り上げられたといえよう。

## 五　亀岡市の生涯学習の現状

生涯学習都市づくりについて予算面からみると、二〇〇〇年当時の同市の生涯学習予算は三〇億二〇〇〇万円（世代間交流施設整備事業、公開文化事業委託経費、生涯学習推進経費、市民大学経費）となっている。また最近では「心の時代と生涯学習の推進」を同市の生涯学習施策のテーマとして掲げており、その事業内容をみると次のようになる。

(1)　拠点としての「ガレリアかめおか」の活用

(2)　亀岡市「生涯学習賞」の創設——第一回生涯学習大賞受賞者は、フランス人の教育学者であるエットーレ・ジェルピ氏（E.Gelpi）である。

(3)　「地球環境子どもの村構想」の策定——次代を担う子どもたちが自然を愛し、国際感覚を身につけた「地球人」として成長できるように集い、学び、楽しむことを目的とする。

(4)　異世代間交流施設「ふれあいプラザ」の設置――「ふれあいルーム」「世代間交流室」「交流サロン」「ワークステーション」
(5)　「かめおかNPO情報センター」の開設
(6)　「生涯学習かめおか財団」事業の実施
(7)　亀岡市国際センターでの事業――生涯学習市民セミナー（英会話セミナー、コンピュータ講座、OSUジョイントプログラムの実施）
(8)　「市民活動交流センター」の開設

## 3　生涯学習宣言都市の市民活動

市民協働の実現は、住民による政策関与と施策遂行上の分担なくして存立し得ない。そのため、市民活動を運営しうる個人や組織・団体を育成することを目的とした生涯学習事業の展開が必要とされ、それは指導者の育成、学習機会の提供、学習施設の設置と活用という形で具体化される。各自治体においては各種のリーダーを育成し、地域社会に位置づけ、そのリーダーの活動を通して地域文化のボトムアップを図っていくことをめざしている。

亀岡市の公共サービス活動を支えているのは、ボランティア団体や各種サークルであり、市民活動の指導者の育成については、市の男女共同参画社会づくり事業による女性リーダーの育成、生涯学習課主催の市まちづくり市民セミナーによるリーダーの育成といった行政支援が寄与してきた。ほかにも直接的な生涯学習活動が実施されており、さまざまな形での人材育成につながるのであろう。また施設の設置と活用については、「ガレリアかめおか」

が存在するだけでなく、同市の国際センター等の役割も重要である。

市民による「生涯学習まちづくり」という視点から取り組まれてきたことをあげると、①市民推進会議の設置、②生涯学習まちづくり研究活動、③観光セミナーの開催、④全国生涯学習まちづくり研究者集会の実施等となる。

市民活動の基盤があって、亀岡市では二〇〇二年から三年間、「生涯学習まちづくり支援事業」が実施されてきた。また、市民活動とともに一定の役割を果たしてきたのが京都学園大学生涯学習ボランティア研究会（通称「遣唐使」）による「生涯学習まちづくり」活動である。(2) 同研究会は二〇〇五年に解散しているが、同市の生涯学習事業や京都学園大学で実施された学会を運営するとともに、全国各地の生涯学習事業に参加して体験的に生涯学習まちづくりを学習することに努めたという点で評価されるであろう。

## 4　生涯学習宣言都市の課題

地域主権・住民主権というコンセプトのもとに地域形成を図ることは、生涯学習まちづくりの重要な課題であるが、生涯学習論の立場から分析の視点を示すならば以下のようになる。

①　自治意識を持つ市民の主体形成

亀岡市のまちづくりは、生涯学習社会が求めるような住民自治を担える「市民が主役」のまちづくりとなっているのか、また、市民にとっての行政の役割とは何かという問いかけに対して、市民が明確な自治意識を持って市民活動のあり方を理解しているかどうかという視点である。生涯学習の目的が、権利意識を持った主体としての市民の育成であることが理解されているならば、こうした課題は克服されているはずであるが、実態としてはどうかが検討されねばならない。

② 行政の自己変革の必要性

行政職員に求められることは、必要とされる仕事をどう捉え、どう工夫しながら取り組み、どう評価するのかという姿勢であり、そうした意識改革にほかならない。このまちが一九八八年以降掲げてきた「生涯学習都市」の理念が、行政職員の意識に浸透しているのかどうかということも問題となる。

③ 行政と市民の社会的役割分担論の視点

市民協働社会の具現化を図ろうとするならば、単なる行財政改革の視点だけではない行政施策の見直しが必要であるが、果たして行政と市民の協働関係の構築を図るための具体的施策が進んでいるのであろうか。

実際に官民協働を推進するには、まず市民活動に対する行政支援策が不可欠であり、具体的には市民活動に対する補助金や助成金、公共施設などの貸与、人材の派遣、研修会などの実施による人材の育成、事業共催や事業委託及び後援、情報提供や相談等を必要とする。こうした市民活動に対する行政支援策にも生涯学習原理に基づく考え方の導入が必要となるが、それが果たして機能しているのであろうか。

④ 市民に対する行政の説明責任と評価

「市民に届ける行政」を検証しようとするならば、一つの評価基準として行政による市民への説明責任の実際をみることが有効であり、透明性・公開性に基づく情報提供といった課題が情報発信者に求められる(3)。また情報受信者が地域課題や生活課題に関わる問題を提起し、広聴としてフィードバックされる機能が働くことが必要である。こうしたことを円滑に推進するのが評価機能である。市民による行政評価は勿論のこと、行政による市民活動支援についての評価という課題や、第三者評価といった問題も存在する。重要なことは、検証軸を何に求めるべきかという点であり、そのための評価基準を必要とすることはいうまでもない。

【検　証】

視点①については、同市が標榜してきた生涯学習社会の実現と、その機能の活用が十分できているかどうかという視点から実証されねばならない事柄である。数量的な分析が求められるところであるが、前述した市民活動の実態からは、自治意識を持った市民活動はまだ十分とはいえないのが現状である。また、行政が提供している学習プログラム（例えば社会教育課の事業）に、市民の自治意識の醸成に関わる啓発・教育の取り組みや、自立へ向けてのプログラム開発を今後に待たねばならない。

視点②については、確かに首長部局に生涯学習部があり、生涯学習推進課があり、各種の生涯学習事業が展開されているが、同市の行政全体が、理念的にも「生涯学習都市」に対する理解が進んでいるのかという問いかけである。職員の意識のなかで「生涯学習都市」であることの意味が明確に理解できるような研修体制が必要であろう。

視点③については、商工会、青年会議所や京都学園大学などとの連携・協力といった萌芽的な取り組みはみられる。しかし、約十万人弱の市民と行政とのパートナーシップに基づく協働関係が構築された上での協働事業の事例はこれからである。最近、ようやくＮＰＯが創設されて、そうした動きが出てきているが、実際の取り組みについては今後に期待することになるのが現状である。

視点④の説明責任については、一定程度の広報・広聴は取り組まれている。出前講座やホームページの開設などである。また生涯学習施設である「ガレリアかめおか」において情報提供が実施されているが、そうした事業の成果を、市の施策に反映されるような機能として生かす必要がある。行政の透明性、公開性の原則を重視し、パブリックコメント等の取り組みを行っている自治体が増加している現状を考えると、亀岡市の現状は多くの課題を有するといわざるを得ないであろう。

また、評価の機能の活用についても多くの課題を残している。例えば、亀岡生涯学習市民大学をはじめ、多くの学習機会が行政から提供されているが、学習者個人の成長に関わる数量的な評価は勿論のこと、個々に必要とされる学習機会の設定が可能となるような評価を示していくことが求められる。

## 5　産官学民による「生涯学習まちづくりプラットフォーム」

これまで亀岡市の事例を通して、行政アクターと市民アクターの両方の立場からの取り組みから「生涯学習まちづくり」政策の現状について述べてきた。こうした現状をふまえて、本章で課題としてあげてきた市民活動の育成とコミュニティ形成について考えるならば、今後は核となるコミュニティの質的向上と活動量的な側面からの拡大を図る必要がある。それは従前とは異なる新しい活力を導入したスケールの大きい「生涯学習まちづくり」のフレームが追究されなければならないということである。なぜならば、国家施策としての地方自治法第二四四条の改正は、単に行財政改革だけにとどまるものではなく、地域の拠点的施設の経営を民間移行したことに具現化されるように、施設での公共サービスの提供者を行政アクター以外のアクターに委託することによって、地域の財産である施設の活性化を図ることであり、管理と運営の両面における新しい質のサービスの創造につながるものである。つまり、市場の原理をも含んだ公共サービスの質的量的なパラダイム転換を図ろうとすることにほかならない。

スケールの大きい「生涯学習まちづくり」のフレームとは、基本的には官民協働を発展させた形の「生涯学習まちづくり」を指すが、学校教育機関と産業界を含んだ連携・協力から協働に至る産官学民のネットワークを意味する。ここで指摘しているネットワークとは、これまで述べてきた官民に加えて、大学や専門学校等の高等教育機関を中心とした学校教育機関や、商工会議所やＪＣをはじめとする産業界や民間企業が、各主体（node）となって形成する網の目状の面的連結（edge）組織を想定している。この連結の役割を果たしているのは、いうまでもなく公共サービスの提供である。つまり、産・官・学・民という主体が相互に連結してサービスを提供することにより、四者の協働関係の構築に基づく「生涯学習まちづくりプラットフォーム」と名付けるべき地域形成支援システムが形成されるのである。

ここでいう「学」からのサービスの提供とは、大学が所有する知見の地域社会への提供であり、住民の生活や要求、それに伴う学習需要や学習課題に対応できるような学問を、地域形成に大学が提供することである。具体的には公開講座や社会人入学の実施等の知的財産の提供であり、産・官・民との共同研究等の取り組みをいう。

次に「産」からのサービスの提供であるが、具体的には職業人のボランティア派遣、会費や基金の提供、寄付等の行為があがる。このなかでも特に「産」に求められるのは会費や基金の提供である。例えば住民活動の最重要課題に予算の問題があるが、こうした問題こそ「産」が最も期待される部分である。勿論、知見や技術の提供、学習場所の提供といったサービスも期待できるため、「産」は積極的に住民活動を支援していく責任があることを考慮して協働を進めていく必要がある。「生涯学習まちづくりプラットフォーム」の具体化については、亀岡市が二〇〇二年以来実施してきた「生涯学習まちづくり支援事業」に原型がみられる。この事業は文部科学省の支援事業として始められたものであり、産官学民の四者協働の具現化を模索するものである。

現段階において、亀岡市の「生涯学習まちづくり支援事業」を評価することは難しいが、今後の事業展開については、我が国の新しい生涯学習施策の一つのあり方を示すものとして注視していく必要がある。亀岡市の新しい動向として「亀岡NAWASHIRO基金」の創設などがあり、第19章で述べているが、同市の先駆性については評価していく必要がある。

（1）瀬沼克彰「行政の生涯学習化の方向―アイディアとしくみを考える」『社会教育』第五九八号、全日本社会教育連合会、一九九六年、六頁。
（2）今西幸蔵「人間関係の開発に関わるプログラムの一考察」『青少年育成研究』第五号、日本青少年育成学会、二〇〇四年、二九―三八頁参照。
（3）松澤利行「ともに学びともに行動するまちづくり―『生涯学習まちづくり出前講座』の実践を通じて」『日本生涯教育学会年報』第一八号、一九九七年、六一―七一頁。

# 第15章　生涯学習を進めるまちづくり

## 1　日本最初の生涯学習宣言都市

掛川市は、市長をはじめ多くの地域形成のリーダーが存在し、住民意識を啓発する方向でまちづくりを進めてきた。日本で最初に生涯学習都市宣言をした（一九七九年）のも掛川市である。

東京日本橋を出発して東海道を旅すると、二六番目の宿が掛川である。人口約一一万五〇〇〇人の掛川市として発展している。中心市街地は、江戸期に城下町として発展し、逆川の流れに沿って町屋が並び、今でもその伝統と文化の雰囲気が残っている。南北に長い市域の中心に位置する掛川駅は、ＪＲ新幹線、東海道本線と天竜浜名湖鉄道の三線の発着駅でもある。駅の改札を出て構内を進むと、「ようこそ城下町掛川へ」という案内のある店がある。第三セクターとして作られた「これっしか処」という特産物店で、同市の産物である掛川茶、くず、海産物、肉の加工品や地酒などが販売されている。「これっしか処」というネーミングは、「ここでしか」手に入らないという意味だそうであるから、地域のオリジナリティを強調していることがわかる。また単なる特産物展示場とは違うのだという自負を示している「これっしか処ギャラリー」は、同市はもちろん静岡県内市町村の伝統工芸品や美術品を月代わりで展示している。

掛川駅は、日本一立派で美しい駅舎、そして生涯学習センターとしての機能を持った駅舎を造るという基本的なコンセプトを持って建設されている。駅は人々の交流の拠点であり、情報の受発信のセンターであるという考え方に基づいている。この考え方は「日本一掛川駅八景づくり」ということで具現化されており、「これっしか処」に加えて、御影石や木煉瓦など六種類の舗装道路、三三種類で一〇〇本の街路樹の植栽、ミラーガラスのはめ込み、二宮金次郎像の建立、裸婦像の建立、一億円のゴールドセラミックのモニュメントづくり、天竜浜名湖鉄道の発着を指している。また新しい駅づくりだけでなく、東海道線でただ一つの木造駅舎が残されているのも住民に郷愁を与える効果を持つであろう。

こうしたところから駅前広場は住民にとっての散策の場であり、いわゆる居場所となっているが、掛川市の全市域公園化構想のモデル地区と考えられている。他地域から来た人が、同市がまるでテーマパークであるように感じられるのも当然といえるかも知れない。豊かな自然と人の往来を背景に、人工的な建築物がまちづくりの景観のトピックスのように配置されているからである。

同市の全体風景をテーマパークとして考えるならば、まちの中核的な建築物となっているのが掛川城天守閣であろう。掛川城が築城されたのは室町時代の文明年間（一四六九〜一四八六年）、当時の駿河の守護大名であった今川義忠の命によるものとされる。その後、徳川家康の支配下に置かれたが、やがて山内一豊によって治められ、その時に天守閣が造営されている。貴族的な美しさがあると評価された天守閣であったが、一八五四（嘉永七）年の大地震により損壊し、一八六九（明治二）年に廃城の憂き目にあっている。掛川城天守閣が復元され、開門したのは一九九四（平成六）年四月のことである。高さが八〇メートルある天守閣は、明治以降の天守閣建設では、我が国で最初の本格的な木造建築物であり、江戸時代の資料をもとにしてできる限り往時の姿に忠実に復元を試みたのである。

この三層四階建ての天守閣復元に至る過程には、まちづくりの一つの進め方を示す取り組みがある。それには当時の掛川市長の榛村純一氏のことを述べなければならないだろう。榛村氏は、生涯学習の提唱者として全国的に知られる人物であるとともに、まちづくりの仕掛け人としても有名である。おそらく彼の存在なくしてはあり得なかったと思われるような事業を積み重ねておられる。地方行政のリーダーのあり方のモデルを示してきたといっても過言ではあるまい。地方自治にあっては、いかにリーダーの役割が大切なのかを実証したのである。

ところで掛川城には、天守閣とともに城郭内には掛川城御殿がある。京都の二条城と並ぶ御殿であり、江戸時代の地方政庁の姿を伝えるものとして、国の重要文化財に指定されている。この建物も天守閣とともに一九世紀半ばの大地震で倒壊しているが、直ぐに再建されている。実務に支障が出たからであろうが、明治維新後は学校や役場に供されてきた。

掛川城天守閣を中核とするならば、城の周辺地域の町並みは城下町としての雰囲気を醸し出している。掛川城公園や立派な駐車場のある大手門があり、また観光物産センターである「茶処こだわりっぱ」も一役買っているが、ここもネーミングにおいて「これっしか処」と共通する考え方があるようだ。大分県の湯布院温泉のネーミングの効用も同様であるが、同じような質のものでもネーミングによっては受け取り方に大きな質的転換が生じる場合がある。それは地域の特色を生かすことに腐心している住民の心意気があるからで、そのことはまた新たなまちづくりを生み出す機会となるのであろう。

掛川駅では東海道新幹線が停車する。ＪＲの努力で、最近は「こだま」型の特急が停車する駅が増えつつあるが、掛川駅はそれらに先駆けて開設されたのである。では、どうして掛川だけがいち早く実現したのであろうか。このことを考えるときに、掛川市のまちづくりとは、どのような考え方で、どのような方法で進められたのかということが問題になる。ここで特筆されることは、資金を提供したのが住民であり、地元企業であるという事実である。一世帯平均一〇万円前後の寄付行為があり、それに地元企業が加算して三〇億円という資金が生まれ、この資金をＪＲに寄付をした。(1) 人口規模からしても大都市とはいえない掛川市が、市長の音頭取りがあったとはいえ、寄付行為という資金作りに着手したという経緯に驚く。この考え方を延長すると「ファンドレイジング」といった欧米での民間団体の資金づくりの発想にオーバーラップする。

第19章で詳述するが、「ファンドレイジング」の手法の中心は寄付行為であり、街頭募金、会費、物品寄付、相続寄付行為などの手法である。問題は寄付行為者が賛同できるような行為であるかどうかの内容の検討が重要であり、掛川市の新幹線駅の場合は、生涯学習の場での問題提起によって、そのことが住民に寄与する内容かどうかの検討がなされたという。結果として実行に移されたということは、住民が学習し、理解し、行動したということになる貴重な事例だといえよう。こうした発想を生み出したのは、掛川市が生涯学習というポリシーによって運営されていることに起因すると思われる。元掛川市長の榛村氏は、「地域と両親を尊敬する教育を進めなければいけない」という考え方に立ち、生涯学習をまちの基本的な考え方に位置づけていた。

「掛川学事始」という名の地域学講座、「とはなにか学舎」と呼ばれる市内三六カ所の名所、名園や名施設、「これしか」「いましか」「ここしか」というネーミングの綾で綴った物産品を販売する「これっしか処」の設置、市役所に五回出た要望は実現するという市政のあり方など、同市が発信する生涯学習は極めて示唆に富んだものがある。

いずれにせよ、掛川市におけるさまざまな生涯学習施策のトップリーダーが市長であったことは間違いない。同市が生涯学習都市宣言を行ったのは、市政二五周年の年であった一九七九（昭和五四）年のことであり、一九九一（平成三年）年には「地球、美感、徳育」都市宣言を行い、同市のまちづくりのめざす方向を住民に説明している。そこにリーダーシップと呼ぶべき実践力をみるのであり、二〇〇〇年前後の日本の生涯学習において、掛川市が一世を風靡したといえよう。

## 2　勤労者のまちの生涯学習活動

第12章でも事例にあげた八潮市は、埼玉県南東部にあって、二〇一七年一二月現在人口八万九〇〇〇人弱の都市である。荒川を挟んで東京都葛飾区や足立区に隣接し、住民の多くは東京近辺で働く給与所得者である。映画『キューポラのある街』で有名な川口市や焼き菓子のせんべいで知られる草加市にも近いが、これまでは軌道の交通機関がなく交通の便は必ずしも良いとは言えなかった。ところが二〇〇五年に首都圏新都市鉄道会社によって「つくばエキスプレス」が開通して八潮駅が設置されたため、同市は秋葉原とつくば市とを結ぶ線上に位置することになった。勤労者の町というような表現が適切だと思える同市にとって、交通機関とのアクセスが可能になったということは悲願が叶ったということになろう。

同市は、一九九一（平成三）年に生涯学習都市宣言をしており、「生涯学習によるまちづくり」を基本理念とし、住民が住んで良かったと誇りが持て、快適で夢のあるまちづくりをめざした。東京の郊外都市であるという地理的な条件のもとに、同市のさまざまな課題の解決に生涯学習の機能を生かすことにより、市民が暮らしやすいまちづくりを進めてきている。同市役所の組織も斬新で、一九九二年には生涯学習を推進する中核機能を持つ生涯学習都市推進室が市の企画部に設置され、やがて一九九六年には「市民が主役推進室」として助役直轄の組織として衣替えをした（最近、組織替えがあり、この状況は変化している）。また、同市役所は、行政にありがちな堅いスタイルで市民に対応するのではなく、親切で行き届いた市民サービスを行うことを心掛けている。それには市の行政職員自身が意識改革を行うことが前提であり、市長以下の職員すべてが魅力的なまちづくりを志している。

同市の生涯学習をリードしてきた故藤波彰元市長は、著書『わたしの生涯楽習』の中で、「生涯学習の基本は、個人が成長していく『人づくり』と、人と人とのふれあい、ネットワークにあります。市民と市民、市民と行政が強く結び付くことによって、さまざまな課題に適切に対処していこうというものです。そしてその中心は常に『市民』です。住み手を中心に考えてこそ、やすらぎのある都市が生まれると考えます。やすらぎに満ちた人間中心の都市は、住む人をほっとさせてくれるはずです。『ほっ、とする都市 やしお』は、八潮市のキャッチフレーズとなっています。『生涯学習では、飯は食えない』そういう批判を聞くことがあります。しかし、二一世紀型産業は、学習なくしては生まれてくることも、生き残ることもできないのです。(2)」と述べている。同市の生涯学習施策の主なものを見ると、「やしお生涯学習まちづくり出前講座」、「やしお生涯楽習館」の設置、学習情報提供システム「ほっ、とネット」の設置、生涯学習情報誌「はあとふるワンダーランド」の発行、情報収集ボランティアグループ「やしお探偵団」の活動などがある。二〇一一年度のやしお生涯楽習館事業を見ても、フリーマーケット、山本學主演映画特別上映会、楽習館まつり、やしお楽習塾、サポーターズバンク「微助人」、八潮市ベスト三〇ナビゲーター養成、生涯学習よろず相談などの事業が並ぶ。

八潮市の場合もリーダーが市長であったり、市の幹部職員であったりするが、住民のニーズを鋭敏に捉えて施策を示している点で特筆される。そこには優れた広聴能力が存在するのであろうが、社会教育でいうところの広聴はステークホルダーである住民との関係性において成り立つものであり、ＰＲ（Public Relations）という行為に属するものであることを忘れてはならない。八潮市の生涯学習行政の優れているところは、第12章で説明した「生涯学習まちづくり出前講座」のような広報活動と、行政職員による真摯な広聴活動の学習成果といえる。

## 3　公民館活動が盛んな生涯学習宣言都市

大阪府茨木市は、一九九八（平成一〇）年九月二九日に生涯学習宣言都市の仲間入りをしたが、大阪府内で最初の生涯学習宣言都市である。同市は大阪府の東北部、淀川以北から北摂丘陵に至る比較的大きな都市であり、二〇一七年一二月現在、面積は七六・五二平方キロメートル、人口およそ二八万人（一一・三万世帯）である。交通には恵まれており、東海道新幹線（駅はない）、ＪＲ東海道線（茨木駅は快速急行停車駅）、阪急電車、大阪高速鉄道が走っており、さらに阪急バス、近鉄バス、京阪バスなどが往来する。

歴史的には古くから発展していたようで、弥生時代の環濠遺跡や高床式倉庫がみつかっており、権力を持つ豪族がこの地を支配していたことを窺い知ることができ、また銅鐸の主産地であったともいわれる。室町時代初期には楠正成によって茨木城が構築されて城下町として繁栄したという。江戸時代には、市の中央を東西に横断する西国街道沿いに多くの人々が行き交ったとされ、参勤交代のための郡山宿本陣も残っている。近世から近代にかけては摂津国三島郡に属しており、農業を主産業として発展している。なお室町時代後期にはキリスト教が布教され、高山右近が治めたこともあって市の北部の山間部ではキリスト教徒が「隠れキリシタン」として信仰を続けたと考えられている。

同市はこうした歴史・文化都市であるとともに、学術研究などの資源が充実したまち、交通が便利で産業経済が発展するまちという側面もある。学術研究面でいえば、九つの大学及び短大がある上に、彩都と呼ばれる同市北部の山麓部にライフサイエンスパークが設置されて研究・開発機能を有する施設が集積されている。

産業構造をみると、同市において従前は産業の中心であった企業の流出がある反面、コミュニティビジネスやソーシャルビジネス、あるいはIT関係企業活動などの新しい産業が同市を支えており、関西随一ともいえる抜群の交通の便の良さから物流関連産業の拠点的役割を果たす産業の立地が見込まれる。

このまちも例外なくコミュニティの変容があり、ライフスタイルの多様化がみられ、テーマ型のNPOを中心とする課題解決に向けた社会活動が活発である。近年では、防災等の安全・安心を巡る意識が高まっているとされる。

教育機関としては、市立幼稚園一三、市立小学校三二、市立中学校一四、私立中・高等学校三、高等学校一一、大学・短期大学九、各種学校一、特別支援学校一、専修学校一、会館や多目的ホール九、博物館四、プラネタリウム一、図書館一三、移動式図書館一、スポーツ施設となっている。

同市は福岡洋一市長のもとで「ほっといばらき　もっと、ずっと」をスローガンにまちづくりを進めている(3)。二〇一六年一二月に制定された第五次茨木市総合計画をみると、まちづくりの視点として「活力」と「つながり」をあげており、誇りと愛着に満ちた「まちの将来像」を定めている。①ともに支え合い、健やかに暮らせるまち、②次代の社会を担う子どもたちを育むまち、③みんなの〝楽しい〟が見つかる文化のまち、④市民・地域とともに備え、命と暮らしを守る安全安心のまち、⑤都市活力がみなぎる便利で快適なまち、⑥心がけから行動へ　みんなで創る環境にやさしいまちの六点があがる。

まちづくりを支える基盤については、市民の思い（市民アンケート、市民ワークショップ）を充てている。「住み続けたい理由」に基づく要望や要求、加えて地域学習としてのワークショップで討議した「住みたいまち」に関わるキーワードから施策を導き出しているのである。同総合計画は、「まちづくりの主役は市民です。人間関係や地域でのつながりの希薄化が進む中で、新たな地域のつながりを創出し、地域の課題を地域で解決できる地域自治のまちづくりを推進するとともに、NPOなどの自発的な公益活動を推進しながら、市民・事業者・市民活動団体等と市の良好なコミュニケーションと信頼関係による協働のまちづくりを進めるため、積極的な情報の共有と仕組みづくりを推進します。そして、すべての行政分野において人権尊重のまちづくりと、男女共同参画社会の基本理念を踏まえ、市民とともに総合的な施策の推進に取り組みます。」として、基本構想の実現をめざしている。

同市で特筆されることに生涯学習センターを核とした公民館活動がある。生涯学習・社会教育などの地域生涯学習施設においては、大阪府内で屈指の活動を実施しており、生涯学習センター主催のきらめき講座や出前講座、また大学との共催によるさまざまな講座が実施されている(4)。生涯学習に取り組んできた人の学習スタイルを「参加」から「参画」へと進め、学習成果が生かせる環境や活動体制の整備を推進するため、生涯学習に関する計画を策定しようとしている点が特筆される。公民館活動については、生涯学習センターきらめき内の中央公民館と小学校区などの三二公民館で実施されているが、地域活動の拠点としての機能を高めるために、地域社会との協議の上で、公民館における管理運営機能のコミュニティセンター化を図りつつある。この三二館すべてに館長が配置されており、館長は各公民館区の地域住民のなかから選出され、教育委員会の任命を受ける。実際の事業の実施に当たっては館長と公民館主事が担当するが、地域団体の各代表からなる運営委員（一七〜四三人）による運営委員会に諮って事業を検討、協議した上で実施される。同市の社会教育や地域学習を支える取り組みに、地域団体の各代表で組織された公民館区事業実施委員会が主催する「ふるさとまつり」や「地区体育祭」「文化展」などがあり、公民館職員の助言もあって盛況に推移している。住民の自主性や自発性が強く、文化活動のレベルが高い同市の特質がよく表れている。

## 4　生涯健康学習を進める各地の実践

### 一　旧沢内村（岩手県）の取り組み

少し以前の事例になるが、社会教育における広報活動が中心となって地域の健康学習が進展し、結果として地域医療の整備を果たした岩手県沢内村（現和賀郡西和賀町）の実践について紹介する。旧沢内村は、岩手県の南西部に位置している。当時の村の面積が約二八六平方キロメートルであり、その約八六％が山林原野である。この村は豪雪地帯として有名であり、その緑豊かな自然と歴史が評価されて、二〇〇一年には農林水産省などが主催する農村アメニティ・コンクールにおいて全国最優秀賞に選ばれているが、また「保健医療の村」「村民の命を守る政治」としても名高い自治体である。

元弘前大学教授の石崎宣雄氏の報告書によると、過去の旧沢内村は健康問題について決して望ましい状態の村ではなかったとされる(5)。日本でも有数の乳児死亡率の高い村であった。冬季の積雪、診療所はあっても医師が不在であるという実態があり、その結果が村民にもたらす苦しみは言語に絶するものがあったといわれる。しかし村長に就任した深澤晟雄氏らの取り組みによって、村ぐるみの生命尊重行政が実施されたことがよく知られている。

旧沢内村は日本でも有数の包括医療体制の村に変わった。行政が住民に施策を提案し、社会教育の現場でその内容に関わる学習を繰り返して行い、やがては村民の知恵を引き出すことに成功したのである。村民は社会教育の場をとおして「集落再編成」「包括医療」といった専門用語を学び、日常会話で使用するまでになった。旧沢内村は現在、「保健医療の村、治雪・活雪・親雪」をスローガンにして、「新しい雪国の創造」に向かっている。「一般行政施策が社会教育と一体となった時に、施策が進んでいく」という石崎氏の指摘が意味深い。ここでいう社会教育は、今日では生涯学習と呼ぶべき内容のものと思われ、この事例のような行政のあり方、学習活動の進め方について理解する必要があろう。

## 二　神戸市における大学と薬剤師会の連携による健康学習

地域で健康学習を進めていく上で、大学等の高等教育機関の役割が重要であると考える。ここで紹介するのは、健康をづくりを進めていく上での医療薬学情報の提供の事例であり、大学と地域の薬剤師会及び地域社会との連携・協力の事例である。神戸学院大学地域研究センター地域医療薬学分野の研究をとおして、「薬学情報システム」というものが構築されている。(6) 研究では二つの研究課題が設定され、一つは「お薬ネット」「お薬相談室」研究、もう一つは「災害対策としての薬剤供給情報システム」に関する研究である。

最初に「お薬ネット」「お薬相談室」の研究成果について説明する。地域医療薬学分野の研究で、「お薬相談室」を円滑に運営する先駆けとして立ち上がったのが「お薬ネット」と呼ばれる情報提供システムである。全体構想としては、大学が提供する相談機能を強化する方策として、関係者（地域医療薬学分野の共同研究者や神戸学院大学薬学部卒業生らを中心にして）による情報提供ネットワークづくりに着手したということである。

具体的に「お薬ネット」を見ると、有料会員によって組織されるのであるが、Ｗｅｂ上でのメーリングリスト機能を活用して関係者が医薬品情報を提供し、その情報に関する内容や使用上の問題点などがディスカッションできるシステムである。例えばネット上で、ある薬品の副作用の疑いについての問題が提起されると、この質問に対していくつかの回答が出される。薬剤内容に関する知識、服用時に配慮すべき事柄、薬剤師の果たすべき役割などが何人かの回答者によって示されるのである。このようにして得られた医薬品に関する情報は、地域医療薬学分野のデータとして蓄積され、後に説明する「お薬相談室」の参考資料に転化していく。また、「お薬ネット」は、各大学、地域薬剤師会の固有の医薬品情報がメーリングリストを媒介として蓄積され、情報提供され、既存の医薬品情報システムとのネットワークの活用も図られるのである。この「お薬ネット」という情報提供システムには、全体構想のブレーンとしての役割が想定されており、「お薬相談室」と共同で、地域住民が求める医薬品情報を提供することによる地域社会貢献を意図している。

「お薬相談室」であるが、いわゆる「お薬」に関する相談事業ということである。実際に機能するためには、各都道府県薬剤師会、卸企業の薬事情報センターとの連携が必要であり、各機関の現状と課題の分析が行われる。情報センターに必要だと考えられる図書、添付文書集、インタビューフォームなどの医薬品関連情報の活用についても研究される。「お薬相談」を必要とする地域住民にとって相談に対する回答者の姿勢によって左右される面があり、受け取り方が違ってくることもあり、対応に関わる問題も検討されている。直接的な対話を求める意見も多いが、ＦＡＸやＩＴによる相談事業が計画されている。

次に、「災害対策としての薬剤供給情報システム」の研究についても触れておきたい。この研究は、地域社会での薬剤師活動の一環として位置づけられるものであり、災害対応システムの構築を目的としたものである。神戸市薬剤師会副会長の斉藤保氏の説明によると、同薬剤師会に会員登録されている薬剤師が、以下のような形で組織化されているということである。災害対策ということで、地震等の危機対応時には、まず薬剤師会に災害対策本部が設置されることになる。予め市域を九つの区に分けておくのであるが、各地区ごとに薬剤師グループが配置され、これらのグループのもとに下位組織であるユニットが形成され、このユニットが住民の各避難所と対応することにより、緊急時に機能することを想定したシステムである。つまり災害発生時には、各ユニットに対応する薬局が機能して、災害避難所に対する支援を行うことになる。

システムを実際に機能させるためには、条件整備を図っていく必要があり、市薬剤師会所属の薬剤師を中心とした組織体制づくり、災害避難所との連絡方法や指示系統の確立といった問題、必要とされる薬剤等の在庫確保といった問題に取り組むことが求められる。こうした要求を満たす役割である大学薬学部の後方支援が必要であり、情報交流が重要であるという認識が生まれている。これを大学の側から捉えるならば、大学が危機対応として薬剤師会の取り組みと連携・協力し、災害時に必要な薬剤の管理・供給と症状に応じた薬剤の選択、さらには健康相談等の機能を持った医薬情報を提供することが重要であるということになろう。

## 三　食育に取り組む健康学習都市

生涯にわたる健康について考える時、食事の問題は極めて重要である。我が国は世界で最も豊かな食事をしているといわれるが、肥満やダイエット願望から生じる生活習慣病の問題や「食」の安全性の問題などもあり、健全な食生活が行われにくい現状にあるとされている。二〇〇六年一一月に政府が示した「食育白書」では、朝食を摂らない「欠食」や、一人で朝食を摂る「孤食」が子どもたちの間で広がっていることが憂慮されている。その当時の朝食欠食率は、全体で一〇・五％に上り、二〇代の人は二七・四％、一〇代後半の人は一二・四％、七～一四歳の子どもが三％、一～六歳の子どもで五・四％であった。

こうした問題を解決していくための考え方に「食育」がある。食に関わる自己管理能力の育成を意味し、知育、徳育及び体育の基礎となる、つまり生きる上での基本となるような考え方をいう。

二〇〇五年六月には、食育基本法が制定されたが、食育基本法の前文において「国民一人一人が『食』について改めて意識を高め、自然の恩恵や『食』に関わる人々の様々な活動への感謝の念や理解を深めつつ、『食』に関して信頼できる情報に基づく適切な判断を行う能力を身に付けることによって、心身の健康を増進する健全な食生活を実践するために、今こそ、家庭、学校、保育所、地域等を中心に、国民運動として、食育の推進に取り組んでいくことが、我々に課せられている課題である。食育の推進に関する我が国の取組が、海外との交流等を通じて食育に関して国際的に貢献することにつながることも期待される。」と述べられている。

食育基本法の基本理念は、食育をとおして生きる力を育成するために、家庭、学校、地域など、あらゆる場所で食育に関する活動を進めていくこととされ、そのことによって心身の健康を培い、生涯にわたって生き生きと暮らすことができるようにすることが目的となっている。

例えば、食育推進に取り組んでいる大阪府和泉市は、その具体化となるさまざまなイベント活動を展開している。中心となっているのが「和泉市民健康まつり」の開催で、会場では医師会、歯科医師会、薬剤師会、保健所、栄養士会、食生活改善推進協議会などの組織や団体が各種のデモンストレーションを行い、それぞれに健康に関わる情報を提供している。「和泉市民健康まつり」の会場では、医師会主催の各種の測定が行われる。骨密度測定、肌年齢測定、血糖測定などがあり、日頃の健康診断などでは検査しないような検査項目が並ぶ。歯科医師会が主催するのは、歯科総検診、唾液テスト、フッ素塗布などである。また薬剤師会主催のコーナーは、体成分測定や健康クイズを行い、大勢の参加者を集める。

さらに同市食生活改善推進協議会、同市保健所管内地域活動栄養士会及び給食研究会などは、栄養、食生活コーナーに出展し、子どもたちを囲んでの紙芝居や食材釣りゲームなどを行っている。ここではボードと資料によって「和泉市版食事バランスガイド」（全国的には、食事バランスガイドのモデルがあるが、ここでは和泉市版ということで郷土料理が目安となっている）が示されている。このバランスガイドについて、栄養士会のメンバーが解説したり、アンケートを実施している。またバランスガイドに準拠したレシピの紹介などもされている。このレシピのなかで評判が高かった郷土料理は、「茶がゆ」「なすのごまみそ和え」「じょうよ蒸し」などであったと報告されている。親子でクッキングというフレームで実施されたのであるが、料理の材料として、伝統食という見地から可能な限りは郷土の収穫物を使用するという点が重要である。また、地元の小学校の生徒が授業を通じて、少しずつこの取り組みを進めてきたという経緯があり、取り組みの中心となる組織や団体と学校や地域とが連携を深め、こうした実践を継続するなかで実現したのである。

次に給食研究会の展示についてであるが、参加者の目の前にある食品サンプルのなかから、自分の食べたいものをトレイに選んで所定の場所に行くと、そこで栄養評価がしてもらえる。個人にとってのバランスガイドの参考になる学習機会である。「和泉市版食事バランスガイド」作成の経緯に、和泉市健康づくり推進市民会議食育検討会を中心として、農家女性の生活改善グループが発展して有限会社になった組織や地元の小学校の協力があったといわれる。

実践によって食育に対する考え方や取り組みが進展しただけでなく、旧来から地域に居住している住民と、新しく生活の拠点を移した住民との交流が深まっていることも報告されている。

## 四　運動・スポーツの推進による健康学習都市

和歌山県西牟婁《にしむろ》郡上富田町は和歌山県の西南部にあり、人口約一万五〇〇〇人の地方都市である。この町では総合型地域スポーツクラブ「くちくまのクラブ」を核にして、「スポーツによる町づくり」の活動が組織的に進められている。

「くちくまのクラブ」は、『SEACA』という愛称で呼ばれる。『SEACA』というのは、Sports, Education, All, Culture, Association の頭文字の略称であり、スポーツや教育、その他すべての文化活動を通して地域全体で地域の子どもたちを育てる環境を作るクラブという意味で使われている。「スポーツをしている子どもたちが、スポーツをしていない子どもたちに、スポーツの楽しさを伝えよう」という趣旨でクラブの設立が検討されたということである。広報によると、クラブの主な事業は、小中学生を対象としたスクール、サークル活動、各種イベント、幼児と保護者を対象にしたプレスクール事業、クラブ誌の発行、Tシャツの販売などであり、すでに他方面での事業展開がなされている。

「くちくまのクラブ」の事務局として、JR紀勢線朝来《あっそ》駅構内にある「くちくまのまちのホットステーション」にクラブハウスがある。無人駅の活用であり、元駅の執務室がクラブハウスにあてられている。クラブマネージャー一名と、ボランタリーな活動をしている事務局員六名と理事などの関係者二五名がいる。賛同企業が一二〇社あり、二〇〇七年一月には設立総会が持たれてNPO法人化した。クラブ設立の経緯をみると、二〇〇四（平成一六）年一〇月に上富田町地域子ども教室実行委員会が設置され、翌一一月には第一回子どもスポーツチャレンジデーを開催している。このスポーツイベントは、「地域子ども教室」のPR活動の一環として企画、実施されたということである。そして翌一二月には、一二種目一五教室、指導者七五名、メンバー三一二名の「地域子ども教室」

が立ち上がっている。この教室の特色は、スポーツを学ぶだけでなく文化教育活動も実施している点にある。

「地域子ども教室」が核となって、会員数が約五〇〇名弱に達し、ライフスポーツ財団の助成金対象団体（キッズスクール）に認定され、まちづくりシンポジウム、スクールやサークル活動、子どもスポーツチャレンジデー、くちくまのチャレンジデー、プレスクール、フォローアップ野球教室、ライフチャレンジザウォークなどの事業を実施している。

「くちくまのチャレンジデー」は、住民に運動習慣をつけるきっかけづくりという意図から実施されたものであり、運動やスポーツを日常生活に取り入れるという趣旨で世界同時に開催されたイベントでもある。競技形式であり、当日の午前〇時から午後九時までの間に、住民が一五分間以上継続して身体を動かすことによって行事参加となり、その参加率を競う。

上富田町においては、事業所、学校、幼稚園などで、始業前や休憩時間に、町オリジナルの健康体操「かみとんだ体操」、ラジオ体操やリズム体操が行われている。早朝にウォーキングをした町民、夜間にはソフトボールやソフトバレーボールに汗を流した町民もいるという。こうした経緯を経て、総合型地域スポーツクラブ「くちくまのクラブ」が設立された。

「くちくまのクラブ」の目的は、子どもたちの体力の向上を追求するだけでなく、子どもたちが自然な形で運動やスポーツと接し、文化活動に参加し、自分を発見したり、自分の可能性を拡大することや、他者の視点に立って行動できるような人間になることをめざしており、具体的には、幼児から高齢者に至るまでの多くの住民に活動の場を提供しようとするものである。

また、「くちくまのクラブ」の特色は、他都市では主に行政が行っている業務を民間クラブが実施しているという点にある。関係者以外にこの事業を支援しているのは、クラブの顧問弁護士、保険代理店、企業経営者、公認会計士、スポーツ少年団指導者、体育指導委員などであり、さまざまな人々がそれぞれの専門領域からクラブ運営に携わっているという。文字どおり町をあげての運動・スポーツの推進であり、健康学習という生涯学習の実践であり、コミュニティ形成の場である。「くちくまのクラブ」が中心となり、上富田町体育指導員、上富田町体育協会、学校、行政、地域（住民や企業）をネットワークし、相互に連携、指導、参加、参画、支援、委託、運営といった形態での関係を持ち、町全体の運動・スポーツ振興に努めることをめざしている。こうした地域型運動の目標として、個人のみならず集団と社会という観点からの運動効果が期待できるという点が重要であろう。

## 五　大学医療機関との連携による健康学習都市

日本でも数少ない健康宣言都市である福岡県久山町は福岡市の東南部にあり、人口約八〇〇〇人の地方都市である。このまちは早くから町民の健康づくりをまちづくりの基本理念として進めてきたことで有名であり、田園健康都市と呼ばれている。特に「剖検率一〇〇％の町」として全国的にも知られている。このことは世界的な疫学研究に関連しているのであるが、住民の健康を住民自身が体験的に学習する過程のなかで実現したことなのである。実際には、脳卒中を管理することによって、脳血管性痴呆の発症率を低下させることに成功した町ということなのだが、背景には住民の健康に対する深い思いがあり、そのための学習活動が存在した。

一九六〇年頃の日本では、脳卒中が死因の第一位であった。それも脳出血が著しく多かったことから、世界的にも研究者の間では、なぜ日本でこんなに多いのかという疑問があり、原因を追究することが医療分野の重要な課題であった。そこで、九州大学医学部のスタッフが研究に着手し、久山町の住民の参加・協力を得て、調査が実施されたのである。最初は、久山町の住民が町ぐるみで成人病集団検診を受けるというレベルでの参加・協力であったが、町に健康増進クラブが設立され、やがて死亡した住民が自分自身を献体し、剖検（病理解剖）によって正確な死因を探るというレベルでの参加・協力に至ったということである。当時の医療研究では、剖検なしに脳卒中の原因を探ることは困難であったとされるので、住民の献体から得られたデータは大学研究者によって研究され、脳卒中の正確な原因の追究に役立ったのである。その結果、日本の医療に大きな影響を与え、世界的にも有名な疫学研究につながったのである。

レポートを刊行した祢津加奈子氏の説明では、脳卒中の実態の解明という医学的アプローチにおいて、剖検の実施のために自身を献体するという決意と行動に至るまでの啓発や学習活動に大勢の人たちが関わり、数々の困難な問題に直面しつつも、健康の獲得に向けての住民の強い意思があったと述べられている。(7) 祢津氏の報告から読みとれることは、関係した人々の間に互いに「信頼」があったと思われる点が特に重要である。そのことは、健康と教育を町政の軸にして行政を担当した二代目久山町長の小早川新氏の「久山町研究は、行政と町民の信頼関係を築き、町づくりの方向性をも想定した。」という言葉に表れている。

そうした困難を打破した結果、我が国の医療において乏しかったＥＢＭ（根拠に基づく医療）が確立されたのであり、今日なお研究は遺伝子解析が取り入れられ、生活習慣病の予防と治療の研究が進展しているのである。

その後、久山町は、第二次総合計画のなかで、基本目標として「活き活きとした健康な産業が営まれるまち」を掲げ、「健康、環境保全を重視した新しい農業の推進」が施策とされた。また「交流を育み活力ある地域社会を創造する文化のまち」という基本目標の下に、「心身の健康と交流を育むスポーツ・レクリエーションの振興」が取り上げられている。こうした基本目標とともに、これまでの久山町の健康学習の実践を現す基本目標に、「誰もが安心して暮らせる健康福祉のまちづくり」がある。基本目標の実現のための重点目標として、「医療費の削減と総合的な健康づくり」「心のケアを育む地域社会の支援体制」があり、具体的施策として「生涯健康づくりの推進」「『元気』を育む社会参加と生きがいづくり」「総合的な地域ケアシステムの構築」「温かみのある福祉サービスの充実」が示されている。

このような理念や計画に基づいて、同町は保健事業体系を示し、健康施策を進めているようである。生涯にわたる健康学習という観点から興味のあることは、胎生期から死亡時までの各期における、住民に対する医療・健康領域からの具体的アプローチである。このアプローチについては、行政や学校はもとより、大学、医師会、歯科医師会、日本赤十字、公益法人、民間健康セクションなどの支援で実施されている。

具体的には、前述した九州大学との共同研究事業の継続、さらに同大学の予防歯科や眼科の検診事業、中村学園大学による栄養調査などの大学の医療・健康支援があり、病気の早期発見・早期治療とともに、健康学習に対する啓発が十分に行われている。そうした支援を背景にして、乳児・妊婦から高齢者に至る、あらゆる人々の健康づくりがシステム化されている。こうしたなかで、幼・小・中学校との連携が強く求められており、住民にはセルフマネジメントの視点からの健康づくりを奨励している。特に注目されるのは情報提供のきめ細かさであり、①広報による啓発、②有線放送による啓発、③カレンダーによる啓発の実施がある。

同町の保健事業体系における健康教育の内容をみると、①ヘルシークッキング教室、②高血圧教室、③糖尿病教室、④高脂血症教室、⑤ダイエットセミナー、⑥漢方教室（気功、太極拳、薬膳）などが実施されており、他にも地区組織活動として、①食生活推進えびね会、②糖尿病教室同窓会、③育児サークルがあって、全世帯に健康カレンダーが配付されたり、二地区において健康菜園が開かれたりしている。

また総務省のリーディング・プロジェクトに参加し、「ヘルシーフォレストひさやま」という健康プロジェクトを立ち上げている。フォレストとは、F（食生活とファミリー）、O（健康チェック）、R（リラックス）、E（ふれあい）、S（滞在）、T（情報・統合）を包括する概念であり、人間と人間や自然との関係のなかに、身体的、精神的、社会的な視点から健康についての学習を行い、新しい価値を創出しようとする試みであると説明されている。具体的には、①個人の健康状態を測定し、ヘルスケアの機能を有する「ヘルスC&Cセンター」、②健康学習の場として宿泊機能を備えた施設である「健康アグラ」、③健康学習の実践場所としての樹林空間、ウォーターフロントや遊歩道を整備した「フォレスト&ロード」などの設置である。

人間の健康（ヘルス・ヘルプの健康づくり）、国土の健康（自然の生命が息づく町）、社会の健康（ふれあいと活力のあるコミュニティ）を標榜する久山町の実践は、住民の検診参加と剖検が基本となっているが、総合的に健康学習の意味とそのあり方を示唆しているといえよう。

（1）大西珠枝・榛村純一『まちづくりと生涯学習の交差点—掛川市教育長の2年9ヶ月』ぎょうせい、一九九六年、二三八—二四〇頁。
（2）藤波彰『わたしの生涯楽習—まちづくりは人づくり』ビジネス教育出版社、二〇〇〇年、三六—三八頁。
（3）『第5次茨木市総合計画 ほっといばらき もっと、ずっと』茨木市、二〇一六年。
（4）『Next Stage　茨木市生涯学習情報誌』茨木市、二〇一七年。
（5）石崎宣雄「行政広報と社会教育を結びつける」『月刊広報』日本広報協会、一九八二年。
（6）『阪神・淡路大震災後の地域社会との共生をめざした大学の新しい役割に関する実践的研究報告書』第一一号、神戸学院大学地域研究センター、二〇〇六年。
（7）祢津加奈子『剖検率１００％の町—九州大学久山町研究室との40年』ライフサイエンス出版、二〇〇一年。

# 第16章　市民協働を推進する教育・文化都市

## 1　教育・文化都市の社会教育委員活動

文部科学省の「社会教育調査報告書」などから今日の我が国の社会教育の状況をみると、教育委員会や公民館（類似施設を含む）等における「学級・講座数」は飛躍的に増加しており、例えば平成一〇年度では約六七万六〇〇〇学級であったものが平成二六年度には約八〇万三八〇〇学級になっていることが報告されている。施設数などの他の指標で過年度の状況と比較しても、公民館数の減少があるが図書館数の増加があり、社会教育行政は、全体としては安定して進展しているように思われる。

しかし現実には、各自治体において予算面での減額や施設職員の減少が続いており、指定管理者制度の導入もあり、社会教育行政関係者の実感として日本の社会教育行政が危機的な状況にあるという意識が存在していることは事実である。

そうした状況のなかで重視しなければならない動向に、社会教育行政に関わる事業の多くが一般行政の事業に移行されていることがあげられる。例えば放課後子どもプラン事業の実施により、福祉セクションとの連携・調整が必要となり、これが引き金となって青少年教育を一般施策に移行した自治体も少なくない。また、住民自身が自分たちの学習を組織する機能を強めた結果、それぞれの学習課題に取り組むなかで教育領域にとどまらず行政の各セクションと関係を築き、一般行政の支援を受けるようになっている。

こうした傾向は、生涯学習の進展という視点から評価でき、住民のより主体的・自発的な学習活動は、もはや従来の社会教育行政のパラダイムのなかで理解することが困難になってきているとさえ感じる。流れをさらに加速する自治体の動向として、社会教育委員自らが社会教育施設や社会教育事業の一般行政への移行と統合を図り、社会教育関係団体のあり方を再検討しようとする動きがある。

ここで事例とする大阪狭山市は、本書では市民協働のまちの事例として何か所かで取り上げてきている。大阪府の南部に位置し、人口六万人弱の郊外都市であり、現市長の古川照人氏のリーダーシップにより着実に発展しつつある。市域は東西に二キロ、南北に六キロの面積であり、小学校七校、中学校三校、高等学校一校、さらに生涯学習施設としての文化ホール、公民館、社会教育センター、図書館、郷土資料館、スポーツ施設、地区会館（集会所）などが設置されている。他章でも詳しく説明しているが、同市においては吉田友好元市長のもとに早くから政策の基本理念として住民自治を基盤とした「市民協働」が掲げられており、そのための基本条例も整備されている。早くから市民協働型（行政と住民との協働型）のまちづくりが進められ、市民協働を推進する上でのパートナーシップの役割を担える住民の育成こそが市の最重要課題の一つとして位置づけられている。

大阪狭山市では、社会教育委員の会議において市民協働の視点に立った住民自治づくりが指摘され、具体的な施策のあり方が検討されてきた。つまり施設中心の教育行政経営、行政ベースで実施されてきた教育事業、さらに継続的な補助金受給団体としての社会教育関係団体のあり方などを見直し、市民協働型の住民自治の確立をめざすことにあった。例えば社会教育関係団体事業費補助金について、社会教育委員の会議で検討するのではなく、公平性・公正性・透明性を基本原則とし、同市がすでに実施している市民公益活動促進補助金制度に照らした事業審査や評価方法を導入した新しい補助金制度に移行することが検討された。二〇〇八年六月に改正された社会教育法第一三条とも関連することである。

もちろん、法改正の趣旨が社会教育委員の会議の形骸化を防ぎ、社会教育委員が本来の活動に取り組むことを意図していることはいうまでもない。一自治体の動向であり、限定された地域の特性があるが、ここでは我が国の社会教育の振興において住民自治の育成をめざした新しい動きをどう評価するのかを考えていきたい。

## 2　社会教育施設・事業の移管と統合

大阪狭山市の教育行政は、市民協働というパラダイムで社会教育行政を捉えることにより、社会教育行政と一般行政との一体化をめざしてきた。このことは行政事務の効率化を求める主張に呼応するものであるだけでなく、広範な市民サービスに対する要求に対応しようとする考え方である。徹底した住民自治を求める同市は、行政の全セクションにおいて市民協働の視点から行政評価を行い、事業点検を実施してきたのである。この点で教育行政の検討も例外ではなく、住民自治の追求という市民協働の視点から社会教育行政が見直された。しかも、見直しの主体として社会教育委員という住民の代表者が行った点が画期的である。

実際には、大阪狭山市の社会教育委員の会議において、二〇〇七年一月三一日に「社会教育施設の所管について」が、続いて同年三月二九日には「社会教育事業の移管・統合について」が報告された。この二つの報告は、社会教育施設及び社会教育事業の一般行政への移管と統合を推進することが趣旨となっている。

「社会教育施設の所管について」では、「本市教育委員会においては、……長期的な視点に立った社会教育行政推進方針を策定する予定である」とした上で、「社会教育委員会議では、社会教育施設の管理・運営について、生涯学習を所管する市長部局との整合・統合・移管など多面的な検討を重ねながら」今回の報告をとりまとめたと経緯を述べている。

課題の検討にあたっての視点として、①市民サービスの向上を図る視点、②市民協働によるまちづくりの視点、③生涯学習を推進する視点、④社会教育を推進する視点、⑤簡素で効率的な行財政運営を推進する視点を設けている。

特に、住民自治を推進するための施設とは何かということが問われたのであり、その検討のなかで公民館や図書館については、現段階では市長部局に移管する環境にない施設であると捉え、社会教育センター、青少年野外活動広場や各種のスポーツ施設（計一〇か所）については、条件整備は必要なものの、施設の所管がいずれであっても、行政の役割として組織的な教育活動を奨励し、環境醸成を行うことには影響がなく、市長部局に移管することが望ましい施設とされたのである。

ここで公民館や図書館が移管の対象にならなかった理由として、行政が実施する社会教育と市民が行っている生涯学習活動とのバランスが円滑であり、社会教育法で規定する明確な教育目的を持った施設機能が充分に発揮されていることがあげられている。このことは、限定的ではあるが、両施設における社会教育の固有性を認めることとして考えられる。つまり社会教育行政の役割に、従来からの機能とともに、市民協働の視点と展開を求めているのである。

一方、市長部局への移管が望ましいとされた施設については、必要とされる条件整備の内容をあげると、①市民・事業者の予約申請等における市民の優先条件の整備、②予約申請、使用料、利用対象者等、他の施設との整合、③無料施設の有料化の検討、④隣接する複合施設の一体管理となっている。

これらの施設について、教育委員会所管から市長部局への移管が望ましいという結論を出したのであり、そのことから事業者が利用できること、事業者による広報などから情報提供が広がることなどを効果として示している。この見解で重要な点は、施設経営においての社会教育行政と一般行政とでサービスの提供が変わらないという認識を示していることであり、一般行政への移管と統合を通して住民が主権者としての主体性の発揮を追求している点である。

次に「社会教育事業の移管・統合について」の検討の結果、「今回、社会教育行政におけるソフト事業についても、現行の法制度、国の教育改革の流れに留意し、これからの本市にふさわしい生涯学習・社会教育行政とは何かを考えつつ、生涯学習社会の構築に向け、移管・統合に関する基本的方向性を探るものである」としている。また、同会議は、社会教育におけるソフト事業を、青少年健全育成事業、生涯学習推進を担う社会教育事業（スポーツ振興も含む）、文化財保護・市史編纂事業に大別し、各々の目的に応じた個別の事業を展開しているとした上で、「ソフト事業の基本的なあり方」における現状と課題、基本方向について、行政と市民、民間事業者等における役割分担の明確化と市民協働事業の推進を提唱している。その背景として、事業内容の重複、公費負担、民業圧迫などがあるとし、多様な生涯学習機会、学習情報の提供をあげて、市民協働の実現を図る社会教育を推進しようと考えていることがあがる。

## 3　社会教育関係団体の問題点

社会教育施設と事業の一元化を提起した大阪狭山市の社会教育委員の会議がめざしている方向が、住民自治の追究にあり、その具現化としての市民協働であることはこれまでも論じてきた。(1) 次に社会教育委員の会議が論議してきたテーマが、社会教育関係団体のあり方についてであった。大阪狭山市には、八つの社会教育関係団体（大阪狭山市婦人会、大阪狭山市文化協会、大阪狭山市こども会育成連絡協議会、大阪狭山市ＰＴＡ連絡協議会、大阪狭山市体育協会、ボーイスカウト狭山第一団、ボーイスカウト狭山第二団、ガールスカウト大阪府第二二三団）がある。

団体の補助金申請事業をみると、大阪狭山市婦人会は、手芸講座、社会見学、健康体操講座、広報活動や料理教室などの事業を進めている。大阪狭山市文化協会は、スケッチ会・水彩画展、こども将棋大会、邦楽体験講座、コーラス体験講座、よさこいソーラン&狭山音頭、市民芸術祭や文化協会まつりを実施している。大阪狭山市こども会育成連絡協議会は、こども文化祭、映画会、ボウリング大会、中学校区ブロック行事、スポーツ大会、広報活動、ジュニア・リーダー養成講座などを事業化している。ボーイスカウトやガールスカウトでは、青少年健全育成事業、成人の指導者養成事業、公共事業などが企画され、活動が展開されている。体育協会では、市民体力測定、卓球、サッカー、ソフトテニス、太極拳、バトントワリング、少林寺拳法、テニス、軟式野球、トランポリン、柔道、バレーボール、ソフトボールなどがある。

このように同市の社会教育関係団体の活動は活発に推進されているが、今日の全国の社会教育関係団体の状況はどうなのであろうか。共通する問題として、どのような事項が存在するのであろうか。一般的には、諸団体の組織化に関わる課題が指摘されている。つまり人が集まらないということである。従来の社会教育関係団体が、それぞれに共有してきた課題を有し得ない人々が増加しつつあることが最大の理由とされているが、さらに以下の問題点を指摘したい。

第一の問題点として、自らの団体の役割を理解できないことから、自律・自立への行動が提起され得ず、また行政の支援性が強過ぎることもあり、結果として衰退していくような組織がみられるのではないかという点である。例えばＰＴＡであるが、事務局が学校の管理組織の中にあったり、教育委員会事務局に設置されているために社会教育の特性である自主的・自発的な活動が組織されにくいケースも散見できる。会計事務が教職員や委員会事務局職員の事務となっている学校も相当あるのではないかと考える。公教育意識の希薄化が進行するなかで、主体性を失ってしまった社会教育関係団体が、行政依存という形でしか活動できないとするならば極めて深刻な事態であるといえよう。

第二の問題点として、教育基本法でも求められているように、学校教育と社会教育の連携・協力及び協働が不可欠な段階を迎えていることはいうまでもない。学社協働化というプログラムのなかで現実に進展しているが、現実には学校教育の主導のもとで社会教育が補完的にしか作用していないような事例が大半である。

それゆえに、地域関係団体やＰＴＡなどの社会教育関係団体が、本来的な機能を損なっているのではないかと考える。

第三の問題点は、多くの社会教育関係団体による事業に新しいプログラム性がみえにくいことがある。計画されている事業が、既存の事業の請負的な側面が強く、それゆえに実施される活動から清新性が失われ、組織の停滞につながってしまっているケースが多いのではないかと思われる。このことは、事業面にとどまるものではなく、役員の多くが行政からの動員の対象となり、充て職に追われるといった現状が存在する。この原因が社会教育団体関係者にのみにあるのではなく、教育行政からの支援に問題がある場合が多いのではないか。

第四の問題点であるが、他団体との連携・協力が進展していないのではないかという点である。実際に地域に入ると、行政と強い連携のある社会教育関係団体が他の社会教育関係団体と提携し、協力して事業を行うといった事例をほとんどみることができない。特に、施設に依拠した活動をしている社会教育関係団体ほど、その傾向が強いように思われる。

一方で、行政と連携している社会教育関係団体個々の役割が大幅に減少している現状がある。他の自主的・自発的な社会教育関係団体との連携・協力により、もとのミッションが大幅に後退していることが考えられる。

第五の問題点は、当該団体のミッションを再確認し、活動の意義についての理解を組織内外に明示しきっていない状況にあることである。社会教育関係団体のミッションの問題を問うことは、当該団体の存在を検証することに関連し、当該地域の公教育のあり方を示すことにつながる。例えば、社会教育関係団体補助金のあり方について、行財政改革に伴う補助金の削減といった問題が生じたならば、それは当該地域の公教育性が問われていることとして捉えるべきである。社会教育関係団体に対する補助金の問題は、我が国の公教育の現状と課題そのものを表しているることであり、こうした問題点をふまえて、行財政改革という課題があるなかで、社会教育関係団体の活性化を図るには、どのような方策があるのだろうか。大阪狭山市社会教育委員の会議が採用した道は、社会教育関係団体事業費補助金制度から市民協働型補助金制度への移行であったので、その経緯と内容について次に説明したい。

## 4　社会教育関係団体補助金制度の改革

大阪狭山市が取り組んだことは、市民協働の視点に立って、二〇〇二年度における同市の団体補助金（補助金項目は七五種類）を見直すことであった。この補助金の約九五％が非公募によるものであり、交付先も特定されていた。公募や準公募は四種類に過ぎなかった。そこで、従来の福祉関係団体補助金と文化関係団体補助金を一元化し、市民協働の視点を盛り込んだ補助金制度下での補助金交付を試みたのである。そのために、「大阪狭山市市民公益活動促進補助金交付要綱」が制定された。いわゆる市民協働型補助金と呼ばれる制度であり、二〇〇四年度からこの制度による団体支援基金制度がスタートしている。実際には市から三〇〇万円の拠出金があり、これに市民等からの寄付金と同額の市の資金を加え、合わせて事業団体に補助することになる。これには補助対象団体と事業の公募と審査、補助金の時限性といった形で事業の安定実施に関わる担保が行政から求められている。

補助金の執行については、市の責任に基づいて行われるが、補助金団体の決定とその後の活動評価については、第三者機関である大阪狭山市市民公益活動促進委員会が担当する。補助金を得ようとする団体は、補助金申請書の提出、補助金申請のための公開プレゼンテーションの実施、市に対する協力と期中評価を受けること、事業実施後の実績報告書の提出と事業報告会への参加などが求められる。この制度が実施されて五年経つが、これまでは順調に制度の定着化が図られてきており、市民協働型補助金制度が求める団体の自立が進んできていると考えられる。

ところで、行政改革からの視点から社会教育事業が検討された場合、まず社会教育の実施主体である社会教育関係団体について、その事業費補助金のあり方が問われることになり、そこに新たな展開が発生する。

社会教育委員の会議の審議にあたっては、まず社会教育関係団体の定義、補助対象とする社会教育関係団体の範囲の確認、憲法第八九条と社会教育関係団体の特性の問題等についての共通理解がなされている。(2) 二〇〇五年一〇月の中央教育審議会答申が、教育委員会制度の見直しをしたこと、同年一二月に地方制度調査会から答申が出されたことも強い影響があったと考えられる。自治体の首長と教育委員会の関係の新たな展開という理解が広がったのである。

これまでの同市の社会教育関係団体に対する事業費補助金交付要綱では、第三条で補助対象となる事業があげられた。社会教育の普及啓発、向上または奨励のための事業であることを前提に、①市民を対象に実施する討論会、講演会、展示会、イベント等の事業、②市民を対象に実施する社会教育に関する広報・啓発の事業（機関誌・広報誌の発行、資料の作成配布等）、ただし、記念誌を除く、③その他社会教育の振興に寄与する公共的意義のある事業をいう。

大阪狭山市が認定し、補助金が交付されている社会教育関係団体は以下の八団体である。婦人会、文化協会、こども会育成連絡協議会、ＰＴＡ連絡協議会、体育協会、ボーイスカウト二団体、ガールスカウト一団体である。

社会教育委員の会議とワーキング部会での検討の結果、社会教育関係団体事業費補助金と市民公益活動促進補助金の一元化（統合・移管）が、二〇〇七年一月三一日に社会教育委員の会議の中間報告といった形で提案された。(3) 内容をみると、首長への社会教育行政の事務移管と、補助対象関係団体としての認定廃止などが、補助金一元化に至る課題としてあげられている。

前者の課題については、教育委員会の職務権限に属し、かつ所掌事務である社会教育を首長の職務権限及び所掌事務とすることは、地方教育行政法第二三条などにより現行法制上困難であるが、後者については、社会教育関係団体の教育面における役割が終了したとみなすことによって、補助対象団体の認定を廃止し、市民公益活動団体（一般的な住民団体）として扱うことが考えられるとした。

同市における市民公益活動促進補助金と社会教育関係団体事業費補助金とは、補助交付対象団体は異なるが、対象分野は重複するという結論を示し、それゆえに同市内の八つの社会教育関係団体の事業費補助金について、市民公益活動促進補助金との一元化を図るべきであるという提案である。

改革案の背景に、社会教育関係団体の財政的自立を求める考え方があり、住民自治の実現を目的としていることはいうまでもない。このような社会教育関係団体に対する補助金を巡る動向は、大阪狭山市にとどまらず、他の自治体でも同様の検討が進んでいる。

## 5　社会教育関係団体補助金制度の課題

大阪狭山市の社会教育委員の会議による一連の提案の背景には、社会教育と一般行政のあり方に関わる重要な問題の指摘がある。生涯学習社会の進展のなかで、何が社会教育で、何が一般行政施策なのかが判然としなくなってきており、社会教育に関わる施設、事業、団体の捉え方が大きく変質しつつあることを感じる。社会教育委員のあり方についても同様のことがいえるのであろう。それは、究極的には教育委員会制度のあり方にまで問題が波及するものかも知れない。

社会教育関係団体については、自ら公教育を担っているという意識が希薄化し、ミッションの確認すら行えない状況に陥っているのかも知れないことに気づく。社会教育関係団体が、市民活動団体の一員として市民協働型補助金交付を受けるという流れは、憲法第八九条でいうところの「教育の事業」に該当しない事業を実施する団体で、自主性を尊重される「公の支配に属さない団体」(4)として位置づけられてきたことを超えた新しい性格を持った団体として理解されねばならない時代を迎えたのであろう。

このことは、前述した放課後子どもプラン事業などの実施によって、青少年担当が教育行政部局から一般行政部局に移管され、所管されている青少年団体の性格が変貌していることと同じ意味を持つと考える。

社会教育施設の一元化、社会教育事業の一元化、社会教育関係団体補助金の一般行政への移行といった問題だけにとどまらず、市民協働の視点に立つ社会教育は、これまでの社会教育行政の質を大きく変えつつあるようにみえる。住民自治への徹底した取り組みこそが、自立した「自治市民」を作り上げていく過程であるという認識が必要なのだろう。

こうした整理から社会教育行政の骨格がみえてきたともいえよう。税負担を伴う社会教育に何が求められているのかが明確になったのではないだろうか。本章で述べてきたような動向を、単なる自治体の行財政改革の一環として理解するのではなく、今日における「公」の意味の問い直しが求められていると解するべきであろう。それはまた学校教育、社会教育の双方、生涯教育あるいは地域生涯学習として、国民の生涯学習の基盤となる基礎的・基本的学力の形成に対象化されていくこととして察知しなければならない。

## 6　まちづくり大学の運営

大阪狭山市民による地域生涯学習は、さまざまな組織や団体によって多種多様に実施されており、教育・文化都市づくりという行政の考え方と一致する。

市民協働を実現した基盤となっているのが同市の地域生涯学習であり、なかでも特筆される事業に「まちづくり大学」がある。この「まちづくり大学」を創設された白井隆氏は、「大阪狭山市の『まちづくり大学』は、本格的な地域主権時代に備えて、新たな公共への取組みを如何にすべきかを、市民と行政職員とが一緒になって学ぼうとする場である。この大学の特徴的なことは、創設の動機から講座内容の構成、そして運営に至るすべての面で市民と行政との協働（官民協働）(5)を基調としていることである。(6)」と述べられている。

全国の自治体で実施されている、いわゆる市民大学の一つであるが、実施主体や学習内容において、従前の社会教育で実施されている市民大学とは性格が異なる。

大阪狭山市においては、教育委員会、公民館や社会教育センターが実施する事業に従前型の市民大学があり、活発に学習活動が展開されているが、「まちづくり大学」は、それらとは異なってＮＰＯが運営委託を受けている「大阪狭山市市民活動支援センター」が主催、事業実施しており、教養型の講座とは異なる。

## 一　熟年いきいき事業

この「大阪狭山市市民活動支援センター」を運営委託されているＮＰＯ法人大阪狭山アクティブエイジングの成立について説明する。発端は、二〇〇三年に市当局がそれまで実施してきた高齢者対象の地域学習事業を民間委託したことにある。超高齢社会を迎えて、同市がそれまで取り組んできた生涯学習事業である「熟年いきいき事業」の運営を市民に委託しようとしたのである。

「熟年いきいき事業」は、主に勤労者であった同市に在住する高齢市民を対象に、生きがいをみつけて充実した人生を過ごすことをめざして、その端緒となるような学習活動やボランティア活動の場を行政が提供するものであり、二〇〇一年から開始された。それを市民に委託し、市の意図や企画に応えた高齢市民らが集まり、かれらが「新たな公共」といえるような活動を始めたのである。

こうして生まれた協働事業は、事業の企画・運営を市民が行い、市当局が市の施設を学習の場所として提供することを協定して動き出したが、事業運営に関わる経費は市民側が負担している。事業の中心に「熟年大学」という名称の社会人対象の教養講座があり、年間延べ三〇〇〇人を超える高齢市民が参加している。「輝きに満ちた人生を送るために、学ぶことは楽しみでありたい」という趣旨のもとに開かれている「熟年大学」は、公開講座形式で生活・教養・時事・政治経済・歴史・文学・文化芸術・観光などの各分野を学ぶことになり、市の文化施設であるＳＡＹＡＫＡホール、コミュニティセンターや市立総合体育館などが会場となっている。

熟年いきいき事業を運営していた実行委員会組織である市民グループは、二〇〇六年にはＮＰＯ法人大阪狭山アクティブエイジングを設立し、活動実績を評価した市当局の判断から、同市の市民活動の拠点である市民活動支援センターの業務を委託されたのである。

## 二　「まちづくり大学」の開設と活動経過

市民活動支援センターの運営を受託したＮＰＯが次に行ったことは、市民協働としての活動の点検であり、その手法として「市民活動とことんディスカッション」という名称の市民による会議が実施されている。この会議の場で同市の市民活動の課題が示された。その総括として白井氏は「このあとの現状を打開するために何をすべきかの協議の場では〝市民、市職員の双方共に、今後のまちづくりにおける官民協働の重要性を学習する場を設け、それぞれで学び直すことが第一である〟との、基本に戻った学びの必要性を唱える提言となった。」と語り、以下の三項目の市民の指摘を紹介している。(7)

① 協働に関する認識不足を是正し、正しい認識をもとにした市民活動とは何かを学ぶ研修会。
② 市民と市職員とが一緒に議論し合える、協働事業推進のための検討会や企画会議。
③ 〝市民自治〟と〝市民主権〟意識の高揚をめざした講習会。

こうした指摘を課題として捉えた同市市民活動支援センターは、課題解決の手法として「生涯学習出前講座」(二〇〇六年当時のメニューは八五講座)を「熟年大学」の企画・運営のノウハウで実施しようと考えたという。つまり「生涯学習出前講座」を担当する市職員が講師となって、「熟年大学」と同様の形で市民が学習できる機会を得るというプログラムであった。

二〇〇七年四月に「まちづくり大学」が開講された。開講日時は、原則として毎土曜日午前中であり、講座回数は二五回、一回あたりの講義時間は九〇～一二〇分、講師は市職員と学識経験者、講座修了者には市長から修了証書を授与するという構成になっている。実際の参加者は約三〇～四〇名であり、いくつかのルールも定められている。二〇一七年度のプログラムをみると、「大阪狭山市の行政を学ぶ」「市民参加の協働を学ぶ」「ボランティア活動を体験し学ぶ」という三つの視点のもとに、オリエンテーション、グループワーク、市の歴史と魅力、下水処理場見学、公共施設見学、市の総合計画、ごみ減量対策、ごみ処理場見学、防災と防犯活動、子育て、ボランティア養成などといったテーマの講座がある。計一七講座あり、受講料は一〇〇〇円から一五〇〇円、学習者本人の出席の都合から三つのコースを選べるようになっている。

同事業は、学習成果の社会還元を可能とする道筋を示している点で評価される。例えば二〇〇九年度から実施されている「まちづくり円卓会議」と呼ばれるまちづくり活動に、「まちづくり大学」の修了生が参加・参画するという手法である。「まちづくり円卓会議」というのは、同市の中学校区毎に、自治会や住宅会、ＮＰＯ、市民活動団体、事業者などが一堂に会してまちづくりについて話し合う場をいう。地域課題に即した事業の提案などによって、地域の各団体が連携し、実践することを目標とした活動を展開している。

「まちづくり円卓会議」への参加・参画という実践の道筋があるが、それ以外にも市民活動支援センターが支援に取り組んでいることに「まちづくり研究会」の設立、運営がある。「まちづくり大学」一期生によって設立されたのであるが、「まちづくり大学」での学習が継続されて、研究成果が出るような活動に高まっている。

この「まちづくり大学」の実践にみられるように、大阪狭山市の市民協働は地域生涯学習に注力することによって着実に進んでおり、その主体が市民であるという事実を評価する必要があろう。教育・文化都市とは何かを考えるヒントがあると思うのである。

（1）　今西幸蔵「新たな公共を形成する『協働』概念に関する考察―市民公益活動に対する新しい補助金制度」『日本生涯教育学会年報』第二四号、二〇〇三年、や同「生涯学習を支援するファンドのシステム化に関する考察」『日本生涯教育学会論集』第二六号、二〇〇五年七月などで事例紹介している。

（2）　社会教育審議会答申「社会教育関係団体の助成について」一九五九年、対象団体の捉え方と団体の範囲を示している。

（3）　大阪狭山市社会教育委員の会議答申「社会教育関係団体事業費補助金と市民公益活動促進補助金の一元化（統合・移管）について」大阪狭山市社会教育委員の会議、二〇〇七年。

（4）　社会教育審議会答申「社会教育関係団体の助成について」一九五九年、社会教育法第一三条の改正による。

（5）　ここで白井氏が指摘する官民協働は、本書で随所に示されている市民協働と同じ。

（6）　白井隆「官民で協働し、協学する大阪狭山市の『まちづくり大学』」今西幸蔵編『成人学力開発のための生涯学習事業についての研究―市民大学の実態から』神戸学院大学人文学部今西幸蔵研究室、二〇一〇年。

（7）同前。

# 第四編　地域生涯学習における財政的支援の可能性

# 第17章　教育・学習経費の問題

## 1　地域生涯学習に関わる課題

地域生涯学習に関わる社会教育や生涯学習が、地域形成の重要な要素であること、地域生涯学習を積極的、継続的に進めていく必要性があることについて、これまで強調してきた。その認識を前提にして、第四編では地域生涯学習を成り立たせる可能性について考察する。

地域生涯学習が成り立ち、発展していくためには多くの課題が存在する。学習阻害要因として指摘される問題が地域社会に内包しているからである。例えば、学習機会の提供の問題、学習者をサポートする指導者の問題、学習情報に関わる問題、学習者自身の境遇に関わる問題などがあり、学習を阻害する要因は山積している。社会教育や生涯学習の研究者の世界では、こうした現実を乗り越えていこうとする学習支援を課題として受け止め、地域生涯学習の振興・推進のための方策が研究されているが、格別な解決手段があるわけではない。

そうであるがゆえに、我々は地道に課題に取り組んでいくことが求められているのであり、市民の立場、行政の立場、その他さまざまな学習支援の立場から、アプローチしていくことになる。多くの研究者が、学習支援のための課題としてあげているのが「学習機会」「指導者」「学習情報」に関わる支援策であるが、筆者は、特に多くの課題のなかから、学習者自身の境遇の問題を取り上げ、学習活動を成り立たせるための財政問題を追究した。財政上の問題は、個人であるにせよ、組織であるにせよ、教育・学習の成立に多大の影響を与えると考えるからである。この問題をふまえて、地域生涯学習を支援する新しい仕掛けや仕組みを案出しようとしたのが本編である。

本章では、高齢者の学習活動に関わる調査研究の結果を示し、地域の学習者がおかれている実態の理解に努めた。次章以降は、本章で明らかになった問題をふまえて、集団的な地域学習活動に対する財政的支援策の考え方、あり方を論じ、ＯＥＣＤが提示している学習資金モデルを参考に、各種の方策を説明し、さらに、アメリカ社会で広がりつつあるファンドレイジングの問題を取り上げた。また、前述しているように、市民協働においては協働型補助金制度の創設が期待されており、これは地域生涯学習支援の重要な柱であるが、それは第5章で述べている。

こうした方策のもとに、包括的地域学習社会への移行という視点に立って、地域学習施設経営を地域学習資金の問題から捉え、協働型経営に移行することを仮説として論じた。究極的には地域生涯学習は個人の境遇の問題であることから、本章において重点的に検討したのは、個人が学ぶ学習施設や機会のコストダウンの方策についてである。その上で、ＮＰＭやＰＰＰ・ＰＦＩ、あるいはコンセッション方式の導入などについて提言している。

そこで本章であるが、まず学習者個人を取り巻く環境から問題を取り上げた。個人の境遇の実態にこそ問題の本質があると考えたからである。地域の学習者が置かれている実態を理解するための一つの方策に、調査研究による数量的研究という手法がある。生涯発達の視点から高齢者の学習の特性をふまえ、研究対象としての高齢者の学習実態を把握しようとした調査結果を示すことによって本編全体の問題提起となる章とした。

## 2　高齢者対象の学習実態調査

### 一　高齢者対象の学習実態調査の概要

本調査研究は、学習目標、学習内容や学習行動などに対する具体的な要求を理解し、高齢者が求める生涯学習をどのように進めるべきかを考察し、生涯学習支援の具体的方策につながる方向を示すことを目的とし、特に、学習者の学習内容や行動に対して学習経費が与える影響がどうなのかを明らかにしようとした。本研究の背景には以下の課題が存在する。

(1)　高齢者の学習参加の促進

各種の調査で、団塊の世代の多くが退職者となり、多様で活発な学習活動を行っていることが報告されている。高齢者がどのような学習活動を望み、参加しているのか、その実態を把握し、促進させるための学習環境や学習条件のあり方について研究する必要がある。

(2)　高齢者の地域参画と社会貢献への期待

二〇一二年三月に開かれた超高齢化社会における生涯学習のあり方に関する検討会において、「高齢者が身体的にも経済的にも自立した生活を送っていくための体系的な学習や、これまでの人生での豊かな経験や知識・技能を地域参画・社会貢献に活かすための学習などの機会の充実について、高齢者福祉や高齢者就労支援、まちづくり・地域活性化等の関連部局とも連携しつつ推進していくことが期待される」とある。高齢者の学習成果の社会還元の可能性について検討することが必要である。

(3)　高齢者の学習阻害要因と学習支援の問題

高齢者の学習を阻害する要因について分析し、学習支援として何が可能なのかを明らかにすることが重要である。特に予想される課題として「学習経費」の問題があり、生涯学習を推進していくための支援方策についての施策を考える必要がある。

## 二　高齢者の学習実態調査の概要

文部科学省国立教育政策研究所は、これまで、生涯学習の学習需要を定期的に把握するための各種の調査研究を行ってきている。こうした調査研究の発展的研究として企画・実施されたのが、二〇一〇〜一二年度にかけて国立教育政策研究所が実施した『生涯学習の学習需要の実態とその長期的変化に関する調査研究』(研究代表者:立田慶裕)である[1]。

当該研究は「情報活用能力のニーズ」「社会人の職業教育」「家庭教育の支援」「高齢者の社会参加」の四チームが分担することによって実施した。

本章は「高齢者の社会参加と学習」(チーフ:笹井宏益)研究チームでの「高齢者の学習活動」に関わる調査の結果を基礎データとして、高齢者支援について考察したものである。

二〇一〇年度には課題の理論と政策上の課題を検討し、質問紙を作成して予備調査を実施、課題を明らかにした。二〇一一年度にはPIAACとの関連を図りながら標本調査を行い、二〇一二年度は課題の長期的な動向をふまえて、今後の生涯学習推進政策の方向性を明らかにするための実証的根拠を示し、今後の課題を明確にした。

本調査は全国を対象としてインターネットによる標本調査を実施したものである。一〇〇〇サンプルの入手を目標にした有効回答数のうちで、質問項目に全回答されたデータを中心にして分析対象として抽出した。
①　調査期間：二〇一一年一二月二日〜一二月八日
②　配信対象者数：三三万一〇四五
③　配信数：二万七〇〇〇
④　有効回答数：一二一三
⑤　採用回答数：一〇〇〇
※なお質問票については、頁数の関係から割愛したが、注1で示している報告書の五七四-五九三頁を参照してほしい。このように、本章に関わるデータの多くを示せていない点をお詫びしておく。

## 三　高齢者の学習活動への参加

高齢者の学習活動への参加に関わる行動ついては一二項目の選択肢から現状を把握し、図17-1のような結果が得られた。「(学習活動を)よくする」と「(学習活動を)まあする」を加えた集計では、「携帯電話やパソコンでインターネットや電子メールの使用」(九三・三%)を上げた人が高く、続いて「読書、音楽、芸術鑑賞、観劇などの文化、教養的な活動」(六二・八%)、「家庭の団らんや家族ぐるみの活動」や「趣味などを通して知り合った人とのつきあい」(いずれも五七・五%)が回答された。「携帯電話やパソコンでインターネットや電子メールの使用」を答えた人が九三%を超えており、本研究の調査方法としてITを活用しているという点を考慮しなければならないものの、高齢者のIT利用が着実に広がっていることを示している。

次に、「読書、音楽、芸術鑑賞、観劇などの文化、教養的な活動」などの文化・教養的な活動、家庭や家族を重

図17－1　高齢者の学習活動への参加度とその内容（N＝1,000）

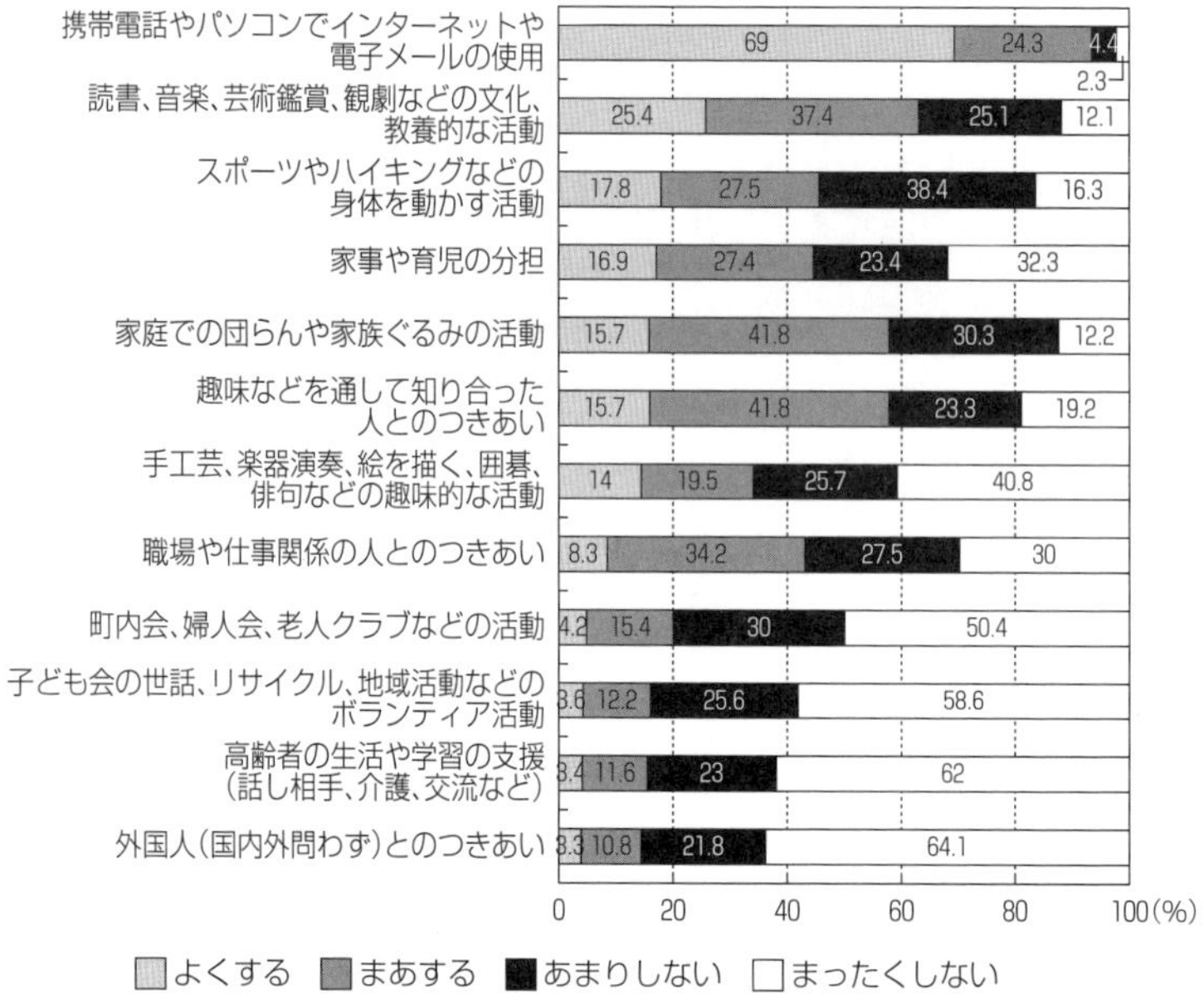


視した活動や趣味を通した知人とのつきあいなどが高いことが目立つ。この結果から、(1)ＩＴ機器を活用した学習活動が着実に拡大していること、(2)文化、教養や趣味に関わるものが多いこと、(3)家庭生活を大切にしようとする意識が高まっていることなどがわかった。

学習活動で消極的な面がみられたものに、「外国人とのつきあい」「高齢者支援」「地域のボランティア活動」や「地域団体の活動」などがあり、対人関係で気を遣うような学習活動を避けることや、社会貢献型の学習活動に対しては積極的ではないことがうかがえる。

紙面の都合で表示していないが、クロス集計の結果をみると、「毎月の収入別」では、「一〇万円未満」の人の学習活動は「携帯電話やパソコンでインターネットや電子メールの使用」が九一・〇%で、以下「読書、音楽、芸術鑑賞、観劇などの文化、教養的な活動」「家庭での団らんや家族ぐるみの活動」が続く。「一〇万〜二〇万円未満」の人では、「携帯電話やパソコンでインターネットや電子メールの使用」が九三・四%あり、以下「読書、音楽、芸術鑑賞、観劇などの文化、教養的な活動」「趣味などを通して知り合った人とのつきあい」となる。「町内会、婦人会、老人クラブなどの活動」「高齢者の生活や学習の支援（話し相手、介護、交流など）」など、社会活動や地域活動をあげた人は少ない。「二〇万〜三〇万円未満」の人の学習参加度は「一〇万〜二〇万円未満」の人と同じ結果であった。ここでも「町内会、婦人会、老人クラブなどの活動」や「子ども会の世話、リサイクル、地域活動などのボランティア」をあげた人は少ない。「三〇万〜四〇万円未満」の人では、「携帯電話やパソコンでインターネットや電子メールの使用」「読書、音楽、芸術鑑賞、観劇などの文化、教養的な活動」「家庭での団らんや家族ぐるみの活動」の順になり、「四〇万円以上の人」では、「携帯電話やパソコンでインターネットや電子メールの使用」が九七・五%で、次に「家庭での団らんや家族ぐるみの活動」「趣味などを通して知り合った人とのつきあい」「職場や仕事関係の人とのつきあい」となる。クロス集計全体では以下の特徴が判明した。

①学歴別にみると文化・教養や他人とのつきあいに相関があり、特に身体を動かす活動は高学歴者に支持されている。仕事別にみると、働いている人は他人とのつきあいを大切にしているが、完全に離職するとつきあいは急速に減退し、自分の趣味や身体的活動に傾斜している。②年代別にみると、壮年期後期の男性はＩＴ機器を活用した学習、家庭生活に関わる学習や他人とのつきあいが多く、同期の女性は文化・教養的な活動が多いことに特徴がある。一方で、地域活動への参加意欲は低い。前期高齢者は、身体を動かす活動が中心となり、職場や仕事の人間関係は減少する。同期の女性は、趣味などを通した他人とのつきあいが多く、社会参加・社会貢献活動に参加している人の率も高いが、七〇歳を過ぎると漸減する。③収入別にみると、三〇万円未満の人はＩＴ機器を活用した学習

図17-2　高齢者が希望する学習方法（N＝1,000、複数回答）

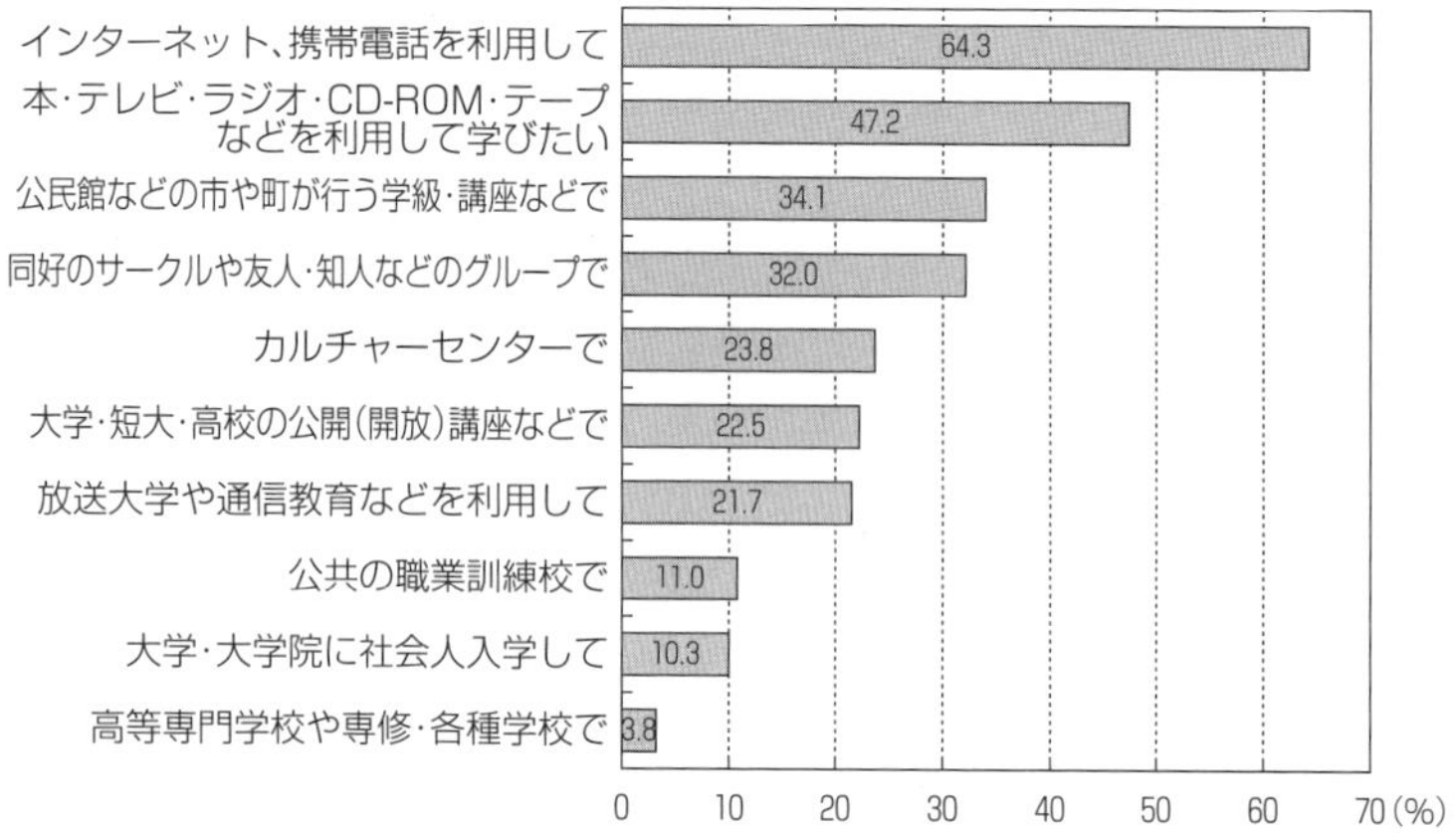


活動や文化・教養に関わる活動、趣味などを通した他人とのつきあいが多く、三〇万円以上の人は、ＩＴ機器を活用した活動、文化・教養に関わる活動、家庭生活に関わる活動が多くなり、四〇万円以上の人は、趣味などを通した他人とのつきあいが加わる。職場や仕事関係の人とのつきあいもあり、完全に離職していない。

## 四　高齢者の希望する学習方法

高齢者はどのような学習方法を希望しているのだろうか（図17-2）。最も多かったのは「インターネット、携帯電話を利用して」（六四・三％）と回答した人で、前問の学習内容にも関連し、ＩＴ化の進展が確実に知れる。次が「本・テレビ・ラジオ・CD-ROM・テープなどを利用して学びたい」（四七・二％）、「公民館などの市や町が行う学級・講座などで」（三四・一％）、「同好のサークルや友人・知人などのグループで」（三二・〇％）が続く。個人学習の割合が比較的に高く、費用負担が学習方法の選択に影響を与えていることがわかる。

次に「毎月の収入別」とのクロス集計をみると、「本・テレビ・ラジオ・CD-ROM・テープなどを利用して学びたい」と答えた人では、月収「四〇万円以上」の人が多く五四・二％になる。「インターネット、携帯電話を利用して」については、「三〇万〜四〇万円未満」（七三・一％）の人からの回答が多い。「放送大学や通信教育などを利用して」についても同様で、「三〇万〜四〇万円」（三一・一％）の人の数値が高い。「公民館などの市や町が行う学級・講座などで」は、「一〇万円未満」の人の四〇・二％が回答している。「カルチャーセンターで」と答えた人が一番高いのは「三〇万〜四〇万円未満」の層であり、「大学・大学院に社会人入学して」については「四〇万円以上」が最も高い率である。こうした傾向に強い影響を与えているのは収入の問題であると思われる。設問のクロス集計結果からわかったことは、中等教育卒業者が高等教育機関やカルチャーセンターなどに学習参加することに課題があることを示す一方、公的な社会教育の場を希望する人が多い。「インターネット、携帯電話を利用して」などは学歴との相関はほとんどなく、男性は個人学習を好む傾向にあり、女性は集団学習への参加意識が高い。高齢期前半の人は、学習機会をあまり選択せずに積極的に関わろうとするが、高齢期後半になると人間関係が中心となる学習に向く傾向にある。また人々の学習活動の高度化・多様化は、当人の収入によって規定されている。

## 五　高齢者の学習要求と関心レベル

高齢者の学習要求・関心のレベルについての設問の結果は以下の通りである。「できればやりたいことがある」（三一・三％）、「決まっていないが、何かやりたい」（三〇・〇％）であり、これに「ぜひやりたいことがある」（一四・八％）というような顕在的学習要求・関心レベルの人を加えると合計で七六・一％になり、高齢者の学習活動に対する要求・関心が高い。「毎月の収入別」のクロスをみると、「ぜひやりたいことがある」と答えた人の中で「四〇万円以上」の人が多く二一・二％あり、「できればやりたいことがある」とした人で一番多かったのは「二〇万〜三〇万

図17-3　高齢者の学習開始時や継続時における学習環境（学習レディネス）の問題（N＝1,000、複数回答）

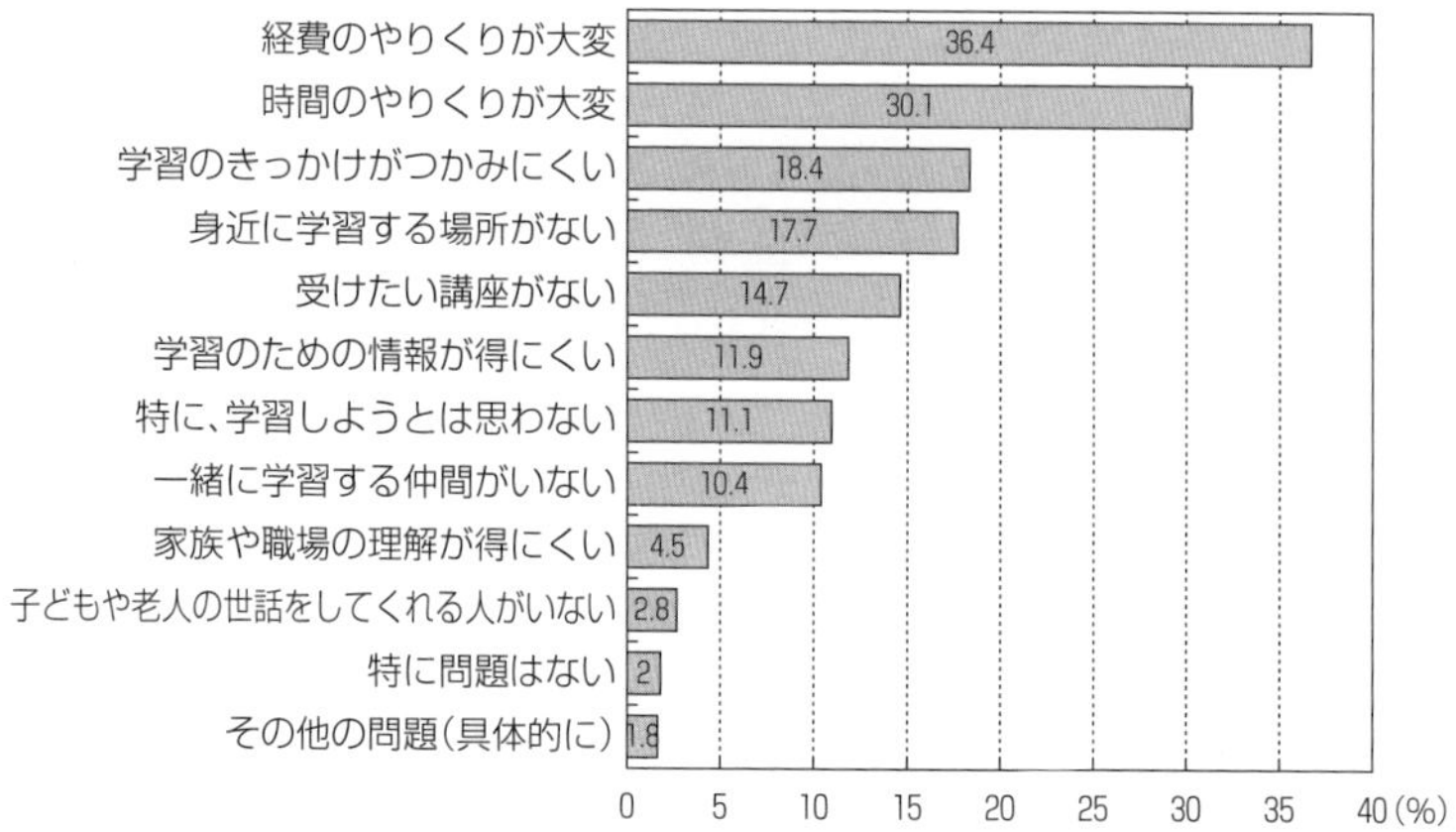


円未満」で三七・五%であった。高齢者女性の二割以上の人たちは、他の人たちに比べて学習意欲が強いこと、仕事中心の生活を送っている年齢層の人たちの学習関心がやや低いことが示されており、収入の問題と学習関心との関連が強いという現状がみえてくる。

## 六　高齢者の学習時における学習環境の問題

高齢者の学習時における学習環境の問題（図17-3）の設問では、高齢者の学習レディネス形成時に必要とされる学習環境として重要な要因が何であるかを求めた。回答率が高いものの順にみると、「経費のやりくりが大変」（三六・四%）、「時間のやりくりが大変」（三〇・一%）、「学習のきっかけがつかみにくい」（一八・四%）などである。「特に問題はない」（二・〇%）、「特に、学習しようとは思わない」（一一・一%）という意見もあり、経済的負担、時間の確保、学習場所などの学習者の境遇に起因し、多様な学習機会の提供、学習の契機づくりや学習情報への要求などの生涯学習支援が必要とされている。

クロス集計から「毎月の収入別」のデータをみると、最大の問題である「経費のやりくりが大変」だと感じている人と収入との関係はほぼ一致しており、これについては学習内容を工夫することによって対応していることが後の設問でわかる。次に「三〇万～四〇万円未満」の人で、「時間のやりくりが大変」だと指摘していることも気になる点である。学習阻害要因のなかで際立って多い意見の一つに「時間のやりくりが大変」があり、この問題では性差はない。女性の場合は加齢とともに問題が解決されるというわけにはいかないようだ。

## 七　高齢者の最近熱心に行った学習内容

本設問は、高齢者が最近一年間に最も熱心に参加した学習の内容のレベルについてたずねている（図17-4）。「入門よりやや程度の高いもの」が最も多く、次いで「かなり程度の高い専門的なもの」がある。「レベルの判断はできない」という人も一割強存在する。「入門程度の内容」で満足している人は二二・四％と低く、調査傾向から、学習の高度化がめざされていると考えるが、人々の学習要求が高等教育機関や民間教育機関での学習機会と結びついていない（図17-2参照）。

本項目の結果をクロスでみると、「学歴別」では、「中学卒　高校卒」の人では「入門程度のもの」（二五・八％）が一番多いが、「かなり程度の高い専門的なもの」については低率（一一・一％）であった。「大学卒　大学院修了」の人の二七・五％が、「かなり程度の高い専門的なもの」を求めていることがわかった。

「毎月の収入別」の観点からみると、「一〇万円未満」の人では「入門よりやや程度の高いもの」が多いが、「入門程度のもの」に対する学習要求もある。その反面、「かなり程度の高い専門的なもの」（一二・五％）の割合は低い。「四〇万円以上」の人では、「かなり程度の高い専門的なもの」を求めた人の割合が三六・四％と高い。このことか

図17-4　高齢者が最も熱心に学習したことの内容（N＝555）

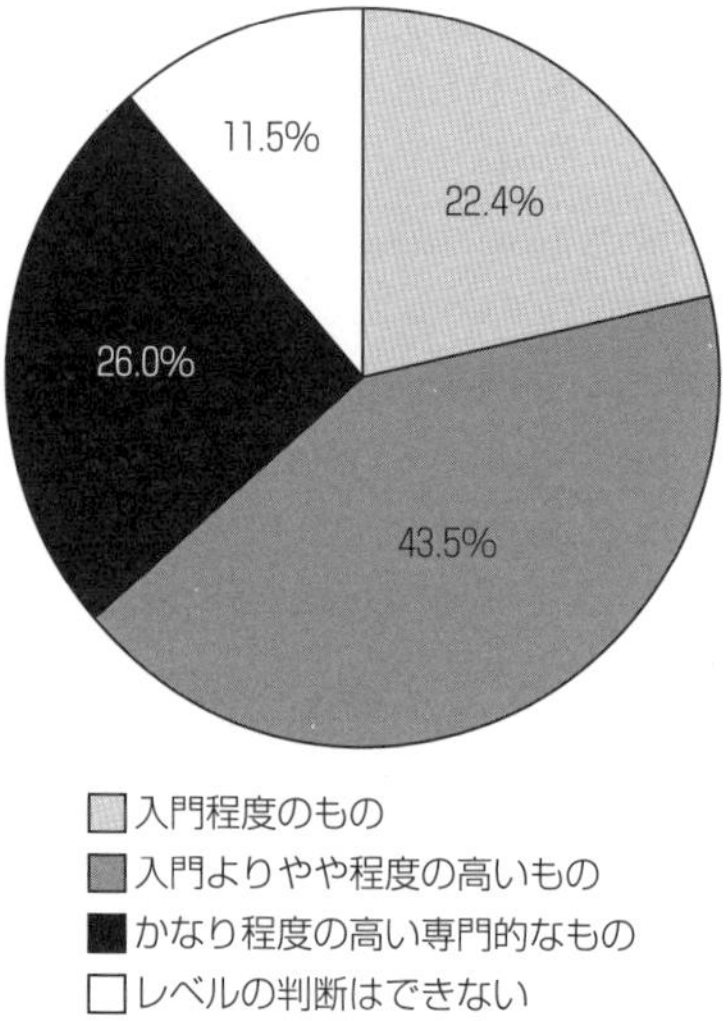


ら、高齢者においては、その学習内容に学歴が強い影響を与えていると考えられ、高収入者が求める学習レベルとして、専門的なものを求める意見が多いようだ。

## 八　高齢者が最も熱心に学習した結果の評価

次は、高齢者が最も熱心に学習した結果の評価に関わる設問である（図17-5）。

回答率の高い順にみると、「楽しみが増え、趣味が深まった」「専門的な知識・技能が深まった」「教養が高まった」などとなっている。社会活動や地域活動につながる「家庭生活をよくするのに役だった」「地域や社会の動きについて、知識や関心が高まった」や「職業に必要な知識や技術が身についた」などを選んだ人は少ない。趣味や教養などの学習で得た知識や技能が大きな割合を占めており、社会活動や地域活動につながるような学習成果が得られていないことが示された。

クロス集計での「毎月の収入別」をみると、「一〇万円未満」の人では「楽しみが増え、趣味が深まった」（五

図17−5　高齢者が最も熱心に学習したことの成果（N＝555、複数回答）

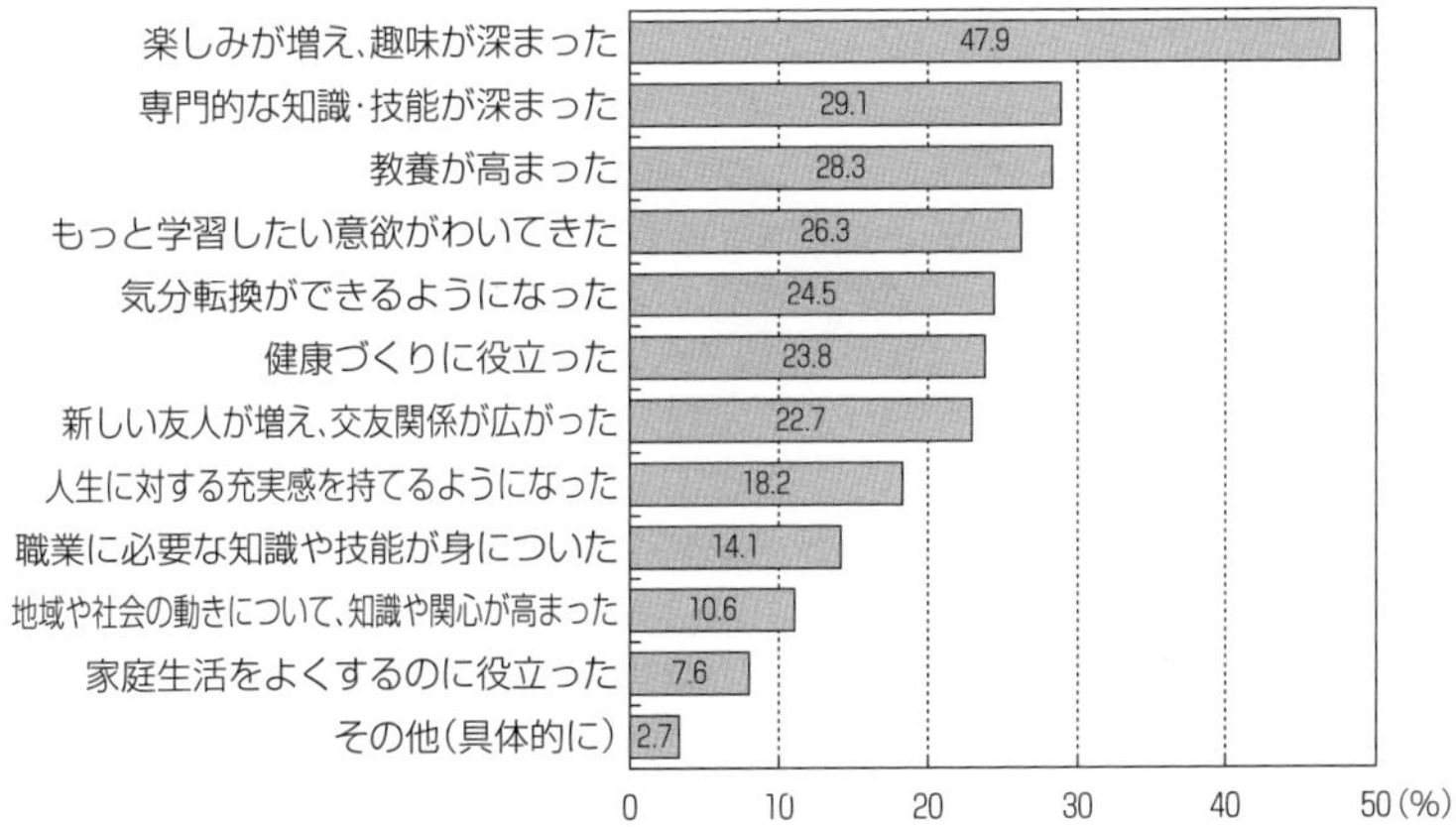


九・二％）、「新しい友人が増え、交友関係が広がった」（三二・五％）、「もっと学習したい意欲がわいてきた」（二九・二％）が続く。「一〇万〜二〇万円未満」では「楽しみが増え、趣味が深まった」（四八・七％）、「もっと学習したい意欲がわいてきた」（三〇・八％）、「気分転換ができるようになった」（二八・二％）と回答した人の率が高い。「二〇万〜三〇万円未満」では「楽しみが増え、趣味が深まった」（四四・八％）が最も高く、「専門的な知識・技能が深まった」（三四・五％）、「教養が高まった」（二九・〇％）と「健康づくりに役だった」（二九・〇％）があげられている。「三〇万〜四〇万円未満」では「楽しみが増え、趣味が深まった」（四五・六％）、「教養が高まった」（三三・八％）、「専門的な知識・技能が深まった」（二六・五％）の順になっている。「四〇万円以上」では「教養が高まった」（四二・四％）や「専門的な知識・技能が深まった」（四二・四％）が高い率を示しており、「職業に必要な知識・技能が深まった」（二七・三％）が続く。「楽しみが増え、趣味が深まった」（三四・八％）も高率であるが、これは他の収入の少ない人たちと比較すると相対的に低い。学習成果の活用という点については、特に特徴的なことはみられなかった。

この設問では、クロス集計の観点で「定年退職せずに働いている」

図17-6　Q59：高齢者が最も熱心に学習したことに関わる経費（N＝555）

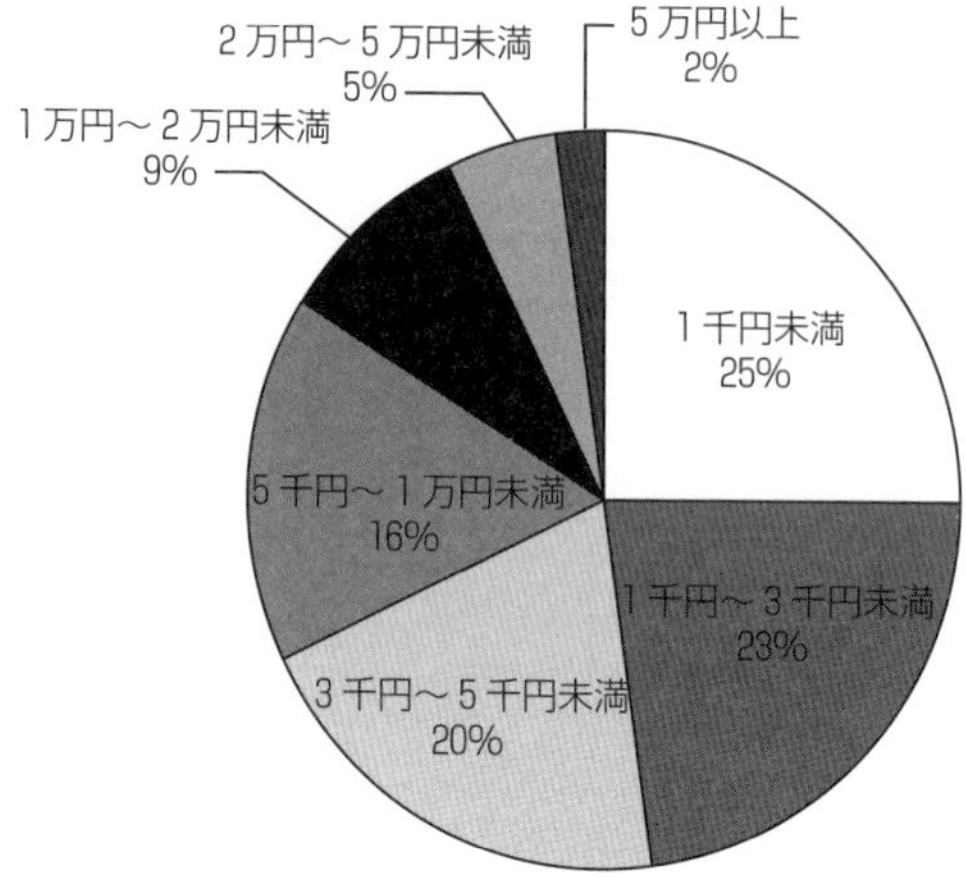


人が、職業や仕事に関連する知識や技能を求めていることが明らかになった。趣味的な学習への参加の喜びや気分転換を学習成果として感じている人は、男子では六五歳以上、女性では六〇歳以上あり、年齢の高い高齢者が求めている学習として「趣味」「楽しみ」「気分転換」といったキーワードがあがる。収入の多い人ほど専門的な知識や技能を求め、教養についても収入との相関が強い。収入の少ない人は、「楽しみ」「趣味」や「交友」に学習の喜びを感じている傾向があることがわかった。

## 九　高齢者の学習経費

高齢者は学習活動に月額でどれくらいの経済的負担をしているのか（図17-6）。

毎月の学習経費の金額を知ることから、生涯学習の視点をもとに、適切な支援のあり方について考えてみたい。

「一千円未満」という回答が一番多く二五・〇％、次いで「千円～三千円未満」「三千円～五千円未満」「五千円～一万円未満」の順になっている。「一万円未満」の経費負担の人が全体の八三・五％を占めている一方で、「五万円以上」「二万円～五万円

### 表17-1　学習のための経費に関するクロス表

（%）

| | | 1千円未満 | 1千円〜3千円未満 | 3千円〜5千円未満 | 5千円未満の割合 |
|---|---|---|---|---|---|
| 学歴 | 中学卒・高校卒 | 25.0 | 26.8 | 18.4 | 70.2 |
| | 専門学校卒・短大卒・高等専門学校卒 | 22.6 | 26.1 | 21.7 | 70.4 |
| | 大学卒・大学院修了 | 26.3 | 17.8 | 19.8 | 63.9 |
| 仕事の状況 | 定年退職せずに働いている | 29.9 | 20.3 | 18.2 | 68.4 |
| | 定年退職したが、今も働いている | 24.7 | 29.4 | 20.0 | 74.1 |
| | 定年退職をし、今は働いていない | 21.9 | 22.3 | 20.5 | 64.7 |
| 性 | 男　性 | 26.5 | 25.2 | 18.9 | 70.6 |
| | 女　性 | 23.3 | 19.8 | 20.6 | 63.7 |
| 月収 | 10万円未満 | 27.5 | 21.7 | 19.2 | 68.4 |
| | 10万〜20万円未満 | 23.7 | 23.7 | 19.2 | 66.6 |
| | 20万〜30万円未満 | 29.0 | 22.1 | 20.0 | 71.1 |
| | 30万〜40万円未満 | 19.1 | 27.9 | 22.1 | 69.1 |
| | 40万円以上 | 21.1 | 18.2 | 18.2 | 57.5 |

未満」の人の合計が七・四％いる。高齢者のほぼ半数が三千円以下の経費で学習しており、八割強が一万円以下となっている一方で、二万円以上の人が七・四％存在し、二極化していることがわかる。

表17-1は、学習のための経費について、「学歴別」「仕事の状況別」「性別」「毎月の収入別」でみたときのクロス表である。どのグループも、およそ六〜七割の人が五千円未満に経費をおさえており、全体での傾向（約六八％）と比較しても大きな差異はない。

経費と学歴との相関はほとんどみられないが、学歴の低い人たちで高い費用を負担している人は少ない。定年退職後も働いている人とそうでない人を比較しても、大きな差異はみられないが、働いている人のほうが、働いていない人よりも、五千円以上の経費をかける比率が高い。

性別では、女性は男性よりも高い経費をかけている人の比率が上回っている。毎月の収入でも全体傾向と著しい差異はないが、四〇万円以上の人は、五千円以上の経費をかける比率が他のグループよりも高い。

## 3　高齢者の学習活動に関わる調査の総括

調査結果から高齢者の学習活動の実態をまとめると、以下の七点になる。

(1)　高齢者の学習活動への参加については、ＩＴ機器を活用した学習活動、文化・教養や趣味に関わる活動、家庭生活に関わる活動が中心となる。

加齢に伴う変化があり、仕事を終えた後では「身体を動かす活動」「趣味などでのつきあい」が中心となる。どの年齢層においても社会参加や地域活動に対する意識が低く、「家庭での団らんや家族ぐるみの活動」「趣味などを通して知り合った人とのつきあい」「職場や仕事関係の人とのつきあい」などの学習参加では、所得階層と学習参加度に関連がみられる。

「携帯電話やパソコンでインターネットや電子メールの使用」「家事や育児の分担」「手工芸、楽器演奏、絵を描く、囲碁、俳句などの趣味的な活動」は所得の低い階層の人の参加度が高い。

(2)　高齢者が希望する学習方法では、個人学習の割合が高く、経費負担が学習方法の選択に影響を与えている。中等教育卒業者は、高等教育機関での学習参加に抵抗感があり、公的社会教育の場への学習要求が高い。ＩＴ機器を活用した学習は学歴とは結びつかない。男性は個人学習を好む傾向にあり、女性は集団学習への参加意識が高く、高齢期後半になると人間関係が中心となる学習に関心が向くが、個人の学習活動の多様化や高度化を促進する要因は当人の収入に規定される。

(3)　高齢者の学習要求・関心レベルについては、壮年期後期や高齢期前期で働いている人たちの学習関心は低いが、女性の二割の人々は学習意欲が高い。また、個人の収入と学習要求・関心レベルとは相関性が強いといえる。

(4)　高齢者の学習活動に対する要求や関心のある学習内容については、健康管理や病気の予防に関わる学習や体育・スポーツ・レクリエーションに関心が高い。教養的なもの、趣味的なもの、外国語に対する学習要求が高い。一方で、社会参加・社会貢献型学習については積極的ではない。職業上の知識やスキルに対する学習要求は当人の離職とともに減少し、収入の多い人は教養重視の傾向にある。

(5)　高齢者の学習開始時や継続時における学習環境の問題については、学習を阻害する要因に経済的負担、時間の確保、学習場所などの学習者の境遇がある。クロス集計では性差に関係なく、時間のやりくりが大変だという認識があり、男性は加齢に伴って一定程度解消されるが、女性は問題が解決されることが難しい。

(6)　高齢者の学習評価については、趣味や教養などの学習で得られた知識・技能を高く評価し、社会参加・社会貢献型学習についての評価は低い。クロス集計では、離職していない人は、職業や仕事に関する知識や技能の習得を求めている。趣味的な学習への参加の願望は、男性で六五歳以上、女性で六〇歳以上であり、高収入の人は専門的な知識や技能、教養を強く求めており、学習への評価が高い。

(7)　高齢者の約半数は月額三〇〇〇円以下、六～七割の人が五〇〇〇円未満の経費で学習しており、八割強（八三・五％）の人々の学習経費は一万円以下である。一方で、月額二万円以上の人が七％強存在し、学習活動でも階層の二極化が進んでいる。クロス集計では、学歴の低い人たちは経費負担が少ない。離職者と非離職者に経費負担の差はなく、女性と男性の比較では女性の方が経費を多くかけている。経費負担の問題が学習者に大きい影響があることが明確になった調査である。

## 4　高齢者の学習参加と経費に関わる課題についての考察

### 一　高齢者の学習活動への参加と境遇に関わる問題

高齢者は、加齢に伴う身体的減退と闘いながら、より良く生きたいという願望を持って生涯学習に勤しんでいる。調査結果にもみられるように、生涯学習活動への参加の願望は人によって異なるが、参加することによって得られるものは決して少なくないだろう。「楽しみが増え、趣味が深まった」と回答した人が約半数に達しており、「生きがい感」や「充足感」を読み取ることができる。しかし、さまざまな学習阻害要因の存在が指摘されており、学習者の経費負担、時間の確保、学習参加の契機の設定、学習場所等の要因があり、学習境遇に関わる問題が多く存在することが示された。

### 二　学習経費の実態と問題

本調査で明らかとなった問題の一つが、三分の一以上の高齢者が「経費のやりくりが大変」だと回答している点である。学習経費について、ほぼ半数の人が月額「三千円以下」、多くの人が月額「一万円以下」であり、学歴が低く、年収が低い人たちに一定の影響を与えていることがわかった。年収が低い人は、意欲的に学ぶことができず、多様で高度な学習機会を得ることが難しい状況にあり、年収の多い人と少ない人の間では学習方法及び学習内容で格差が生じている。

年収が低い人たちの学習活動への参加や学習方法をみると、ＩＴ機器を活用した学習、家事や育児の分担や公的社会教育などであり、これに対応した学習プログラムの開発が求められる。離職者と非離職者の間では、経費負担の差は少なく、女性の方が男性よりも経費負担が多い。学習にかける経費と学歴とで明確な相関はなく、学歴の低い人たちで高い費用を負担している人はほとんどいない一方で、学歴が高く、収入が多い人は専門的で高度な学習を求めている。

## 三　学習経費の問題に関連する学習支援上の課題

調査結果から学習支援上の課題をあげると以下のようになる。

(1)　学習のＩＴ化のさらなる推進を図り、学習の内実化を図るための手立てを講じる。さまざまなＩＴ機器に対応する学習ソフト開発に取り組む。

(2)　受益者負担に限界があることから、公的社会教育の場を充実させる。多様で高度な学習機会を含めた、高齢者に見合った幅広い学習内容と学習方法を開発し、提供する。

(3)　学習経費のコストダウンや資金提供のためのシステムづくりを進める。

(4)　地域生涯学習施設の経営において、学習経費の問題を配慮する。また、そのことが実現できるような施設経営のあり方を考える。

以上が、ここで示してきた調査研究のまとめである。学習活動の経費の問題は、超高齢社会を迎えて今後ますます重要課題となることは確実であり、社会全体が早急に支援体制を考える必要がある。(2)

（1）　国立教育政策研究所平成二二―二四年度プロジェクト研究調査研究報告書『生涯学習の学習需要の実態とその長期的変化に関する調査研究』（研究代表者：立田慶裕）文部科学省国立教育政策研究所生涯学習政策研究部、二〇一三年。
（2）　超高齢社会における生涯学習の在り方に関する検討会『長寿社会における生涯学習の在り方について～人生１００年いくつになっても学ぶ幸せ「幸齢社会」～』文部科学省、二〇一二年。

# 第18章　学習ファンドのシステム化

## 1　学習経費をめぐる問題

二〇一二年七月に実施された「生涯学習に関する世論調査」（内閣府）では、「この一年間に生涯学習をしたことがある」と回答した人が五七・一％（二〇〇八年調査では四七・二％）あり、学習行動レベルの国民が増加している。(1)さらに「この一年間に生涯学習をしたことがある」と回答した人に「生涯学習を行うにあたっての課題」を質問すると、「仕事が忙しくて時間がない」という回答が二八・一％と一番多く、続いて「費用がかかる」が二三・五％であった。学習経費の問題が学習活動への参加に大きな影響を与えることが示されており、経費支援のあり方が課題となっている。

二〇一一年に国立教育政策研究所において「生涯学習の学習需要の実態とその長期的変化に関する調査研究」が行われ、筆者が関わったことから「高齢者の学習活動」の実態について日本生涯教育学会等で調査結果を示した。(2)第17章はその一部であるが、高齢者の学習活動への参加と境遇に関わる問題として、経費負担、時間の確保、学習参加の契機の設定、学習場所の確保等の学習阻害要因が存在することを指摘した。経費負担については、高齢者の学習開始時や継続時における学習環境の問題として「経費のやりくりが大変」（三六・四％）という意見が一番多く、

「時間のやりくりが大変」（三〇・一％）を凌いでいる。また関連する「最も熱心に学習したことに関わる一か月の経費」については、「一千円未満」（二五・〇％）が一番多く、次いで「一千円～三千円未満」が二三％であり、「一万円未満」の経費負担の人が全体の八三・五％を占めることが判明した。

さらに経費負担の問題が学習内容や方法の選択にも関係している可能性があることが示されており、「高齢者の学習活動への参加の仕方」についての質問では、「ＩＴ機器を活用した学習活動」を求める人が多く、クロス集計として年収の低い人の学習方法・内容をみると、「ＩＴ機器を活用した学習活動」に次いで「家事や育児の分担」「公的社会教育」等が回答されている。高齢者対象の調査という条件はあるが、この調査結果から年金生活者等の必ずしも収入の多くない人々は、経費負担の少ないＩＴ機器を活用した学習活動や自分の生活と切り離すことのできないような課題学習に加えて、公的社会教育が重要だということが読み取れる。結論として学習活動の活性化のためには学習経費の負担の問題についての支援体制を整備することが必要であると考える。

ところで、内閣府調査に学習内容に関わる調査があるが、「健康・スポーツ」をあげた人が一番多く、次いで「趣味的なもの」「職業上必要な知識・技能」「家庭に役立つ技能」となり、四項目いずれも前回調査（二〇〇八年五月）よりも割合が増加している。ここであがっている学習活動の多くは学習成果が個人の自己実現につながるもので、社会還元的な要素は少ない。こうした現状や公民館等の社会教育の場における「教養・趣味・レクリエーション」等のプログラムの割合が高いことを理由に、行政関係者の間では公的負担の軽減化、受益者負担での実施を望む意見が少なくない。基本的に社会教育は私事性が強いという認識があり、私的教育は個人の自助努力で実施すべきだという考え方である。

こうした理解は一面的であり、社会教育行政に対する理解が不十分だと思われるが、一方で社会教育行政が自治体の財政力によって左右されるのは当然のことである。社会教育行政は早くから行財政改革の対象になり、対応策としての受益者負担論が提唱されている。住民に対する公共サービスへの適切な負担を求めるようになって受益者負担が発生するのであるが、その場合においても一定の承諾と理解が必要であると考える。受益者負担についてサービス提供者と受益者の間で明確なコンセンサスが得られているのだろうかという疑問が残るからである。

受益者負担とは、自治体において住民は経費の支払いを税負担することによって一定の行政サービスを受けるが、この経費を超えた経費負担が生じる場合に住民に強いる追加負担を指す。受益者負担について八巻節夫氏は、①特別な公共サービスの提供を受けた者から所得高の如何を問わず、一律に徴収するために、所得再配分政策に反する。②受益の測定が困難であるために、受益者負担の徴収のための行政費（受益の大きさの測定費用、排除費用、徴収費用）が経済合理性から妥当と考えられる高さを超えてしまう。したがって、負担の高さの決定が政治的になり、恣意的になりがちである。③受益者負担金は予算の特定財源化につながり、ノン・アフェクタシオン原則に反し、予算配分を非効率にする。④受益者負担金は予算中の小さな割合でしかなく、これを拡大しても限界があるという考え方を示している(3)。

教育・学習活動において受益者負担が必要とされる理由に、準公共財として提供される公共サービスに対して選好の問題がある場合、利用者と非利用者を選別することがあげられる。社会教育・生涯学習のような教育・学習活動では、サービスを受けることが当人の自発性・自主性を原則とすることから選好の余地が発生し、個人によって求めるサービスに質的・量的な差異が生じる。

しかしながら、教育・学習サービスにおいでは利用者と非利用者の区分がつきにくい上に、教育・学習活動への参加を奨励している。したがって受益者負担については、対象となる教育・学習サービスに必要とされる適切なコスト計算が必要となり、八巻氏が指摘するように受益者負担の徴収のための行政費の経済的合理性が問われることになる。

行政が提供する教育・学習サービスに関わる経費は、「手数料」「料金」といった形態を採るが、受益者負担の原則は、主として「効率性」「公平性」「収入性・財源性」だとされる(4)。教育・学習サービスの提供において受益者負担をいう場合は、少数の学習者の要求に応えることには「公平性」が担保されるべきであることから、特定された行政サービスの便益の範疇に入ると考えられているが、受益者負担の原則には提供されたサービスが私的財的な性質を持った受益の特定が可能な場合だとされている。したがって社会教育・生涯学習が私的財的な性格を持つものなのかどうかという検討が必要となり、その上で適正なコスト計算のもとに学習経費の徴収が図られるべきであると考える。

生涯学習社会の進展に伴って拡大しつつある教育・学習サービスにおいては、趣旨や目的の点から私事性の強い教育・学習よりも公共性の高い教育・学習が求められている。「社会の要望」によって実施される教育・学習サービスはより公共性が高いため、受益者負担を強調し過ぎることには問題があるということになる。

こういった問題については数量比較のための研究が必要とされるが、私事性と公共性、あるいはサービスの利用者と非利用者といった区分がつきにくい点が問題である。受益者負担制度に限界性を感じる一方で、個人の学習経費負担の許容力の問題、行政の財政力の問題等を考えると、学習機会の提供のあり方や財源に対する改革が不可避であり、事業実施のあり方と財政的支援を検討しなければならない。

また、学習経費負担の問題は基本的には学習者の境遇に関わり、個人や集団の学習の継続・発展において学習阻害要因の一つになっているが、問題の改善を学習者の自助努力にのみに負わせることは難しい。学習機会の提供については学習者よりも事業実施者の側にも問題があり、良質で安価な学習機会の提供が望まれるなかでの経費負担軽減を考えねばならない。

事業経費において大きい割合を占めるのは「講師料」「広報活動費」「印刷・製本費」「会場料」「事務費」である。支出経費に占める割合で一番高いのが「講師料」で、文部科学省委託調査として実施された「平成24年度　開かれた大学づくり調査研究報告書　大学編」では、公開講座の実施に当たる大学等での「講師謝金」は経費の四五・五％となっている。(5) この調査では「学内講師」を活用している大学が九七・九％あり、当該大学での「講師謝金」をみると、「謝金なし」の割合が最も高く二五・五％、あと「五千円〜一万円」が二二・三％、「一万円〜一万五千円」が一八・七％となっている。

こうした実態からの提案であるが、事業実施機関が関連する社会教育・生涯学習機関と連携・協力（共催等）することによって「講師料」を抑制することができる。筆者が大阪府の生涯学習推進センターであった府立文化情報センターでの事業運営から得た経験知である。例えば、豊富な人材を持つ大学と事業実施機関との連携・協力によって、学習経費の軽減が可能になるというようなケースを想定している。先の調査では、「講師謝金」のほかに経費として「印刷・製本費」「広告・宣伝費」があがっているが、各々約二割なので大学の負担は少ない。広報活動費や印刷関係費について、ＩＴ広報やＩＴによる資料の事前配付を行い、「会場料」については学校園等の「公の施設」を利用すれば経費軽減につながるであろう。

前述の「平成24年度　開かれた大学づくり調査研究報告書　大学編」の「受講料設定」をみると、公開講座の受講料設定（一時間あたり）は「無料」の割合が最も高く、次いで「千円未満」「千円〜二千円」で、「千円未満」合計が七二％であり、受講者の経費負担の軽減化が図られている。大学と行政の共催による公開講座は一つの方策に過ぎないが、連携・協力の仕組みを創意・工夫することで事業経費の削減が図れる可能性がある。

## 2　新しい財政支援システム構築の要求

### 一　新しい財政支援システム構築の必要性

地域生涯学習社会における市民公益活動は、市民主体の地域形成において重要な役割を担うことが期待されるが、市民公益活動の多くは未だ発展段階にあり、その活動基盤は安定したものになっていないことが指摘されている(6)。

特に財政基盤の脆弱さがあげられているが、市民公益活動団体の自立に向けた財政支援策を講じることにより、団体を育成、支援していくことが急務であると考える。そのためには、市民公益活動が必要とする資金を制度的に提供できるようになれば、それは大きな生涯学習支援となるはずである。

従来、市民公益活動団体の多くは活動に必要とする資金を、運営費として行政からの補助金に依存してきた面があったと考えられるが、今日の行財政改革のなかでは、補助金制度の抜本的な見直しが求められ、行政が客観的に必要だと考える事業にのみ補助金が交付されるようになっているのが現状である。こうした事態から、行政が多様な財政支援策を講じることは当然であり、一部の自治体では市民公益活動の自立支援に目的をもたせたファンドのシステム化が取り組まれ始めている。そこで市民公益活動を促進させるための資金の提供を軸にした、新しい財政支援システムを具体化することが課題の一つとして考えられ、資金を提供するファンドシステムの事例を研究対象とすることによって、協働型社会を期待する自治体における新しい財政支援システムの構築に向けての方策を構想し、その実現に寄与したいと考える。

本章では、「協働型」の学習経費支援の諸方策と、事例に市民協働を進める大阪狭山市市民公益活動促進委員会の提案と埼玉県志木市による新しい財政支援方策の開発について後述し、課題に向けての提言とする。大阪狭山市の場合は「生涯学習」と「協働」の二つの概念を新しい財政支援システムの基本概念として位置づけている点に、(7)志木市の場合は官民協働の具体化として市税を公共サービスを分担する団体に還元するという「行政パートナーと税の還元」というコンセプトを提案している点に、(8)本研究との関連性を認める。

## 二　地域生涯学習と生涯学習行政の質的向上と量的変化への対応

一九九〇（平成二）年の中央教育審議会答申が示されてから四半世紀が経ち、この間に国民のなかで生涯学習の捉え方が広がり、教育はもちろん多種多様な市民活動のなかで行われている学習活動が生涯学習の一環として位置づけられつつある。個人への利益還元を目的とした学習要求だけでなく、公共性・公益性を伴った活動への学習要求が高まり、それが市民活動の重要な課題になろうとしている。

行政の生涯学習化の進展により、生涯学習行政の役割が増大しつつある点においても、生涯学習は質的向上を遂げていると考えてよいだろう。生涯学習は国民の自発性に基づく自由な学習活動が基本であるため、学習活動を「学習サービス」として数量的に把握することは困難な作業であるが、学校教育、社会教育、企業内教育、職業教育等で実施されている教育や、多種多様な市民による学習活動の量的変化に注目する必要がある。こうした活動が社会にもたらす効果を社会全体のなかで把握し、その費用の分担について検討したい。

## 三　公共サービスにおける社会的役割分担と新たな公共の創造

公共サービスにおける社会的役割分担（協働）のあり方や進め方については、これまでも日本生涯教育学会などでも論じてきたところである(9)。行政アクターと市民・民間アクターが協働の視点に立って公共課題に向けて共同責任をとり、サービスの供給者としての各々の役割を担っていくことが望ましく、そこでは新たな公共とされるような公共サービスの創造が課題と考える。

ここで提起したいことは、社会に提供されるサービスのあり方や進め方を問題にするだけでは、公共の形成に向けての社会的担保が不足するのではないかという点である。公共を担う各主体が必要とする「学習」機会の確保については、「公共財」という観点から捉えられるべき性格のものと考えてよいだろう。その観点からみると、学習コストの問題は重要であり、学習経費負担のあり方について検討する必要があるのではないか。

## 三　地域生涯学習の振興と評価の観点に立ったファンドの活用

公共的・公益的な性格をもつ市民公益活動が、地域生涯学習を基盤として成り立つために、またその振興を図るために、地域生涯学習の観点に立った評価機能を活用することが重要である。

学習資金としてのファンドを必要とする市民活動の目的が、公共的・公益的なものであり、活動の自立に向けての支援を求めるものであるならば、社会教育のような従来型の公教育支援や、あるいは当事者に負担を強いる「受益者負担」論のみで対応すべきではなく、新しい公共・公益に見合ったファンドが必要であろう。したがって、そのことを明確に評価することが望まれる。

市民活動団体自身や第三者機関等が、目標達成度、自立度、社会的効果等を測定し、その結果を評価することをふまえて必要とされるファンドの活用を図ることが重要であろう。

## 3　新しい財政支援システムの構想

一九九六年に、ＯＥＣＤは『万人のための生涯学習』のなかで財政支援制度構想とそのモデルを示している。教育全体で費やされる費用全体について、その資金の環流について、財政支援のための理論モデルについて次の六点をあげており、詳しくは白石裕氏によって紹介されている。[10]

①　引き出し権モデル（drawing rights model）
②　バウチャーモデル（voucher model）
③　競売モデル（auction plans）
④　雇用者経費負担モデル（single-employer financing）
⑤　自己負担モデル（self-financing）
⑥　準財政的資金モデル（parafiscal funds）

これらのモデルについては白石氏の訳による詳細な説明があるが、それをふまえて本稿では以下のように考える。

①の引き出し権モデルは、収入移動保障システムという考え方に立って、個人的な仕事、教育やレジャー等について調整、配分、融資するもので、個人の求める学習に計画的にファンドを提供する考え方を示している。

②のバウチャーモデルは、教育エンタイトルメント（利益または権利を受ける資格）[11]としてあらわされている。教育と訓練の供給者にファンドを提供する代わりに、政府が個々の資格またはバウチャーを割り当てるというもので

ある。

③の競売モデルは、例えば大学等の教育と訓練を提供している機関が、学生を獲得するために政府に付け値を申し出るというような考え方に基づいている。

④の雇用者経費負担モデルは、雇用者が経費負担するというモデルであり、利面と不利な面の両方があるとされる。懸念されることは、労働者の参加に必要とされるファンドは雇用者の意欲で決定するということである。

⑤の自己負担モデルについては、学習者自身が自己資金を活用して教育や訓練に要するファンドを支払うことを要求されるというモデルである。この場合、貧困な若年層や他の不利な条件に置かれているグループの学習要求に対して、強い抑制要因が働く。多くのＯＥＣＤ参加国は「ローン・補助金モデル」を運営し、そのため特定目標グループの参加は、公的なファンドをとおして促進されることが示されている。

⑥の準財政的資金モデルは、私的ならびに公的な雇用者経費を支払うことを要求するというものである。ただし、このアプローチには不利な立場にある集団や失業者等の学習が奨励されないという欠点があると指摘されている。

白石氏が示された①から⑥のモデルについて、実際の運用についてはどうであろうか。①については、個人的な学習計画に対するファンドの提供であり、従来型の金融機関の融資といった方法が採られていたが、最近ではＮＰＯ銀行（現実に神奈川県にあり、女性・市民信用組合が機能）が個人の学習計画にファンドを与えており、銀行とは異なった審査が行われる。②については、すでに一九九八年末から実施されている「教育訓練給付制度」がある。厚生労働省が主管し、各地のハローワークで手続きがなされる再教育機会に対する支援制度である。③については詳細が不明。④については従来から慣行として労働者に学習機会を与えている企業は少なくない。企業にとってのステップ・アップ戦略という面もある。また雇用者ではないが、ある特定の社会的な目標を持つ団体や組織が、その目標

図18-1　新しい財政支援構想図

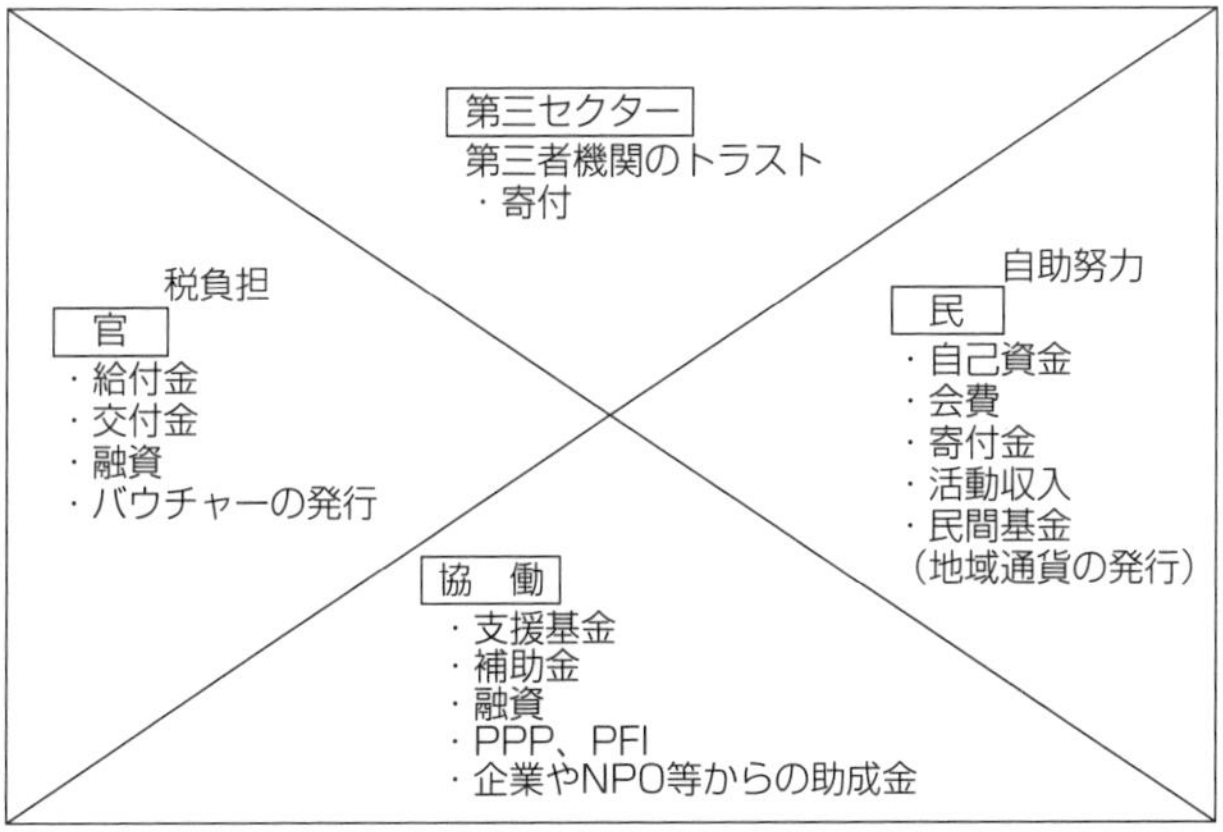


出典：筆者作成。『日本生涯教育学会論集』26号、2005年、3頁。

に向かって学習する人に対して、学習段階によって金額は異なるが、ファンドを提供するということが行われ始めている。原資には資産家の遺産（遺贈寄付）などが当てられている。⑤については、「受益者負担」の原則で理解されているようであるが、この原則については必ずしも我が国での理解が正しいとはいいがたい面がある。[12] また、諸外国が取り組んでいるような特定目標とする教育や訓練に対するファンドの提供については、我が国では未成熟だといわねばならないだろう。⑥についても、日本の現状を照らすと困難が予想される。

ここで紹介したモデルは、主に成人教育についての支援策であるが、こうしたモデルを参考にして新しい財政支援システムを構想したのが上記の図18-1である。

図18-1では、主体となる支援者を「官」「第三セクター」「民」と「協働」の四つのアクターとして捉え、それぞれの財政支援の方策を示している。

第一に、国や地方公共団体のような「官」からの資金提供としては、まず国や地方公共団体による各種の給付金が考えられる。すでに「教育訓練給付金」等のリカレント教育に関わる支援策が存在し、これは、①の引き出し権モデルに該当するものとして考えられよう。また国からの地方交付税のように、使途が自由な交付金を各種団体に交付するという形もあり、バウチャーモデルに近い性質を持つ。例えば「まちづくり交付金」として交付されているような場合は、地域において当該地域住民の総意に基づき、連携・協力して活動を行うような「コミュニティ運営協議会」を設置し、地域住民の福祉の増進、まちづくりの推進や市政の円滑な運営に寄与する活動に資金交付され、こうしたケースでは、交付金額は世帯数等で決定される。また融資については、各市民活動団体に対して地方公共団体から融資措置がとられることを示しているが、問題となるのはその担保であろう。

このほかバウチャーの発行という方法がある。以前「地域振興券」が発行されたことがあったが、「市民活動振興券」「生涯学習振興券」を対象者全員に発行するようなケースをいい、国や地方に関わらずに広範囲の人々が振興券を入手して活用することになる。最近広がっている「ふるさと納税」制度もこの考え方に近い支援となる。

第二に、「第三セクター」からの資金提供を示しているが、これは地方公共団体が設置している財団のような第三セクターが助成金を交付する場合や、第三者機関によるトラストの管理・運営によって、寄付金が特定の組織に付与される仕組みによる資金の調達をいう。

第三に、「民」自身による資金提供というならば、活動資金の獲得を自助努力により達成することになる。具体的には個人や団体が提供する自己資金や会費等の収入である。民間からの支援資金（おおむね寄付金）、あるいは活動によって得られた事業収入等がある。また、直接的支援ではないが、地域通貨の活用によって必要とするものが入手できるような仕組みがあることも間接的支援として取り上げてよいだろう。

第四に、官民の「協働」関係での資金提供では官民双方からの支援策が可能となるが、「協働」の視点に立った官から民への財政支援策には、①個人や団体が会費等の自主的財源の確保を図ることを可能とする支援、②事業の発展・拡大に向けた支援、③行政との共同による委託事業と受託の推進、④基金を含む補助金等による資金提供、⑤行政との事業共催、⑥税の軽減措置、⑦行政による融資制度、⑧公的施設等の提供による連絡・活動場所の確保、⑨人的資源の提供、⑩各種のノウハウを含む技術的支援の提供等が考えられる。(13)

次に、団体支援基金制度や連動する新しい補助金制度の事例を報告することにより、新しい活動資金支援方策について考えていくことになるが、民間による基金提供（例えば、㈱松下電器産業とＮＰＯ青少年育成支援フォーラム（ＪＩＹＤ）との協働による「Panasonic ＆ JIYD 子どもサポーターズ☆マッチング基金」、松下電器とＮＰＯ地球と未来の環境基金（ＥＦＦ）との協働による「Panasonic ＆ EFF 環境サポーターズ☆マッチング資金」等）が参考になる。

またＰＰＰやＰＦＩによる民間資金の活用等も今後の検討課題となり、この課題に関しては第20章で検討している。

## 4　「協働型」の学習経費支援の諸方策

教育・学習活動に対する財政的支援について、学習者の自助努力（受益者負担を含む）や行政による税負担に限界性があるため、「協働」型の財政的支援という発想が生まれる。財政支援システムにおける一つに「協働」モデルがあると考えており、具体的には①支援基金、②補助金、③融資、④ＰＰＰやＰＦＩ、⑤企業やＮＰＯ等からの助成金といった形態を採る。(14)生涯学習・社会教育関係団体（以下、学習団体）についても、「協働」モデルにおける「支援基金」及び「補助金」が必要とされる。ＮＰＯ支援モデルであるが、松下啓一氏の提案を参考にすると、以下の

①委託事業制度、②業務委託提案制度、③協働事業提案制度、④団体希望寄付制度、⑤パーセント条例が考えられる(15)。

①の委託事業制度は従前から実施されてきた団体補助制度であり、業務委託において目標、方法、役割分担及び成果設定等において協働化し、学習団体は施設の運営や事業実施のための資金を得ることができる。この方法の一つに請負事業（アウトソーシング）があり、地域団体が優先される可能性がある。

②の業務委託提案制度（協働化テスト）については、予め範囲や内容が決定されている業務についての一部委託であり、学習団体は受託希望事業を提案できる。愛知県東海市では「地域のつながりをつくる家庭教育講座開催事業」「育児中の母親を応援――スポーツでリフレッシュ教室開催事業」「自然と遊びの体験講座開催事業」等がある。このほか愛媛県や佐賀県などでも積極的に進められている。

③の協働事業提案制度では、学習団体が行政と協働して事業提案するもので、住民提案型と行政提案型があり、住民側の主導権が尊重される仕組みである。大阪府豊中市では住民の事業提案の成案化が図られており、提案事業数は二〇〇四年度以降で四五件、成案化事業数は一四件となっている。同市に隣接する兵庫県伊丹市では、「中学生向け理科教室」「消費者教育の推進」「市立伊丹病院の患者サロンの企画・運営」等が提案されている。

④の団体希望寄付制度では、行政が寄付を受付けて基金とし、この基金を寄付者の意向を受けて希望する学習団体に渡す。寄付者は応援したい団体を選ぶことができる。神奈川県横須賀市の場合は、団体希望寄付以外に分野希望寄付や一般寄付もあり、特定団体がなくても社会教育分野というように特定できる。島根県県民いきいき活動促進委員会や埼玉県ＮＰＯ基金もこの制度に属する。

⑤のパーセント条例では千葉県市川市の取り組みが有名である。同市には「一％支援制度」があり、ＮＰＯや各

種団体の活動に、個人市民税納税者等が指定する学習団体を選び、個人市民税額の一％相当額等を支援する。使途指定条例とされるが、市民税の割合は各市で決定する。東京都昭島市や千葉県八千代市の取り組みもこれに当たり、独自性も発揮している。このような協働型財政支援があるが、まずは社会教育関係団体がミッションを再確認し、自立をめざした組織活動を構築することから問題解決が図られる。学習団体が、既得権的意識で団体補助金の支給を受けていた時代は確実に終焉したのである。

## 5　自治体による市民活動促進支援策

### 一　大阪狭山市の団体支援基金制度の場合

大阪狭山市の「市民公益活動促進条例」の基本となる考え方は、「市民が自発的かつ自立的に行う営利を目的としない活動であって、不特定かつ多数のものの利益の増進に寄与することを目的とする」[16]ような市民公益活動の促進を図ることにより、市民の自発性と自己責任を基調とした公共サービスを創造することである。

促進委員会では市民活動促進のための資金的支援のあり方が検討されてきたが、なかでも補助金に対する考え方と運用が課題とされ、①市民公益活動を促進するための補助金制度のあり方、②市民公益活動団体支援基金のあり方についての具体策が検討されてきた。[17]

この新しい補助金制度については第5章でも詳述しているが、制度運用上の課題として補助金の原資となる支援基金の獲得の問題があり、それはファンドのシステム化を図る上で不可欠な事項である。この問題について促進委員会は、市民協働の視点に立った補助金制度を確立することで解決しようとしたのである。

制度設置期の二〇〇二年頃の同市には七〇件を超える各種の補助制度があり、その総額は年間四億三〇〇〇万円に達していた。公募、準公募、あるいは非公募といった分類があり、他の市町村と同様の補助金制度が機能していたが、従来型の補助金の一部であった文化活動と地域福祉に関わる領域の補助金について、二〇〇四年度予算要求から新しい制度（団体支援基金制度）に移行している。

新しい団体支援基金制度では、市、市民、事業者及び市民公益活動団体が資金を提供することになる。第一表に他の自治体の現状についても示しているが、大阪狭山市の団体支援基金制度は、寄付金額と市が同額の資金を提供するマッチング・ギフトの考え方に立っている。このマッチング・ギフト型基金は、地域創造につながる協働型基金と呼ばれるものであり、市民が市の一般財源の使途に直接的に関与できるという特性をもつ。大阪狭山市では、原資として市の予算で二〇〇万円を準備し、市民から寄付行為でもって資金提供を受けることができる。また、団体支援基金の五〇〇万円という上限を設定しているが、生涯学習の振興によって市民活動が進展すると基金は増額されることになる。

こうした性格の団体支援基金が成立するためには、市民からの寄付が重要であり、多くの賛同者の存在が必要である。市の広報・広聴をとおして市民全体に広げることが前提であるとともに、団体支援基金に関する情報公開も課題となる。

ところで補助金については、事業が完了する段階で資金提供がなされる仕組みになっている。このことは後の（3）で述べるように、評価の機能を活用した制度であるということが理由の一つであるが、補助金を求める団体の側に立つと資金の入手が一年間遅れるという問題を発生させる。予定された活動のために必要な資金が十分ではないということになり、活動を阻害する要因となりうる。そこで提案したいことは、基金の一部を運用して補助金交付を認められた団体（補助金の予定額を担保とする団体）に融資できる制度を確立することである。こうすれば阻害要因を除去できるだけでなく、融資で得た金利を基金に組み込むことも可能となり、ファンドのシステム化につながることになる。

## 二　志木市の行政パートナー制度の場合

埼玉県志木市は県南西部に位置し、人口約六万七〇〇〇人の郊外都市である。市民には首都圏に通勤するサラリーマンが多いとされ、大阪狭山市とよく似た立地条件にある。教育環境は、小学校八校、中学校四校、高等学校三校である。

志木市を事例として取り上げたのは、市民公益活動団体に委託料を提供することにより市民活動の活性化を図ろうとする「行政パートナー制度」をモデルとした点と、同時に市民が市政に参画するための場として機能する「市民委員会」の活動に注目したからである。この市民委員会は、住民サービスの主体を行政から市民に転換を図ることにより、官民協働の考え方でローラーニングコストのまちを実現することを目的として設置された。

同市は二〇〇一年一〇月に全五条からなる「市政運営基本条例」を制定し、条例の目的、基本理念、まちづくり活動支援、情報の共有、市民参画を示した。公募市民による市民委員会をみると、委員のメンバーは無償で活動することが原則で、必要な経費は市の補助金から支出される(18)。

従前の同委員会の活動をみると、各種部会活動や市長への報告と提言等を行っているが、市民委員会が市長の依頼のもとに予算を検証、積算して市議会に提出するという、全国的にはほとんど実施されていない取り組みである。

「行政パートナー制度」は、市民公益活動団体を市と対等な行政パートナーとして位置づけ、行政業務官民シェアリングを追求していこうとする考え方である。具体的には、市民公益活動団体は市に登録申請し、市が提示する協働業務に応募する。市と委託契約を結ぶことになった団体はパートナーシップ協定を締結し、行政パートナーとして一定の業務研修を受けた後、行政の協働運営者として協働業務の実施にあたることになり、それを第三者機関が評価するというシステムである。

市の広報では「行政パートナー制度」として説明しており、「市では、行政パートナーが提供するサービスの対価として、支払った市税の一部を還元することにより、市民全体が活力のある元気でやさしいローコストの志木市を確立します。」(19)としている。

市からの委託業務の内容は、当面は施設（市役所の総合窓口、郷土資料館、いろは遊学館、運動場、公民館等）の管理運営業務と選挙管理事務等であり、時給でボランティアとして市民が働くことになるが、支給対象は個人ではなく公益市民活動団体である。

官民協働という視点から、官のパートナーを市民活動団体として個人を対象としない点に留意する必要がある。雇用関係が形成されないような官民相互の協働関係、責任の所在等の副次的な効果が発生するからである。(20)

こうした制度のほかにも、ＮＰＯ支援事業として、「元気のでるまちづくり活動報償金支給事業」、「借り上げバス事業」や「コミュニティ物品貸し出し事業」等があり、地域団体の市民活動や生涯学習活動に市が経済的支援をしている。

## 三　財政的支援における評価と学習性

次に、市民活動への財政的支援を進める中で、事業評価を活用している大阪狭山市の事例を検討してみよう。

（1）市民活動促進補助金の申請時における評価

市民活動で補助金を得ようとする団体は、その申請をする段階で申請事業が審査を受けることになる。各団体から提出された書類とプレゼンテーションにより、審査委員会が評価を行う。

評価項目については、新しい補助金制度の趣旨に基づいた審査基準が設けられ、「事業計画の評価」の観点から、①社会貢献度 一〇点、②発展性 五点、③計画性 五点、④先駆性 五点、⑤波及性 五点、⑥自立目標度 五点、⑦情報開示度 五点、⑧プレゼンテーション（発表内容）五点の八項目である。

また補助金の交付を希望する団体には自己評価を求めており、①団体目的との適合性、②計画の実現性、③意思決定の公正性、④人員計画と確保、訓練、⑤パートナーシップ、⑥資金調達、⑦施設（場所）や⑧情報収集の八項目がその評価領域となっている。

（2）活動促進補助金交付決定事業の期中評価

交付決定事業が実施されている期間中に促進委員会のメンバーが現地訪問して聞き取り調査等を実施し、審査委員会に報告することにより事業評価を行っている。

調査項目については、①事業実施場所の確認、②事業目的の確認、③事業対象者（人数）の状況、④事業対象者への対応、⑤協力・連携団体とのコミュニケーション状況、⑥事業内容の確認、⑦広報活動場所（設置場所・わかりやすさ等）：ポスター掲示、チラシ配布、参加申込書の配布、市広報誌への掲載、ミニコミ誌への掲載、その他に掲載の場合の情報媒体名等、⑧事業対象者から入ってくる情報や気づいたこと等がある。

こうした調査の実施の際に、生涯学習の観点に立った形成的評価の機能を活用することを重要なポイントとしている。自己評価の視点として、①意思決定の公正性、②効率的、効果的な事業運営、③課題・問題への対応、④パートナーシップ、⑤広報活動、⑥市民参加度、⑦協賛金等資金提供者への対応、⑧事業対象者とのコミュニケーション、⑨事業記録の九項目があり、こうした視点から事業経過を分析し、事業が形成的に発展しているか否かを自ら評価し、到達目標の達成に向けて努力することを求めている。

**（3）活動促進補助金の決算時における評価**

年度終了後年には、「市民公益活動促進補助金交付事業報告会」が行われる。こうした報告会も含めて行政、当事者団体及び促進委員会の相互が総括的評価を行い、その結果から補助金削減等を措置している。

評価項目については申請時における評価が準用したものであり、内容は、①目的の達成、②有益情報の獲得、③予算執行状況、④事業対象者の満足、⑤プロセスの点検（計画過程）、⑥フィードバック機能の活用、⑦ネットワークの構築、⑧プラス効果、⑨達成感成就の九項目にわたっている。

予算の分配を受けた団体のなかには、自立度を高めた結果、自己資金のみで事業経費を賄ったり、節約に努力したり、また事業計画を一部変更する等の理由により余剰金が発生した団体もある。この結果は、補助金とは市民活動への自立支援であるという考え方に立つと、その目的が理解されていることであり、新しい補助金制度がめざす効果があらわれたことを実証するものといえよう[21]。

## 6　地域生涯学習支援の今後の課題

これまで生涯学習社会での市民活動に関わる事業の財政支援策として、官民協働の視点に立った支援基金や補助金制度等の具体策について述べてきた。事例とした大阪狭山市や志木市のように、全国の各自治体では一定程度の枠組みができつつあるが、市民活動が必要とするファンド全体をシステム化するには今後さらなる検討が必要となる。また、公共的・公益的な市民活動や生涯学習活動の推進には、各方面からの財政的支援はもちろんのこと、市民活動の場の獲得、情報収集及び情報提供等の市民参加のシステムづくりが求められるだろう。そうした活動に対する自己評価や第三者評価制度の導入及びその具体化等の模索が求められる。各地方公共団体においては、生涯学習推進計画との融合、連携といった視点からの財政的支援も望まれる。

これまで述べてきた事柄から問題点や課題を抽出し、考察すると以下のようになる。①新しい財政支援システムを構築するには行政の支援が不可欠であること。②従来型の行政依存的な補助金制度から官民協働型の補助金制度に改変する必要があること。③官民協働型の補助金制度に生涯学習の考え方を導入していく必要があり、さらに生涯学習評価をとおして制度の公平性や公開性を高め、説明責任を明らかにしていくこと。④官民協働型の補助金制度の基盤となるのは団体支援基金制度であり、この制度の維持・発展のためには行政からの拠出金以外に寄付行為や融資等による資金の運用を図る必要があること。⑤新しい財政支援システムを成立させるには総合的な財政支援策を講じる必要があり、税の還元や交付金等の多種多様な行政・企業からの支援策が求められること。⑥民の自助努力によって経費節減が図られるだけでなく、市民による自立した活動の主体ができるという本来のあり方がみえてくること。⑦官・民・企業が一体となってネットワークを構築することによりファンドのシステム化を図ることが重要であること。

最後になるが、本章で提起した問題は、市民活動・生涯学習活動に対する財政支援をシステム化しようとする試みの検討である。新しい財政支援システムの構想については、ＯＥＣＤによる生涯学習支援のための財政支援モデルなどを参考にしたが、主として生涯学習の視点に立った市民活動を対象にしたものである。

本構想では学校教育や公的な社会教育は除いているが、進展する教育改革のなかで今日ほど教育に関する財政上の問題が俎上に上がる時代はない。学校教育に関していえば、義務教育費国庫負担金の削減という問題があり、社会教育においては指定管理者制度の導入に関わる諸問題がある。こうした教育に関わる財政上の問題には、税の分配という重要な問題があり、我が国の生涯学習体系のなかでの「学習財」に対する費用負担あるいは分担の考え方は、今後、国民的コンセンサスを得ていくことが望まれるであろう。

財政上の問題を考えていく視点として、まず受益者が個人なのか、公共なのかといった問いかけにはじまるが、例え個人の生涯学習の成果であったとしても、その成果の社会還元、いうならば公共性の獲得が求められている生涯学習社会においては、その学習コストの大部分を個人が負担するのではなく、一定程度は公的負担（官だけを指すのではない）ということが求められるべきであると考える。ただし、その学習目的、学習成果の方向性等からケースバイケースで客観的に判断することが必要であることはいうまでもない。

ここでは多様な財政的援助の方法と構想を示したが、援助方法の組み合わせ方によって、長期的に財源の確保を図れるような方策の検討を次の課題として考えている。

（1）内閣府「生涯学習に関する世論調査」。二〇一二年七月に個別面接法で実施され、有効回答数一九五六人（回収率六五・二％）であった。
（2）今西幸蔵「高齢者の学習活動と経費に関わる研究―今後の学習支援方策に向けての課題」『日本生涯教育学会論集』第三五号、二〇一四年、一二一―一三〇頁。
（3）八巻節夫「等価負担原則と財政構造改革―ドイツを教訓として」『現代社会研究』第三号、東洋大学現代社会総合研究所、二〇〇六年、三一頁。
（4）坂本信雄「受益者負担の実証分析」『ローカル・ガバナンスの実証分析』八千代出版、二〇〇九年、一五二―一五六頁。
（5）文部科学省委託調査『平成24年度　開かれた大学づくりに関する調査研究』二〇一三年。（株）リベルタス・コンサルティングにより二〇一三年二月から三月にかけて実施された。全国の大学・短期大学一一一八件を対象にアンケート調査を行い、一〇六二件（回収率九五・〇％）の回答を得ている。
（6）例えば井上豊久「民間の生涯学習支援者の位置と役割」鈴木真理編集代表『生涯学習の支援論』学文社、二〇〇三、九〇―九三頁など。
（7）「市と市民・市民公益活動団体の協働によるまちづくりの進め方」大阪狭山市市民公益活動促進委員会、二〇〇三年一〇月。
（8）「地方の自立を図る『地方自立計画：行政パートナー』の導入」志木市ホームページ　http://www.city.shiki.saitama.jp/html/topics/gyouseipartner-01.html（二〇〇五年四月四日参照）。
（9）今西幸蔵「新たな公共を形成する『協働』概念に関する考察―市民公益活動に対する新しい補助金制度」『日本生涯教育学会年報』第二四号、二〇〇三年、五五―七〇頁。
（10）OECD, *Lifelong Learning for All*, OECD Publications, 1996, pp.243-245. 原著の翻訳については、拙訳とともに、白石裕『分権・生涯学習時代の教育財政』京都大学学術出版会、二〇〇〇年、二四六―二五三頁があり、それを参考にさせていただいた。特に、同書で示されたモデル名（訳）を白石氏の原文どおり本稿で使用している。
（11）注10で白石氏により説明された内容を引用している。
（12）注4参照。
（13）注9・六二頁。
（14）今西幸蔵「生涯学習を支援するファンドのシステム化に関する考察」『日本生涯教育学会論集』第二六号、二〇〇五年、三頁。
（15）松下啓一「協働の政策」『市民協働の考え方・つくり方』萌書房、二〇〇九年、八七―一一〇頁。

(16)「大阪狭山市市民公益活動促進条例」第二条、二〇〇二年六月。
(17)注9・六三―六七頁。
(18)「埼玉県志木市視察報告書」大阪狭山市都市間市民交流協会、二〇〇五年、二頁。
(19)注8参照。
(20)注18・六頁。
(21)注9・六八頁。

# 第19章　ファンドレイジングの提唱

## 1　ファンドレイジングの構想

公益的な市民活動や地域学習に関わる経費の問題について、アメリカ社会ではファンドレイジングという考え方が示され、現実に具体策が登場し、拡大しているのが現状である。

ファンドレイジングとは何かということであるが、基本的にはＮＰＯのような公益的市民活動団体などが事業に必要な資金を社会から集める手段を指す用語である(1)。我が国で早くからファンドレイジングを提唱してこられた日本ファンドレイジング協会代表理事の鵜尾雅隆氏によると、「資金調達」「資金開拓」という言い方があるとされる。最初は、アメリカなどの外国で提唱された概念であり、ＮＰＯ活動の進展のなかで、資金面で必要に迫られて生まれたシステムといって良かろう。

要するに、公益的な市民活動団体や民間団体が、その活動経費に充てる費用を、行政、民間組織あるいは個人から収集する行為をいう。非営利公益活動団体の多くは、収益的活動によって収益を上げているが、加えて寄付、会費、助成、補助金、借り入れ金等の方法により収入を得ている。このなかでも特に、「寄付」に重点をかけているところに特色がある。

地域生涯学習活動に限らず、多くの活動団体の運営における、最大の問題点、急所ともいうべきものが収支に関わる経費の問題であり、それぞれの活動団体の設置目的や趣旨に反しないで収入を得ることが課題となる。実際、国の調査では(2)ＮＰＯ法人の総収入のうち、寄付は五・三％、会費は三・四％であり、三分の一以上のＮＰＯ法人は寄付収入がゼロだという。

ファンドレイジングは、資金集めの活動が主であることは間違いないが、従前の公益的な市民活動団体のような団体補助金（協働型補助金とは性格が異なる）や運営資金給付ではない別の方途を求めた仕組みである。活動の根底にあるのは、「社会変革の手法」として、あるいは活動に対する「共感」として、資金を得るという思想性を持つものとされる。「社会変革の手法」というのは、社会的課題に対してミッションを持った人が、その実現に寄与するために寄付をするような行為を想定している。つまり当該の社会的課題の解決に参加することによって、課題の解決を図るという意味合いがあると考える。

「共感」というキーワードについては、公益的な市民活動団体が、寄付を募ることをとおして問題の所在を明確に表明し、寄付してもらうという行為に共感性を認めるというものである。寄付者は、問題に共感した結果の寄付行為であり、そこに参加という意味合いが発生する。元来、「共感」という言葉は人と人との関係に基づくものであり、その関係性を活用した新しい金融の仕組みはソーシャルファイナンスといわれる。慎泰俊氏は、ソーシャルファイナンスには、コミュニティファイナンス（主にマイクロファイナンス）とクラウドファンディングがあるという(3)。このクラウドファンディングというのは、多くの個人からの資金調達であり、近世以降の日本の村落で実施された「頼母子講」や「無尽」などとも近い形であり、今後、ソーシャルネットワークをとおしたファイナンスということも発展の可能性がある。ファンドレイジングを成功させるという観点から、前述した鵜尾氏は七つの原則を主張している。[4]

(1)　第一の原則：ファンドレイジングを「単なる資金集めの手段」ではなく、「社会を変えていく手段」として捉え直す。

(2)　第二の原則：ファンドレイジングは、「施しをお願いする行為」ではなく、社会に「共感」してもらい、自らの団体の持つ「解決策」を理解してもらう行為であると考える。

(3)　第三の原則：「よい活動をしているのに寄付などが集まらないのは、社会が成熟していないからだ」という発想を捨てる。

(4)　第四の原則：大きな支援を得るためには、NPO自身も「つり銭型寄付」のパラダイムのみならず、「社会変革型寄付」のパラダイムを念頭に置く。

(5)　第五の原則：日本には寄付文化がないのではなく、寄付の成功体験と習慣がないに過ぎないと理解する。

(6)　第六の原則：活動の質を高め、適切な組織マネジメントを行うことは、良いファンドレイジングの前提であると理解する。

(7)　第七の原則：日本の寄付市場の大きな変化の流れに乗る。

実際のファンドレイジングの活動は多様であり、前述したように、会員による会費収入、募金活動、相続寄付、広告寄付、カード等のポイントの寄付、商品購入の際の代金の一部の寄付、公益的なイベントでの寄付、あるいは助成金や補助金等により収入を上げる。また、ファンドレイザーと呼ばれる、資金獲得を仕事とする人もおり、資金と活動団体との間で仲介機能を持って行動し、アメリカなどでは社会的に認知されているという。

大阪大学の山内直人氏は、実際のファンドレイジング活動にはプロセスがあると指摘する。[5] それを紹介すると、次のようなサイクルになるという。

(1)　ファンドレイジングの目的と目標額、目標達成時期の設定

(2)　資金力のある潜在的な寄付者を探しての寄付の依頼・勧誘活動の絞り込み

(3)　(2)で見つけた寄付者に、実際に寄付を依頼する。その際、寄付金の使用目的、使途、効果、いつまでにどれくらいの金額が必要か等について説明する。寄付金集めのイベントも含まれる。

(4)　寄付者へのお礼。寄付金の使途や活動目的の達成に対する貢献具合、評価、報告を行うこと（Stewardship）。

また、徳永洋子氏は、公益的な市民活動団体に対しては、ファンドレイジングに取り組むための準備が要るという。(6) それを列挙すると次のようになる。

(1)　ビジョン、ミッション、ストラテジー、スローガンを持つこと。

(2)　共感を支援につなげる「ＭＩＴＡＳ（満たすこと）」の法則があること。ＭＩＴＡＳの内容は、「Moved（感動）」「Interest（関心）」「Trust（信頼）」「Action（行動）」「Share（共有）」であり、このＭＩＴＡＳをスキルアップするというのではなく、スパイラルアップする。

(3)　明文化すべき七箇条があること。（①ビジョン・ミッション・スローガン、②歴史、③団体概要、④解決したい社会の課題、⑤主な活動内容と実績、⑥ストーリー、⑦求めている支援内容）

(4)　顔の見える団体になること。

(5)　見つけてもらえる団体になること。

(6)　中期計画は、ＳＭＡＲＴ（スマート）に策定すること。ＳＭＡＲＴの内容とは、「Specific（具体的）」「Measurable（測定可能）」「Agreed（合意形成）」「Realistic（現実的）」「Time-bound（期限設定）」を指す。

(7) ファンドレイジングコストの問題。「どれだけの金額を使って、どれだけの金額を集めるか」という目標の設定をすること。

さらに徳永氏は、団体には実務的な準備が必要だとし、①理事会の力、②ボランティア・ファンドレイザーの協力、③専門家の協力（ここでいう専門家とはラテン語の「pro bono publico」の意、すなわち各分野の専門家が「公共善」のために職業上の知識・スキルや経験を活かした社会貢献するボランティア活動を意味する）、④寄付頁への誘導を最優先にしたウェブサイトの活用、⑤非営利団体のための六つのオンライン決済システムの構築、⑥オンラインシステム導入に不可欠な団体内の合意形成の六点を指摘している。

## 2　日本型モデルの展開

### 一　亀岡NAWASHIRO基金の取り組み

これまでアメリカやイギリスを中心に広がっているファンドレイジングについて説明してきたが、ファンドレイジングのような考え方や実践が我が国でまったくなかったわけではない。これまで慈善事業（フィランソロピィ philanthropy）の立場からの福祉活動などが仏教中心に行われてきているのであり、これは寄付行為を中心としたコミュニティ形成を目的とするファンドレイジングとは異なる取り組みであるが、本質において共通するものがある。

第14章で詳述しているが、関西で初めての生涯学習宣言都市である亀岡市において、二〇一七年から「亀岡NAWASHIRO基金」という名称の寄付事業が展開されている。(7) 事業を主催するのは公益財団法人京都地域創造基金であるが、亀岡市の有志（市民団体、中間支援組織、企業経営者、元新聞記者、大学生など）の組織が連携しており、地域の要望が反映される仕組みになっている。基本的には、京都地域創造基金の助成プログラムの一つであり、亀岡市における公益市民活動のミッションの達成に対する支援を目的としたものである。

ファンドレイジングの考え方に、ビジョン、ミッション、ストラテジーやスローガンが要素であることはすでに述べているが、特にミッションの問題は支援活動などの事業そのものの質が問われるものである。「亀岡NAWASHIRO基金」においても、この問題をどう捉えているのかをみていく必要がある。

実際、「亀岡NAWASHIRO基金」には市民活動への〝想い〟が込められている。亀岡という土壌で、苗代の苗（当該プログラム活動団体）を育てることにより実のある事業が展開されることが期待されているのであり、そこには地域社会との結びつきや信頼といったキーワードが存在する。

寄付集めという行為をとおして、大勢の人々と関わり、人間関係を形成するという働きとともに、自分たちの活動団体の認知度を高め、課題を発見するという営みは市民活動の性格を形成し、質的向上につなげている。

基金の仕組みを説明すると以下のようになる。基金を希望する活動団体は、このプログラムでのサポートを活用し、自主的に寄付集めに取り組む。また、自主的に一年以内にであるが、自由に設定した寄付募集期間に寄付集めをサポートしてもらえ、期間内に集まった寄付金は公益財団法人京都地域創造基金から活動団体に渡されるので、この寄付金については税制優遇の対象となる。

プログラム上のサポートとは、「ビジョンの作成」「情報発信」「コミュニケーション」「組織管理」「税制優遇（前述）」「入金管理・情報管理」などを指す。

ビジョンの作成とは、活動団体の考え方やミッション、さらに活動内容を発信することであり、この情報提供によって共感を創り出そうとするのである。団体自身のミッションの問い直しは、組織や活動の見直しにつながり、長期的なビジョンを示すことは、当該団体の今後の活動に方向性を与えたり、課題の提示につながる。こうしたビジョンの作成に関わってのサポートがある。

情報発信は広報の機会の提供であり、情報発信計画や戦略作成に対するサポートもある。コミュニケーションとあるのは、団体の認知が主目的で、それは寄付提供者や活動事業関係者との理解の進展や共感を促すものである。組織管理や税制優遇については通常の活動であるが、寄付金の入出金という事務をサポートしてもらえる。現代社会らしいものに、Ｗｅｂ上でクレジットカードの寄付が得られることもある。

「亀岡ＮＡＷＡＳＨＩＲＯ基金」のような公共型の寄付活動が、ファンドレイジングの目的であり特質であるところに、資金獲得が目的の第一ではないという点がある。確かに資金援助を得るシステムではあるが、サポートプログラムを活用することにより、単なる資金提供者を募るのではなく、ミッション（目標）を共有化してもらえる仲間や支援者を募るということである。こうした営みをとおしてコミュニティを創ろうとする実践だといってよかろう。

このシステムが活動できる背景に、京都府の公益財団法人、行政（亀岡市市民力推進課）や「ガレリアかめおか」に事務局をもつ亀岡市市民活動推進センターなどの支援があることを指摘せねばならないだろう。

我が国で実施されている事例の一つとして京都の財団・亀岡市の実践を取り上げたが、他の都市においても類似する実践が広がりつつある。日本初の生涯学習宣言都市である掛川市が取り組んだ事例、新幹線掛川駅の設置に共通するものがあることは第15章で述べているが、同市は経済活性化、産業振興等の見地から新幹線掛川駅をつくり、列車が停車できるようにした。市の活性化を図ろうとする市民の地域生涯学習のなかから生まれた案を実現させたのであり、一戸平均一〇万円の寄付、計三〇億円の駅建設基金をＪＲに提供する「市民の力」をみせたのである。

これも類似事例の一つであるが、埼玉県の生活協同組合パルシステムや堺市に本部のある生活協同組合などが、独自の市民活動資金提供ファンドを制度化している。金額等の条件については地域によって差異はあるが、仕組みは前述した大阪狭山市の協働型補助金に近い形である。民間企業からの寄付行為と考えてよいだろう。

また、大阪府八尾市の市民活動支援ネットワークセンターのような団体が助成金（TOTO水環境基金）を出しているケースもある。二〇〇五年に設立され、二〇一七年までに二三九団体が助成金を受け取っている。ここは金額も大きく上限が八〇万円である。大企業である生命保険会社や損害保険会社からの支援は多くあるが、地方の民間団体が支援に取り組み始めたことに、公益市民活動の資金取得の流れが変化していることに気づく。八尾市には「ふるさと創生資金」を活用して青少年教育の資金としている事例もある。

このほか、全国的に多数の学校で実施されているベルマーク、プルトップや古切手の収集、日本ユネスコ協会連盟の世界寺子屋運動が実施している書き損じはがきの提供などの事例もファンドレイジングにつながる類似事業といえよう。さらに、IT社会の進展のなかで、公益的活動団体のホームページ等にバナー広告を載せることが広がると思われ、また、次節で述べるように、教育債券の発行といった収入手段が採られることも時間の問題である。

重要なことは、どの方法が良いのかという選択の問題ではなく、さまざまな方法が編み出され、資金の獲得といった大きな課題に向かっていくことが期待されるのであり、いずれの方法を採るにせよ、それぞれの活動団体の趣旨・目的、社会的ミッションに基づいて公正に実施されることが必要であろう。

（1）鵜尾雅隆『ファンドレイジングが社会を変える――非営利の資金調達を成功させるための原則〔改訂版〕』三一書房、二〇一四年。
（2）『NPO法人実態調査平成25年度版』内閣府、二〇一二年。
（3）慎泰俊『ソーシャルファイナンス革命――世界を変えるお金の集め方』技術評論社、二〇一二年。

（4）注1・一〇六-一〇七頁。
（5）山内直人「ファンドレイジングとは何か」『情報の科学と技術』第六四巻八号、二〇一四年、二九四-二九九頁。
（6）徳永洋子『非営利団体の資金調達ハンドブック―ファンドレイジングに成功するポイントのすべて』時事通信社、二〇一七年、八-六五頁。
（7）「亀岡で実りある事業を―平成二九年度寄付集め支援プログラムエントリー要項」亀岡NAWASHIRO基金。

# 第20章　地域生涯学習施設の協働型経営

## 1　地域生涯学習施設の管理・運営

国の教育行政を巡る動向は加速度的に変化しつつあり、当面の教育改革は最終局面になりつつある。文部科学省の生涯学習政策局が総合教育政策局と改められるということであり、地域と学校の協働化の問題を柱に、我が国の教育制度、教育政策の統合化、総合化が一層進展することになる。考えてみれば、ユネスコの生涯教育という生涯学習成立に至る基本的理念において、「integrated（統合された）」の意味が明示されていたのである。

この教育に対する理念は、国のみならず地方にも波及する。地方教育行政においても同様だと捉えるべきであり、住民による地域生涯学習や学校等における教育にも統合化が進展していくだろう。さらに、地方教育行政が主体となる教育サービスの提供は、今後ますます量的減少が続くものと思われ、地域社会との協働化の促進や地域主体の教育経営に委ねられるものと思われる。

そういう流れのなかで、「公の施設」である学校や社会教育施設等の今後のあり方や運営の問題について考える必要がある。特に学校については、コミュニティ・スクールを支える地域学校協働本部の問題がある。この問題については後述するとして、まずは多種多様な社会教育施設について考えていこう。

社会教育施設はそれぞれに特性の違いがあり、設置目的も異なり、役割もさまざまである。こういった多様な特性とそれぞれのミッションを維持しつつ、現代社会における役割や教育施設としての可能性や社会的効果についてみていくことが必要である。その際の重要な視点に、行財政改革の考え方との一致や市民協働にみられるような地域社会の振興という問題がある。これ以外にもさまざまな問題があるが、それらを総合化して、新しい管理・運営組織や経営に移行していくべきではないかと考える。

地方自治法第二四四条「公の施設」について、従前はどのような形で管理・運営が行われてきたのだろうか。戦後、同法のもとに公の施設が設置された当初はほとんどが自治体の直営であった。この自治体による施設管理（設置者管理主義）が長く続くことになり、アルバイト職員を除く施設職員の大半は、自治体から任じられた地方公務員であるため、施設の運営・管理に供する経費はほとんど税負担となる自治体経費によって賄われてきた（設置者負担主義）のが通常である。

この直営方式が変化し始めたのは、地域開発や交通の面から「第三セクター」が提唱され、施設の管理・運営を実施するようになったことがあげられる。有名な事例に、ローカル鉄道の経営難から三陸鉄道が一九八四年に設立したことがあり、一九八〇年代では「リゾート法」が立法化され、観光地の開発、施設の新設につながり、そのために第三セクター方式で多くの施設が誕生した。

基本的には、「第三セクター」は、国や自治体と民間企業との共同出資によって設置された法人を意味する。行政が有する公共的部分と、民間企業が目的とする営利的部分との合同であり、半官半民の株式会社や、財団・法人となって、公共的な仕事に従事することが主となる。

こうした動向から、財団や法人のなかには施設経営に乗り出すものが出現し、また特定の施設経営が目的で財団や法人を設置するというものも現れた。財団や法人の多くは、国や自治体から施設の管理・運営を「委託」された形であり、一定程度の自由性は担保されたが、実際は期待された自由度が低く、運営する人間が公務員であることもあって、仕事の性質は、一般的な行政事務とはほとんど変わらなかったといえよう。

## 2　ＮＰＭに基づく新しい施設管理

財政難等から財団等による「三セクター」方式が行き詰まり、さらに自治体の財政事情が逼迫し始めたことから、自治体の行財政そのものを変革しようとする動きが現れ、自治体の自主性の尊重、自治体事務の簡素化・効率化、広域行政への移行などが指摘され、そこで導入された考え方がＮＰＭ（New Public Management）である。合理化、効率化や簡素化などの行財政そのものの見直しは勿論のこと、民間への委託や協働化、公共施設の役割の見直しなど、さまざまな改革が実施されたのである。

こうした動向のなかで示されたのが「指定管理者制度」である。同制度は、二〇〇三年三月の地方自治法第二四四条改正によって生まれたものであり、「公の施設について、法人その他の団体（民間事業者を含む）を指定して、その管理を行わせることができるということであった。従来の「公の施設」については、地方公共団体が他の機関に施設管理を委託する場合は、公共性の観点から当該地方公共団体が出資する法人、公共団体、公共的団体限定される「管理委託制度」に拠ってきた。

極めて委任に近い形である指定管理者制度は、管理主体及び業務の範囲の緩和をめざしたものであり、指定管理者である民間事業者（民間企業や地域型の民間団体）の能力を幅広く活用する。[1]同制度のメリットをあげると、指定管理者による施設の使用許可などが可能になるなど、包括的な権限を与えられ、質の高いサービスの提供と経費の削減が期待できる点にある。一方、デメリットをあげると、場合によっては住民サービスが低下するなど、いくつかの懸念すべき事項があった。

「公の施設」に、指定管理者制度が導入された目的は、施設の管理・運営において、民間事業者（民間企業や地域型の民間団体）などが有する柔軟性、機動性や地域性を活用し、住民サービスの向上を図るとともに、効率性によって行財政改革に寄与することにあった。総務省自治行政局行政課が、二〇〇七年一月に公表した「公の施設の指定管理者制度の導入状況に関する調査結果」では、指定管理者制度が導入されている施設の数は六万一五六五施設（都道府県七〇八三、指定都市五五四〇、市区町村四万八九四二）となっている。このなかで、民間企業等が指定管理者になっている施設は一万一二五二施設（全体の一八・三%）であり、その内訳は、株式会社や有限会社が一一・〇%、NPO法人が一・七%、その他企業体、医療法人や学校法人などが五・六%であった。公募によって指定管理者が選定されているのは、都道府県、指定都市の施設の約五割、市区町村の二割である。

指定管理者制度導入以前の施設の管理状況をみると、管理委託制度によって管理を行ってきた施設が八六・八%、直営が一一・〇%で、新設された施設二・三%が加わっている。

管理委託制度による管理の割合が高く、内訳として管理受託者が誰であったかをみると、地方自治法上の公共的団体が五五・〇%、地方自治法施行令や施行規則に規定する法人が四三・八%、公共団体が一・二%である。管理受託者が、指定管理者制度に移行後も、引き続いて施設を管理・運営している割合は七八・〇%あり、管理受託者が公募の方法を採らずに選定されている施設は六一・六%に達している。

こうした結果から、制度がまだ十分に浸透していない市町村が存在することがわかる。公民館を指定管理者制度の対象とするだけでなく、コミュニティセンター化しようとする動きがあり、データから除外されているケースも多いと考えられる。指定管理者の属性をみると、公共団体及び公共的団体が圧倒的に多く、三四二施設、続いて株式会社などの私企業が五七施設、ＮＰＯなどの住民団体が三五施設、複数企業によるコンソーシアムが一三施設となっており、指定管理者の七七％が行政系列にある団体ということになる。

前述したように、指定管理者制度が導入された時、社会教育関係者には、これまでの社会教育行政では取り組めなかった課題に取り組めるのではないかという期待と、一方では、新しい制度への不安が混在していた。社会教育施設での指定管理者制度導入に対する期待については、おおむね以下の六点にまとめられるように考える。

①地方公共団体以外の者が管理運営を実施することから、法律の制限をクリアーできる部分が生じること。②柔軟性を持つ民間事業者がサービスを提供できること。③提供されるサービスが、多様な住民の学習要求に対応でき、効果的、効率的に実施される可能性があること。④同様もしくは類似の事業を営む民間事業者が、ノウハウを活用して住民ニーズに応えることができること。⑤施設の稼働率や収益の向上が見込まれるとともに、行財政コストの削減が可能となること。⑥ＮＰＯや住民団体などが指定管理者になることによって、住民の自治意識が高まり、地域振興につながることなどである。このような指定管理者制度への期待に対して、実際にはどのような効果があったのだろうか。次にいくつかの自治体の事例を中心に検証してみたい。

【事例一】

Ａ市は、二〇〇五年から生涯学習関連施設を指定管理者制度の対象とし、翌年には公民館、図書館についても同様の制度を導入した。公民館には、民間企業四団体の応募があり、審査の結果、共同事業体の一社が選定された。

指定管理期間が三年であったので、二〇〇九年には二回目の審査が行われ、新しい企業体と交代するという結果になった。

応募企業の仕様書では、施設のメンテナンスや防犯等の管理面では大差がなく、最終的には教育委員会が指定する事業実施の内容、収支計画書、各種講座等での新規事業及び自主事業等での提案内容が、選定の可否判断につながったと考えられる。同市の図書館については、五団体から応募があり、図書を専門とする民間企業が選定された。図書館運営に関する基本的な理解があることに加え、提案事業の多様性や自主事業のユニークさなどが買われたと考える。選定された民間企業が、第二期も指定管理者に選ばれたことは、安定した住民サービスが期待されたということなのであろう。

【事例二】

B市の生涯学習センターは、従前は同市が設立した法人によって委託管理されていたが、二〇〇六年から四年間の指定管理を行うことになった。第一期は、公募ではなく、従前からの委託管理者であった法人が指定管理者となった。二〇一〇年からの第二期の指定管理者選定にあたっては、同制度の趣旨を生かすことから公募となって四団体の応募があった。最終的には、従前からの法人に決定されたのであるが、民間企業体の評価も高かった。民間企業体の長所として、共同事業体である場合は、各々の団体の特性が活かされること、それが事業計画に反映されていることなどの優れた面が指摘された。一方で、人事面での運営体制に課題があることなどが取り上げられた。

【事例三】

C市では、二〇〇九年から社会体育施設を指定管理者制度に移行することを決定し、二〇〇八年に選定会議が開かれた。五年間の指定管理期間ということであったが、公募の方法を採用せず、同市の任意団体である協会が指定管理者に選ばれた。これまでは行政直営であったが、選定された指定管理者には多くのノウハウがあり、選定の資料である提案書の内容が、住民ニーズをよく理解したものであるという点が評価された。指定管理者である協会の構成員の多くが、住民が参加するスポーツ団体であったという点で選定上、有利な面があったといえよう。

先に述べた社会教育施設での本制度の導入に関する六つの期待のそれぞれについて、紹介した事例などから検証できることについて考えてみよう。①にあげた、地方公共団体以外の者が管理運営を実施した場合、法律の制限をクリアーできる部分が生じるのではないかという期待については、特記されるような事例がみあたらなかった。行政系列以外で選定された団体は、むしろ既存法に見合った事業運営をめざし、極めて安定的な事業運営であったといえよう。②の民間事業者の柔軟性からのサービス提供については、自主事業や新規提案事業などが示され、選定審査において大きな目安となっている。③の提供されるサービスが、多様な住民の学習要求に対応でき、効果的、効率的に実施される可能性があることについては、社会教育事業者としての専門性を持ち、住民の多様なニーズに応えることが可能な団体が選ばれたケースが多いと思われる。効果的、効率的にという観点からの事業予算の問題があるが、これについては応募団体間での差異はほとんどなく、提案された事業内容そのものが問われたと考えてよいだろう。④の同様もしくは類似の事業を営む民間事業者が、ノウハウを活用して住民ニーズに応えることができるという点に関しては、管理面で指定管理者制度導入の効果があったと考える。応募団体の多くが、施設管理を専門とするビル・メンテナンス企業と共同体を構成していることからの安心感である。事業面では、公民館のような社会教育施設を運営してきたという団体は数が少なく、民間教育業者のノウハウではやや難しい面がある。そこで、大学が他の団体と共同体を構成して応募するというケースがみられた。図書館や博物館については、類似事業を営んでいる民間教育事業者が、指定管理者になるケースが増加している。⑤にあげた、施設の稼働率や収益の向上については、指定管理者制度に移行する前後で異なるという例はみられなかった。行財政コストの削減の期待については、管理や事務経費には差がみられないのに対して、予算に大きな影響を与える人件費で差が出ることが指摘される。民間の指定管理者の場合、賃金ベースの高い公務員に代わって、若い職員を配置しているのが現状である。⑥は、ＮＰＯや住民団体などが指定管理者になることによって、住民の自治意識が高まり、地域振興につながることへの期待である。事例三のように、地域の諸団体が組織している指定管理者の場合は、相当な効果があると考えられる。

全体的には、人件費などでのコストの削減によって行財政改革に役立っているようだが、事業については、専門性を有する団体が指定管理者となった場合と、そうでない場合との差が明確になる。また、地域住民が関係する団体が指定管理者の場合には、積極的な住民協力が得られるという利点が明確となった。

次に社会教育施設の教育性について考えてみたい。本章では主に公民館を事例として考えていくことにするが、公民館は、公民形成に向けての基本的・基礎的な学習機会の一つであり、そこでは教養教育や職業教育も実施される。公民館においては、地域住民が実際生活に即するような知識やスキルを獲得することが目的となり、生活課題や地域課題と結びついた学習機会が提供される。そうした学習が、補充学習、継続学習や発展学習といった展開をとおして、地域全体の教育力を形成することになる。公民館による地域形成への支援は、住民の主体性や共同性を確立する役割を担うため、市民社会形成に大きな役割を果たしてきた。社会教育施設の教育性について考えると、自発性や自主性を獲得できる学び、実生活や地域と結びつく学び、行動や実践と結合した学び、学習成果によって公共性を高める学び、新しいニーズを創り出す学びが存在することが指摘できる。公民館では、コミュニティ形成に結びつく学びが、極めてノンフォーマルな形の教育（一部にインフォーマルな教育も含めて）として実施されている。日本の公民館は、過去七〇年間余にわたって日本の民衆を育て、社会形成に寄与してきた。

しかし、社会全体の枠組みが変化し、社会教育の環境も大きく変容した。一九四六年の公民館設置を市町村に求める文部省の考え方（寺中構想）は、「公民館は全国の各市町村に設置せられ、此処に常時に町村民が打ち集まって談論し読書し、交友を深める場所である。それは謂はば郷土に於ける公民学校、図書館、博物館、公会堂、町村集会所、産業指導所などの機能を兼ねた文化教養の機関である。」と述べた文部次官通牒に示されたが、その後、さまざまな社会教育施設が設置された。生涯学習社会の到来によって、生涯学習施設とのネットワーク化も求められた。行政課題につながるような学習が、一般行政における生涯学習として位置づけられ、そうした学習機会と社会教育とのネットワーク化を図るという認識が弱かった。そのため、人々の学習需要が増大しているにもかかわらず、社会教育が低迷するというような事態を招いたのではないだろうか。また、我が国の社会教育が、施設中心主義といわれるような側面もあり、公民館のプログラムが、教養に偏しているといった問題もあろう。公民館活動に望まれるのは、中教審答申で「人間力」と呼ばれるような基礎的・基本的な学力を身につける場、コミュニティ形成に関わることができるような市民教育の場、学校教育との連携が進展するような学びの場という役割である。

## 3　地域生涯学習施設の新たな課題

次に、これまで述べてきたような社会教育施設の教育性をふまえて、指定管理者制度の効率性を活かした公民館経営が可能なのかという問題を考えてみよう。指定管理者制度導入では、施設の管理・運営の効率性が期待されたが、これまで検証されてきた内容からは、期待に十分に応えているとはいいがたい現状がある。従前から引き続く事業をいかに円滑に継続するのかということや、住民への接遇面での対応の変化に力点が置かれ過ぎてきた面がある。専門領域での活動を有する指定管理者の場合を除くと、新規事業とされている事例では、新鮮なものがみあたらず、モデルとされる事業の多くは、他地域で広く実施されており、むしろ、これまでの公民館がどうしてやらなかったのかという疑問が先に立つのである。それでは指定管理者制度に期待が持てないのかというと、そうではないと考える。専門領域での活動実績がある団体の場合は、その内容が期待される。そうでない団体の場合でも、施設職員の力量が伸張することによって、提供される社会教育の内容が変わる可能性がある。

以下、人材面に限定して制度の可能性について述べると、社会教育職員の力量形成には、行政の積極的な支援と、何よりも職員が住民とどれだけ関わっているのかということが課題となる。社会教育施設で最も重要な教育資源は人材であり、指定管理者が期待されるような人材を養成した場合には、実績のある行政職員と何ら遜色はないであろう。ある自治体では、社会教育主事資格者を施設に配置することを指定管理者に要請し、そうした人材がさらに成長することにより、豊かな社会教育が実現されることをめざしている。

こうして考えると、社会教育施設の管理・運営を行政の手に委ねた方が良いという考え方に疑問が生じる。行政が、指定管理者に対して、仕様書や協定書の内容において、住民が必要とする社会教育の質や量に対する保証を求め、適宜に事業点検を行い、公正に管理・運営されているのかを指導・助言し、年度毎の明確な評価を実施した上で、その結果を公表するという説明責任を果たすならば、管理・運営を誰の手に委ねるのかという問題には大きな支障がなくなる。この問題を考える上で重要なことは、住民に提供される社会教育の質と量の保証の問題であり、そのことがどれだけ住民に役立つのかという結果責任であり、設置者である行政が、公的社会教育の実施における住民参画をどれだけ保障できるのかという点である。

そこで一つの提言になるが、公民館については、それぞれの地域教育協議会を指定管理者にするのはどうだろうか。もちろん、公募によって民間団体を選ぶことも考えられるが、社会教育施設としての公民館の特性からの意見である。学校教育においては、地域教育協議会が一定の役割を果たし、現在は地域学校協働本部として変貌しつつある。「新しい公共」や「市民協働」を求める社会において、教育における住民参画という視点から、地域学校協働本部に組織変えした、あるいは参画した地域教育協議会が、住民主権の役割を果たしていくことになる。社会教育施設を人々の生涯学習の拠点にという願いを実現するために、当事者である住民自身が、教育を受ける権利を手に入れるとともに、自らの義務と責任を果たしていかねばならないし、新たな地域学校協働本部はそうした住民の力によって経営されるべきである。ただ、ここで押さえておかねばならないことは、社会教育の質的保証についてである。社会教育で何をするのかという骨格の部分で、住民参加のもとでガイドラインを策定した上で、自治体が指導責任を持つ必要があること、また、社会教育の量的保証の観点から、指定管理料金以外の財源の確保を図る必要があることの二点をあげておきたい。この財源確保は、指定管理者に必要以上の収益事業を求めていくのではなく、地域においての基金の活用を意味するのであり、受益者負担ということではない。住民主体の社会教育や公益的な地域活動に対する基金については別に論じている。今後の社会教育には多くの課題が存在するが、社会教育の本質を見据えながら、指定管理者制度を導入したことを生かせるような工夫が求められると考えている。

## 4　ＰＰＰ・ＰＦＩの推進とコンセッション方式

ＮＰＭの進展に伴い、また国の民間事業者養成の流れも受けて、新たな提言が生まれている。それが以下に説明するコンセッション方式である。この考え方はＰＰＰ（Public praivate partnership）やＰＦＩ（Private Finance Initiative）推進の一つのモデルであり、後で少し詳しく説明するので、ここでは簡単に示すが、利用料金の徴収を行う公共施設について、施設の所有権を公共主体が有したまま、施設の運営権を民間事業者に設定する方式をいう(2)。

現在、内閣府中心に進められている施策では、公共施設の老朽化に伴う更新に際して、ＰＰＰやＰＦＩを取り入れることによって公費負担を抑え、公共サービスの改善、新しいビジネスを創出するということが示されている。なかでもコンセッション方式という手法が注目されており、すでに空港関係、水道、上水道、道路、文教施設、公営住宅等において、先駆的な事業として成り立っている。文教施設でいうと、二〇一五年から国立女性教育会館で実施されている。

新たな提言というのは、要するに公的主体が所有する公共施設等について、コンセッション方式を導入し、民間事業者による安定的で自由度の高い運営を可能とすることにより、利用者ニーズを反映した質の高いサービスを提供することである。

指定管理者制度を、これまで以上に民間に重点を置いた制度に変革しようとするものであり、今後、全国においてコンセッション方式が拡大されるという予測が成り立つので、地域生涯学習の拠点ともいうべき施設のあり方について考えてみたい。

コンセッション方式について考える前に、ＰＰＰやＰＦＩとは、どのようなことなのだろうか。ＰＦＩについての内閣府の説明では、公共施設等の維持管理、運営等を民間資金、経営能力や技術的能力を導入し、活用する方策だとされる。一九九〇年代のイギリスにおける行財政改革の手法の一つで、日本においては早く一九九九年に「民間資金等の活用による公共施設等の整備等の促進に関する法律」が制定されている。ＰＦＩ法と呼ばれるもので、公共インフラの整備や運営に活用された行財政改革方策である。

このＰＦＩをより大きな概念として捉えられるのがＰＰＰである。ＰＰＰにおいては、行政アクターと民間アクターが協力・連携することを前提にして両者が協働することであり、さまざまな手法や形態を採用する。広く考えれば、指定管理者制度はこれに該当し、第三セクターにもＰＰＰの考え方が存在したといえよう。要するに公共サービスを効果的に、効率的に提供することが目的であり、広範な行政と民間の協働性を追究した施策である。

このＰＰＰの手法モデルの一つがコンセッション方式である。「公共施設等運営権制度」と翻訳されているが、内閣府の積極的な支援もあって、社会教育施設や生涯学習施設のような地域学習に関わる施設に今後強い影響を与えるものと思われる。前述したように、国立女性教育会館の例があるが、大阪市が建設予定にある「大阪新美術館（仮称）」も検討の対象になっている。

それではコンセッション方式とはどういうものだろうか。「公の施設」と表現される公共施設を対象に考えると、「運営権」という権利を設定して、行政が所有する公共施設を民間が運営しやすいようにする制度ということである。行政が建設した公共施設の運営権を民間企業に付与し、民間企業は公共施設の運営をすることによって料金収入などの収益をあげ、対価を行政に支払うことになる仕組みである。

この制度はインフラ整備に役立つものとして採用されており、特に施設の建設、補修といった面で役に立つ。施設の建設や補修（これから多くの施設の補修、建て替えが予測されている）に係るコストよりも、民間企業から受け取る対価が上回れば行政には都合が良く、仮に下回った場合でも、不足する費用を民間企業に分担させることが可能となる。地域生涯学習に関係する施設について、財政面で建物管理に役立つことになる。

この制度を建設、補修といったハード面で捉えるだけでなく、ソフト面で捉えるとどうなるだろうか。運営権を委ねられた民間企業が、安定的で自由度の高い運営を行える可能性が生まれるのである。利用料金を支払うような公的施設においては、ソフト面を生かした運営ができ、事業経営の裁量が増加し、民間アクターの活動が促進されるという協働型社会の活性化に寄与するという効果がある。

ただ、後述するが、学習経費に関わる負担の問題がある。超高齢社会にあって、この問題は深刻であり、学習機会に対する料金設定は安価でなければならない。この方式には、民間事業者には施設に抵当権を設定するなどの資金調達の道が用意されている。また、施設運営権が譲渡できるというリスク負担を軽減できる制度でもある。

文部科学省では、前述した国立女性教育会館の例があるが、全国の自治体に、博物館、美術館、文化ホールやスポーツ施設など、コンセッション方式の導入を促進する方向だと伝えられている。

コンセッション方式の今後については、これからの検討と研究に待たねばならない部分が多いが、現段階では拡大していくことが予測され、地域生涯学習関連施設についても同様であると考えるべきである。そういった視点に立って、また住民が民間事業者となることも含めて、地域生涯学習全体の設計図を地域住民の手で作成する必要があるのではないか。基本的には、「公の施設」は住民自身のものであるからである。

## 5　総合型地域学習プラットフォームの提案

これまで地域生涯学習に関わる社会教育施設等に関する問題について、施設管理・運営に関わる変化について記してきた。これら以外にも多くの問題があるだろうが、それは今後の研究で解決の方向を示したい。

ところで、第18章では地域生涯学習に取り組んでいる団体や組織の経費節減の方策を検討した。このことは重要な課題であるが、第17章で示したように、高齢者を中心にした学習経費という問題が、人々の学習活動を阻害しているということを考えると、問題は個人の財源に及ぶ。個人の財源については、別の問題だと考えているので本書では触れないが、個人の学習経費の問題は、地域生涯学習推進における最重要課題だと思われる。つまり支払うべき経費そのものを低額に抑えることであり、例えば会員制で、会費を一定の支払い可能な範囲内に収めるということができれば、年金生活者等の学習者にとって学習機会を得ることができる。和歌山県上富田町の総合型地域スポーツクラブの事例をあげるならば、家族全員が月五〇〇円の会費を支払うことによって、そのクラブの主催する活動に無料で参加できるという仕組みがある。

こうした事例を参考にして、総合型地域スポーツクラブのような組織（仮称：総合型地域学習プラットフォーム、以下地域プラットフォーム）を運営・管理するとどうなるであろうか。学習経費の問題に絞り込んで考えてみよう。第18章でも類似の問題として取り上げているが、参考に、福岡県の人口約六万人の自治体の公民館を取り上げると、講座（学級、教室）に要する費用は、講師謝金八六％、施設管理を除く事業の事務管理費は一一％、「ちらし」等の広報経費が三％であるという。まず、施設の管理・運営や職員等に関わる通常の経費は従前に比して大幅に削減できる。地域生涯学習に関わる広報経費が効率的に使われる。次に人件費が節減できる可能性がある。これは管理・運営に要する経費節減とは別に、学習活動に必要な人件費の削減が可能になるという利点である。つまり一つの地域プラットフォーム全体で、さまざまな領域に関わる人材バンクをもつことから、学習活動を支える講師を確保でき、必要に応じて派遣できるので、効率的に人材提供ができる。この講師自身も地域プラットフォームが経営する学習機会で学び、力量を高め、その学習成果の社会還元を図るという仕組みを採るので、ボランタリー（ボランティアではないが、ボランティアに近い活動）な仕事として受け止められ、人件費が抑制できる。生涯学習社会の発展によって、それだけの力量を持つ人々が育っているという現実から可能だと考える。

以下は、こうした点からの提案であるが、学習活動を軸とした地域生涯学習において展開される学習活動全体を体系的に組織し、運営する機関を設置するというものである。地域プラットフォームと名づけられた運営組織が地域生涯学習を行うという提案であり、地域生涯学習の拠点づくりとなる。地域プラットフォームは、学校教育におけるコミュニティ・スクール、地域学校協働本部、総合型地域スポーツクラブ、自治協議会（さいたま市・福岡市・北九州市などで実施）などを原型として案出した試案である。

具体的に説明すると、地域住民の参画行動と行政等の支援によって教育・学習の新しい運営団体を設立し、地域生涯学習の推進本部的な機能を持たせるということである。地域プラットフォームの役割として可能ではないかと考えられることを列挙すると以下のようになる。

(1)　地域学校協働本部の役割を担う。コミュニティ・スクールである場合には、学校運営協議会に参加する。
(2)　保育所園、幼稚園や認定子ども園のような幼児教育機関を経営する。
(3)　放課後子ども事業（留守家庭児童会も含む）を運営する。（放課後子ども総合プランの推進）

(4)　中学校や高等学校の部活動を支援する。（総合型地域スポーツクラブと一体化）
(5)　学校支援ボランティアの派遣など、通常の地域学校支援本部に関わる事業を担当する。
(6)　社会教育施設や生涯学習施設などの地域生涯学習施設を運営するので、コンセッション方式の民間事業者となって施設経営に臨む。
(7)　これまで地域生涯学習として進めてこられた社会教育や生涯学習事業を、実施する母体となる。
(8)　運営については、理事会と事務局からなり、組織全体は、学校を含む行政関係者、自治、保健・福祉・教育・衛生・環境・防災・人権・建設等に関わる地域団体、各種の財団やＮＰＯ法人、指定管理業者等、さまざまな民間事業者、協同組合的な民間団体、ボランティアおよび所属団体、大学などから構成され、それぞれの組織・団体の指導的立場の者が代表して理事となる。
(9)　運営経費については、自治体からの協働型補助金、各種のＰＰＰ関係機関からの収益、会員からの会費、独自事業による収益、寄付（ファンドレイジングの手法）などが考えられる。
(10)　当初は、行政からの補助金と施設を担保とした金融機関からの借入金で運営する。

この構想は、基本的には市民協働の一形態として作られたものであり、まずは行政アクターと住民アクターの十分な話し合いのなかで創設すべきものであろう。地域プラットフォームは、かなり壮大なスケールの組織であり、協議会的性格の団体となる。実現する可能性はともあれ、現状を打破し、地域社会を真に住民の手元で発展させる可能性を追究した結果の提案である。

最後に、この地域プラットフォームの設置に関わる提案については、どのようなメリット、デメリットがあるだろうか。予想される事柄を以下にまとめてみた。

(1) 地域住民の自治意識を高め、住民主体の地域形成が可能となる。住民参加のまちづくりに寄与し、まちづくりを促進させる。

(2) 多様化する住民ニーズに対して、より効果的に、効率的に対応することができ、民間としての柔軟性が確保される。

(3) 多くの施設経営の一元化を図ることから、経費の節減と効率的運用を図ることができ、経営的安定を生む。

(4) 学校経営については、幼稚園と小学校、小学校と中学校（義務教育学校を含む）の接続・連結、あるいは中学校区内の複数の学校の統合等について、総合的に管理・運営できる。したがって教育の一貫性が担保できる。

(5) 地方公共団体以外の者が管理運営を実施することにおいて法律などによる問題がなく、明確な制約がない。

(6) 学校、社会教育施設、その他の生涯学習施設等の管理・運営の一元化から、地域社会のニーズを一貫した方針のもとで実現できる。

(7) 各々の地域プラットフォームによって管理・運営方針が異なり、独自性が発揮でき、地域の特性が生かせる。

(8) 地域の課題を継続的に追究できる。例えば職業的知識やスキルを求める人が、学校を出た後の職業教育の場が学校と同じ組織によって運営されていることから、より密接な継続教育が実施されうる。進路保障やキャリア教育に貢献し、リカレント教育などにつながる。

(9) すでに存在する「総合型地域スポーツクラブ」を統合することができ、体育協会や文化協会等の自治的諸活動団体との連携強化、あるいは組織的統合が期待できる。

(10) その他、さまざまな面で経費節減につながる。

これに対してデメリットには、どのような問題があるのだろうか。

(1) 何よりも懸念されることは、地域社会の基盤が安定しているのかという問題である。人と人とのつながり、信頼で結ばれる地域運営が可能であることが前提であり、この安定の確保が第一歩である。

(2) 行政の支援や民間関連機関からの支援はどうかということ。地域プラットフォーム単体で活動していけるものではない。地域というネットワークのなかで活動が成り立つことを重視しなければならない。

(3) 大きな組織になることが予想され、事務局体制の整備が求められる。人間関係等で円滑な運営・管理ができるかどうかである。

(4) 運営母体となる理事会が、民主的な運営を継続的に実施できるのかという問題がある。

以上、予測されるメリットとデメリットを記したが、これら以外にも多くの問題があるだろう。それは今後の研究で考えていきたい。

（1） 今西幸蔵「社会教育施設と指定管理者制度」『社会教育』第七一九号、全日本社会教育連合会、二〇-二九頁。
（2） 「ＰＰＰ／ＰＦＩ推進アクションプラン（平成29年度版）について」内閣府、二〇一七年。

# 終　章　協働型地域生涯学習社会の今後

本書では、地域生涯学習という視点から、社会教育や生涯学習における教育・学習機能が、地域社会形成にどのように関わり、結びつき、その維持・発展に、どうつながろうとしているのかということを、現状の施策展開をとおして分析し、その進むべき方向を模索してきた。

市民と行政による自治の共担活動である市民協働に焦点を当て、活動原理にある協働性に着目し、地域生涯学習活動の営みを捉え直す作業をめざしてきた。

その一つが、協働型補助金制度などの支援によって成り立つ教育・学習活動である。本書で、地域生涯学習研究の対象した多くの事例においては、地域住民を市民社会の質の高い市民として成長させ、行政とのパートナーシップ形成を可能とするレベルに近づきつつあることが判明している。現代民主主義が求める「主体的で自立した市民」の育成という課題が、徐々にではあるが進展し始めていることに気づく。ＮＰＯによる活動やボランティア活動をはじめ、全国各地で公益的な市民活動が組織され、市民が一つのアクターとして成長した結果であり、具体的に活動を進め、適切な成果をあげていることからも判断できることだろう。

地域生涯学習が主に成人を対象とした教育や学習活動であることから、現実の問題や課題の解決に向かう実践に有効である。この意味において、市民アクターを主体とした公益的な市民活動に参加・参画することは、単に行政サービスの提供を共担するというレベルにとどまる活動ではなく、参加者の人間としての成長や発達に深く関わり、まさしく地域生涯学習をとおして地域社会の発展に貢献することになる。

考えてみれば、近代公教育は、「教育の私事性」につながる家庭教育の延長線上で組織、実施されてきた行政サービスであり、そのことは教育を受ける権利を持つ人間に対する平等性の視点と人権意識が根底にあった。したがってペアレンツの当事者性を問うところから公教育が準備され、行政が人々の基礎的・基本的な学力の獲得が担保できるように機能し、学習者のさまざまな要求に応えてきた。このプロセスにおいて、公教育の対象は個人に向けられ、それは社会の水準を維持するという観点から必要なことであり、社会の発展に寄与する社会機能であったといえよう。

近年は、ヒューマン・キャピタルの育成をめざすコンピテンシー形成に関わる理論が脳科学や認知科学などの領域から提案され、ＯＥＣＤ等の国際機関や世界銀行などがそれを推進するといった構図ができている。そのこと自体は、人間の頭脳の形成に強い力を与えるであろうし、能力や資質の開発に関わるアクティブな教育・学習活動は、潜在的な人間力を引き出し、人間性の形成につながるものである。このことは、地球社会の存亡に関わる課題に対して、進化につながる文化人類学的アプローチであるといえよう。

いずれにせよ、個を重視した開発的な教育・学習活動が展開され、教育・学習活動に関わる人々は、個の発達に、社会の発展を重ねようとしてきたようにみえる。その上に立って、本書の執筆に関わる研究をとおして著者が気づいたことは、教育や学習活動において、ここで述べてきた人間形成とは異なる別のパラダイムがあるのではないかという発見があったことである。

学習や教育活動は、生活を学ぶことが根幹にあり、それは地域社会に密着してこそ意味を持つ。地域における人間と人間との関係性を築くことが極めて重いことになってくる。そこには、教育や学習活動の目的として、「地域」

の形成と発展という命題があるのではないかということである。確かに、教育や学習活動は、本質的には個人の心身の成長、ひいては人格の形成、完成をめざす営みである。それについては異論はないが、そうした目的の達成を図る活動のなかで、本来的な意味、意義として、「地域」の形成と発展に関わる認識が内在するのではないかと考える。

「地域」の教育力が不足してきたゆえに、子どもたちの教育力が低下してきたという意見を聞くことが多いが、一方で、人々による多様な生涯学習活動や公的な学校教育や社会教育のような地域生涯学習活動が不足するならば、「地域」の衰退につながるのではないかと考える。教育や学習活動においては、地域形成やその発展について深く認識し、どのように改善していくのかについて学ぶことが最重要学習課題であると考えるからである。

現実、転勤や留学等で「地域」を離れる人々は決して少なくないが、たとえ地理的な移動があったとしても、人々は次の生活の場における豊かな生活を可視的に捉えているに違いない。現在居住する空間で学んだことは、別の空間でも生かす術を学んでいる。「地域」を認識することは、固定的なものではないはずであり、「地域」への架橋をどうつなぐのか、教育や学習の役割は大きい。

以上で本書を終えるが、協働型学習社会の意義や役割について、また限界性について、教育と学習の視点から検討を続けていく必要があろう。

# 引用・参考文献


赤尾勝己編『生涯学習理論を学ぶ人のために』世界思想社、二〇〇四年
浅井経子編著『生涯学習概論―生涯学習社会への道』理想社、二〇一〇年
浅井経子・合田隆史・原義彦・山本恒夫編著『地域をコーディネートする社会教育―新社会教育計画』理想社、二〇一五年
新井郁男編集・解説『現代のエスプリNo.146　ラーニング・ソサエティ―明日の学習をめざして』至文堂、一九七九年
池田幸也・長沼豊編著『ボランティア学習―総合的な学習の時間のすすめ方』清水書院、二〇〇二年
一條義治『これからの総合計画―人口減少時代での考え方・つくり方』イマジン出版、二〇一三年
伊藤俊夫編『生涯学習・社会教育実践用語解説』全日本社会教育連合会、二〇〇二年
井上講四『生涯学習体系構築のヴィジョン―見えているか？　生涯学習行政の方向性』学文社、一九九八年
井上繁『共創のコミュニティ―協働型地域づくりのすすめ』同友館、二〇〇二年
今西幸蔵『21世紀の宝・生涯学習―市民社会へのパスポート』澪標、二〇〇一年
今西幸蔵「社会教育施設と指定管理者制度」『社会教育』第七一九号、二〇〇六年
今西幸蔵『生涯学習論入門〔改訂版〕』法律文化社、二〇一七年
鵜尾雅隆『ファンドレイジングが社会を変える―非営利の資金調達を成功させるための原則〔改訂版〕』三一書房、二〇一四年（初版二〇〇九年）
内山淳子「住民自治の進展における『参加』と『協働』―伊賀市公民館活動の歴史的考察」『仏教大学教育学部紀要』第一三号、二〇一四年
江藤俊昭『地方議会改革―自治を進化させる新たな動き』学陽書房、二〇一一年
大阪狭山市市民活動支援センター編『しみんのちから』同センター、二〇〇八年

大西珠枝・榛村純一『まちづくりと生涯学習の交差点—掛川市教育長の2年9ヶ月』ぎょうせい、一九九六年
岡本包治『生涯学習活動のプログラム』全日本社会教育連合会、一九九八年
Osborne, D. & Gaebler, T.／野村隆監修・高地高司訳『行政革命』日本能率協会マネジメントセンター、一九九五年
関西国際交流団体協議会編『NPO／NGOのフロンティアたちの歩み—関西の国際交流・国際協力の軌跡』明石書店、二〇〇六年
坂田期雄『分権と地方行革』時事通信社、一九九六年
坂本信雄『ローカル・ガバナンスの実証分析』八千代出版、二〇〇九年
Salamon, L. M.／入山映訳『米国の「非営利セクター」入門』ダイヤモンド社、一九九四年
篠藤明徳・吉田純夫・小針憲一『自治を拓く市民討議会—広がる参画・事例と方法』イマジン出版、二〇〇九年
白石裕『分権・生涯学習時代の教育財政—価値相対主義を越えた教育資源配分システム』京都大学学術出版会、二〇〇〇年
新川達郎監修『NPOと行政の協働の手引き』大阪ボランティア協会、二〇〇三年
榛村純一・総合研究開発機構共編『社会を変える教育 未来を創る教育—21世紀の教育と生涯学習まちづくりの新局面』清文社、二〇〇一年
世古一穂『協働のデザイン—パートナーシップを拓く仕組みづくり、人づくり』学芸出版社、二〇〇一年
瀬沼克彰『生涯学習事業の最前線』教育開発研究所、一九九二年
瀬沼克彰『市民が主役の生涯学習—21世紀の生涯学習』学文社、一九九九年
瀬沼克彰『地域をひらく生涯学習—社会参加から創造へ』日本地域社会研究所、二〇一四年
田中弥生『NPOと社会をつなぐ—NPOを変える評価とインターメディアリ』東京大学出版会、二〇〇五年
田中弥生『NPO新時代—市民性創造のために』明石書店、二〇〇八年
田中弥生『市民社会政策論—3・11後の政府・NPO・ボランティアを考えるために』明石書店、二〇一一年
東京市町村自治調査会『市町村の総合計画のマネジメントに関する調査報告書—平成24年度調査研究報告書』同会、二〇一三年

徳永洋子『非営利団体の資金調達ハンドブック—ファンドレイジングに成功するポイントのすべて』時事通信社、二〇一七年
とちぎNPO研究会『創造・協働の森へ—ボランティア・NPOと公共施設の協働ガイドブック』栃木県、二〇〇五年
Drucker, P. F.／上田惇生・田代正美訳『非営利組織の経営—原理と実践』ダイヤモンド社、一九九一年
Drucker, P. F.／上田惇生訳『ネクスト・ソサエティ—歴史が見たことのない未来がはじまる』ダイヤモンド社、二〇〇二年
Drucker, P. F. & Stern, G. J. 編著／田中弥生監訳『非営利組織の成果重視マネジメント—NPO・行政・公益法人のための「自己評価手法」』ダイヤモンド社、二〇〇〇年
並河信乃『図解　行政改革のしくみ』東洋経済新報社、一九九七年
日本ボランティアコーディネーター協会『アメリカ社会における市民活動・NPOの役割—アメリカでは、なぜボランティア活動が盛んなのか』同協会、二〇〇一年
初谷勇『公共マネジメントとNPO政策』ぎょうせい、二〇一二年
浜松NPOネットワークセンター編集『サービスラーニング—地域の課題にとりくんだ総合的学習の記録2003〜2004』同センター、二〇〇四年
福留強・古市勝也編著『資料と図でみる生涯学習』日常出版、一九九五年
福留強著／全国社会教育委員連合編『生涯学習のまち—地域活性化へのくふう』全日本社会教育連合会、一九九六年
福留強編著『まちづくり人づくり』学文社、一九九七年
福留強編『市民が主役のまちづくり—生涯学習で人が元気まちが元気』全日本社会教育連合会、二〇〇二年
藤波彰『わたしの生涯楽習—まちづくりは人づくり』ビジネス教育出版社、二〇〇〇年
前山総一郎『コミュニティ自治の理論と実践』東京法令出版、二〇〇九年
慎泰俊『ソーシャルファイナンス革命—世界を変えるお金の集め方』技術評論社、二〇一二年
MacIver, Robert Morrison, Community, A Sociological Study, 1917　中久郎・松本通晴監訳『コミュニティ—社会学的研究　社会生活の性質と基本法則に関する一般論』ミネルヴァ書房、一九七五年

松澤利行『出前講座がまちを変える―21世紀のまちづくり・人づくり』全日本社会教育連合会、二〇〇一年
松下啓一・西尾勝・新藤宗幸編『自治体の構想3　政策』岩波書店、二〇〇二年
松下啓一『新しい公共と自治体―自治体はなぜNPOとパートナーシップを組まなければいけないのか』信山社、二〇〇二年
松下啓一『市民協働の考え方・つくり方』萌書房、二〇〇九年
松下啓一『協働社会をつくる条例―自治体基本条例・市民参加条例・市民協働支援条例の考え方』ぎょうせい、二〇〇四年
宮川公男・山本清編著『パブリック・ガナバンス―改革と戦略』日本経済評論社、二〇〇二年
村上亨・水谷内徹也・瀬谷ゆり子・鈴木基史・井形浩治『コーポレート・ガバナンスの多角的研究』同文舘出版、一九九九年
八代尚宏編『「官製市場」改革』日本経済新聞社、二〇〇五年
藪野祐三『先進社会のイデオロギー2』法律文化社、二〇〇一年
山崎丈夫『地域コミュニティ論―地域住民自治組織とNPO、行政の協働』自治体研究社、二〇〇三年
山田啓二『これからの京都府政について』京都府、二〇〇五年
山田啓二『地方分権と地域力再生』京都府、二〇〇八年
山田啓二『京都流地域創生』京都府、二〇一六年
山本恒夫・浅井経子・手打明敏・伊藤俊夫『生涯学習の設計』実務教育出版、一九九五年
読売新聞社編『政治・行政の緊急改革提言』読売新聞社、一九九八年
Rychen, D. S. & Salganik, L. H.／立田慶裕監訳『キー・コンピテンシー―国際標準の学力をめざして』明石書店、二〇〇六年

# あとがき

本書は、筆者にとって五〇冊目となる記念すべき著書であり、これまで書きためていた文章を、このような形で刊行できたことは望外の幸いであることを最初にお伝えしたい。また本書が刊行される二〇一八年三月に筆者が神戸学院大学を退職する。その意味で節目にあたる時宜の刊行物であり、内容はともかくも、自分にとって記念碑的作品であると自負していることも書き添えたい。

本書は、日本生涯教育学会、日本ボランティア学習協会（学会）、京都学園大学、天理大学などの紀要や雑誌等の刊行物に掲載していただいた論文を多く使用している。掲載のご許可いただいたこと、ご支援いただいたことに心より御礼を申し上げたい。こうした学会、団体や大学などのご支援なくして、筆者の研究活動はあり得なかったし、本書を公刊できることもなかったであろう。

さらに直接、間接に研究を支援してくださった全国の自治体の方々、とりわけ、大阪市、新居浜市、大阪狭山市、亀岡市、丹波市、八潮市、福津市、茨木市、掛川市、東大阪市、門真市、大東市、宇治市、栗東市、橿原市、生駒市、和歌山県上富田町、東広島市、高島市、宇城市などの皆さんには格別のお世話になったことを記したい。

各章の初出を以下にあげているが、いずれも本書において補筆、修正したもの、あるいはその一部を取り込んだものであることを断っておきたい。

序　章　書き下ろし

第一編　第1章・第2章　「地方分権と生涯学習社会」京都学園大学人間文化学部紀要第一号　一九九九年一二月

第3章・第4章　書き下ろし

第5章　「新たな公共を形成する『協働』概念に関する考察─市民公益活動に対する新しい補助金制度」日本生涯教育学会年報第二四号　二〇〇三年一一月

第二編　第6章・第7章　「社会教育行政の新たな課題─学力と評価の視点から」天理大学人間学部生涯教育専攻紀要第一一号　二〇〇七年三月

第8章　「生涯学習振興ガイドラインの可能性」日本生涯教育学会年報第三一号　二〇一〇年一一月

第9章　書き下ろし

第10章・第11章　「ボランティア活動における『学習』概念」日本ボランティア学習協会研究紀要第三号　二〇〇二年一〇月

第三編　第12章　書き下ろし

第13章　「地方分権と生涯学習社会」京都学園大学人間文化学部紀要第一号　一九九九年一二月

第14章　「地域形成に関わる生涯学習政策の課題」京都学園大学人間文化学部紀要第一五号　二〇〇五年三月

第15章　「生涯にわたる健康学習」基礎体力の向上をめざす生涯にわたる健康教育の総合的研究最終報告書・国立教育政策研究所　二〇〇七年三月

第16章　「市民協働の視点による社会教育行政の動向」日本生涯教育学会年報第二九号　二〇〇八年一

一月

第四編　第17章　「高齢者の学習活動と経費に関わる研究」日本生涯教育学会論集第三五号　二〇一四年九月

「高齢者の学習活動」生涯学習の学習需要の実態とその長期的変化に関する調査研究・国立教育政策研究所　二〇一三年三月

第18章　「生涯学習を支援するファンドのシステム化に関する考察」日本生涯教育学会論集第二六号

二〇〇五年、「学習活動における財政的支援に関する提言」日本生涯教育学会年報第三六号　二〇一五年一一月

第19章・第20章　書き下ろし

終　章　書き下ろし

最後になって恐縮ではあるが、筆者が所属する神戸学院大学人文学部人文学会の出版助成をいただくという格別のご配慮と、日頃からご厚情をいただいている法律文化社のご支援があって、本書を刊行することができたことに、感謝する次第である。神戸学院大学人文学部長・人文学会会長の早木仁成氏はじめ学部・学会の先生方、法律文化社社長の田靡純子氏には、格別の謝意を申し上げてあとがきとしたい。

二〇一八年三月

今西　幸蔵

【著者紹介】


今西幸蔵　（いまにし　こうぞう）

1947年、大阪市に生まれる。
大阪府立高等学校、大阪府教育委員会、大阪府立文化情報センターに勤務した後、京都文化短期大学経営学科、京都学園大学人間文化学部、天理大学人間学部の各教授。
現在、神戸学院大学人文学部教授。

国立教育政策研究所全国体験活動ボランティア活動総合推進センターアドバイザー、京都府生涯学習審議会委員、兵庫県社会教育委員、茨木市社会教育委員、大阪狭山市社会教育委員、芦屋市社会教育委員、堺市博物館協議会委員、茨木市人権協会理事などの職にある。

日本生涯教育学会、日本ボランティア学習協会（学会）、関西教育行政学会、部落解放・人権研究所、泉北ニュータウン学会、地域学習プラットホーム研究会などの会員。


主要著書は、『社会教育計画ハンドブック』（八千代出版）、『現代における社会教育の課題』（編著、八千代出版）、『人生を変える生涯学習の力』（共著、新評論）、『キー・コンピテンシー—国際標準の学力をめざして』（共訳、明石書店）、『読書教育の方法』（共著、学文社）、『Q&A教育学：教育の原理』（共著、法律文化社）、『学校教員の現代的課題』（編著、法律文化社）、『生涯学習論入門』（法律文化社）、『教職に関する基礎知識』（共著、八千代出版）、『知識の創造・普及・活用』（共訳、明石書店）、『日本古典への誘い100選Ⅰ』（共著、東京書籍）など。


Horitsu Bunka Sha

協働型社会と地域生涯学習支援

2018年3月20日　初版第1刷発行

著　者　今西幸蔵

発行者　田靡純子

発行所　株式会社 法律文化社

〒603-8053
京都市北区上賀茂岩ヶ垣内町71
電話 075(791)7131　FAX 075(721)8400
http://www.hou-bun.com/

＊乱丁など不良本がありましたら、ご連絡ください。
お取り替えいたします。

印刷：西濃印刷㈱／製本：㈱藤沢製本

装幀：石井きよ子

ISBN 978-4-589-03906-4

今西幸蔵著
## 生涯学習論入門〔改訂版〕
Ａ５判・二〇〇頁・二五〇〇円

さまざまな領域でその考え方や機能の広がりと深化をみせる生涯学習論の基本テキスト。理論とその形成過程、ライフステージに対応した学習の特徴、社会教育の類型化と現状、支援の考え方と構造・方法論まで全体像を平易に解説。

立田慶裕・今西幸蔵編著
## 学校教員の現代的課題
―教師力・学校力・実践力―
Ａ５判・二三〇頁・二七〇〇円

学校現場と教育政策に関する最新の情報とデータに基づいた知見を提示し、教員の知識技能の習得を図る。「教職とは何か」「子どもを理解する」「教育政策を知る」「学校における連携と協力」のテーマ別に解説。

林　勲編〔Q&A教育学〕
## 教育の原理〔第3版〕
Ａ５判・二五六頁・二三〇〇円

Q&A形式で基礎知識や重要事項をわかりやすく解説した定番の教科書。いじめ、体罰、道徳の教科化など今日的課題や進行中の教育改革も取りあげる。8章81項目、巻末に関連法規を付す。

日本教育法学会編
## 教育法の現代的争点
Ａ５判・四一〇頁・三八〇〇円

教育基本法改正後、教育現場では管理と統制がいっそう強まっている。〈権利としての教育〉という視座から、変容する教育法のありかたを原理・法制・争訟の三つの側面から理論的に究明。喫緊の課題へ真摯に応答し、今後の展望を拓く。

奥野久雄著
## 学校事故の責任法理
## 学校事故の責任法理Ⅱ
Ａ５判・三四〇頁・七〇〇〇円／Ⅱ　三五〇頁・六五〇〇円

教育現場での重大事件や事故・災害の発生にともなう訴訟が増えている。学校事故の判例研究を通して、学校側の義務の限界を明らかにし、責任の範囲とその基準について考察する。Ⅱは二〇〇四年以降の主要判例を網羅。